江西省普通高等学校优秀教材
江西省精品在线开放课程配套教材

创新创业通论

（第三版）

主　审　刘红宁
主　编　王素珍　王　力
副主编　路　玲　孙敦振　王思民
　　　　王军永　李坦英

CHUANGXIN

CHUANGYE

TONGLUN

中国教育出版传媒集团
高等教育出版社·北京

内容提要

本书是大学生创新创业、职业发展与就业指导系列教材之一。

本书融汇体现党的二十大精神，根据教育部制定的"创业基础"教学大纲编写。全书共十章，分别是创新概论、创新思维与训练、创新技法与训练、创业概述、创业机会、商业模式、创业与创业者、创业资源与创新创业大赛、创业计划书、企业创立与管理。

本书内容翔实，案例丰富，既可作为高等学校创新创业课程教材，也可作为社会人士自学用书。

图书在版编目(CIP)数据

创新创业通论/王素珍，王力主编. —3 版. —北京：高等教育出版社，2024.1(2025.7 重印)
ISBN 978-7-04-061373-5

Ⅰ. ①创⋯ Ⅱ. ①王⋯ ②王⋯ Ⅲ. ①创业-高等学校-教材 Ⅳ. ①F241.4

中国国家版本馆 CIP 数据核字(2023)第 217126 号

策划编辑 张正阳 责任编辑 张正阳 封面设计 张文豪 责任印制 高忠富

出版发行	高等教育出版社	网　　址	http://www.hep.edu.cn
社　　址	北京市西城区德外大街 4 号		http://www.hep.com.cn
邮政编码	100120	网上订购	http://www.hepmall.com.cn
印　　刷	上海叶大印务发展有限公司		http://www.hepmall.com
开　　本	787 mm×1092 mm　1/16		http://www.hepmall.cn
印　　张	16.5	版　　次	2024 年 1 月第 3 版
字　　数	371 千字		2012 年 1 月第 1 版
购书热线	010-58581118	印　　次	2025 年 7 月第 6 次印刷
咨询电话	400-810-0598	定　　价	36.00 元

本书如有缺页、倒页、脱页等质量问题，请到所购图书销售部门联系调换
版权所有　侵权必究
物　料　号　61373-00

编委会

主　审　刘红宁
主　编　王素珍　王　力
副主编　路　玲　孙敦振　王思民　王军永　李坦英
编　委　文　洁　叶培汉　刘路华　朱　宏　严　军
　　　　　吴爱萍　杜　清　陈　瑶　易花兰　周　莉
　　　　　张莹莹　熊明巧　谭萍芬

前　言

党的二十大报告指出："完善促进创业带动就业的保障制度，支持和规范发展新就业形态。"创新创业将在中国式现代化道路上激发出更加澎湃的内生动力。2021年10月国务院办公厅印发《关于进一步支持大学生创新创业的指导意见》中指出：将创新创业教育贯穿人才培养全过程。深化高校创新创业教育改革，健全课堂教学、自主学习、结合实践、指导帮扶、文化引领融为一体的高校创新创业教育体系，增强大学生的创新精神、创业意识和创新创业能力。为提升大学生创新创业能力的现实需求，我们组织了长期从事创新创业一线教学工作的教师进行编写，在上一版基础上，对教材的结构体系作了修订。本版教材的特点如下：

1. 理论联系实际。创新创业概念、理论体系完整，紧密结合全球最新进展，从历史、人文、现实出发，使学习者有身临其境之感，增加了教材的吸引力。

2. 内容务实，关注发展前沿。在创新训练和创业实务中处处可见时代气息，体现时代特点和科技前沿成果，从而开阔视野拓展知识，让学习者耳目一新，激发了学习兴趣。

3. 注重学习者的参与。参与式学习能提升学习热情和挖掘学习潜力，通过书本中案例、游戏、练习、问答等多样的参与式学习，增加学习者的实践机会，培养创新创业能力。

本教材凝聚了编委会和出版社编辑的集体智慧，在此，对大家的辛勤劳动和大力支持，表示诚挚的感谢！研究生周晨、刘学琴在资料搜集、稿件校对等方面给予了大力支持，在此深表感谢！

教材吸纳众多专家学者的思想，主要参考资料在教材后的参考文献中注明，在此向给予我们启迪的人们表示衷心感谢！

尽管反复斟酌并数易其稿，限于编者水平，疏漏和不妥之处在所难免，我们恳请使用本教材的学习者，将所发现的问题和所提出的建议反馈给我们，不胜感激。

编　者

2023年10月

目 录

第一章 创新概论 ········· 001

学习目标 / 001

引导案例 / 001

第一节 创新与创新学 / 001

第二节 创新的原理与原则 / 019

本章小结 / 028

复习思考题 / 028

案例分析 / 028

学习拓展 / 029

第二章 创新思维与训练 ········· 031

学习目标 / 031

引导案例 / 031

第一节 创新思维概述 / 032

第二节 创新思维训练 / 040

本章小结 / 056

复习思考题 / 056

案例分析 / 056

学习拓展 / 057

第三章 创新技法与训练 ········· 060

学习目标 / 060

引导案例 / 060

第一节 创新技法概述 / 061

第二节 创新技法训练 / 065

本章小结 / 082

目 录

复习思考题 / 082

案例分析 / 082

学习拓展 / 083

第四章 创业概述 085

学习目标 / 085

引导案例 / 085

第一节 创业的概念、类型与意义 / 086

第二节 创业活动 / 091

第三节 创业风险 / 097

本章小结 / 103

复习思考题 / 103

案例分析 / 103

学习拓展 / 104

第五章 创业机会 106

学习目标 / 106

引导案例 / 106

第一节 创业机会概述 / 107

第二节 创业机会识别 / 111

第三节 创业机会的评价与筛选 / 120

本章小结 / 125

复习思考题 / 126

案例分析 / 126

学习拓展 / 127

第六章 商业模式 129

学习目标 / 129

引导案例 / 129

第一节 商业模式概述 / 130

第二节 商业模式选择 / 135

第三节 商业模式设计与创新 / 140

本章小结 / 147

复习思考题 / 147

案例分析 / 148

学习拓展 / 150

第七章　创业与创业者 ······ 151

学习目标 / 151

引导案例 / 151

第一节　创业者概述 / 152

第二节　创业精神 / 159

第三节　创业团队 / 161

本章小结 / 164

复习思考题 / 165

案例分析 / 165

学习拓展 / 166

第八章　创业资源与创新创业大赛 ······ 172

学习目标 / 172

引导案例 / 172

第一节　创业资源概述 / 172

第二节　创业融资 / 181

第三节　创新创业大赛 / 186

本章小结 / 192

复习思考题 / 193

案例分析 / 193

学习拓展 / 194

第九章　创业计划书 ······ 198

学习目标 / 198

引导案例 / 198

第一节　创业计划书概述 / 198

第二节　创业计划书的撰写 / 201

本章小结 / 213

复习思考题 / 214

案例分析 / 214

学习拓展 / 219

第十章　企业创立与管理 ······ 223

学习目标 / 223

引导案例 / 223

第一节　企业的创立 / 224

目 录

第二节 新创企业管理 / 232
本章小结 / 247
复习思考题 / 247
案例分析 / 247
学习拓展 / 248

主要参考文献 250

专栏目录

专栏 1-1　爱因斯坦和他的小提琴 / 005

专栏 1-2　向和尚推销木梳 / 007

专栏 1-3　青霉素的发展 / 009

专栏 1-4　推销语言的艺术 / 011

专栏 2-1　18 元 8 角 8 分 / 033

专栏 2-2　臭豆腐的由来 / 034

专栏 2-3　竺可桢与《中国近 5 000 年来气候变迁的初步研究》/ 035

专栏 2-4　《战国策》伯乐赞马 / 038

专栏 2-5　肠胃中的诺奖传奇 / 039

专栏 2-6　圆锥切割理论的建立 / 041

专栏 2-7　近现代科学的三次大创造 / 042

专栏 2-8　保温瓶——从装热水到装冰 / 045

专栏 2-9　青蒿素的发现 / 046

专栏 2-10　中国首位发现病毒的人——吴又可 / 051

专栏 3-1　亚历克斯·奥斯本 / 061

专栏 3-2　洽洽"小黄袋" / 066

专栏 3-3　组合鞋店 / 067

专栏 3-4　"抱财鸡"的由来 / 069

专栏 3-5　静电喷漆工艺的发明 / 070

专栏 3-6　"拍立得"相机的诞生 / 077

专栏 4-1　拼多多，下沉市场的破局和发展 / 093

专栏 4-2　盲目追逐风口的悟空单车 / 099

专栏 4-3　新技术创业失败的教训 / 099

专栏 4-4　斯坦门茨的故事：画一条线价值一万美元 / 101

专栏 5-1　石墨烯的发展和应用 / 109

专栏 5-2　小鹏汽车的创业 / 110

专栏 5-3　李维斯和牛仔裤的故事 / 116

专栏 5-4　胡润富豪榜的来源 / 120
专栏 6-1　新鞋老路的携程模式 / 134
专栏 6-2　国家政策推动线上线下融合消费双向提速 / 137
专栏 6-3　茶颜悦色背后的商业逻辑 / 143
专栏 7-1　华为创始人任正非 / 155
专栏 7-2　企业家曹德旺 / 160
专栏 8-1　国药集团资源整合 / 180
专栏 9-1　中国青年创业国际计划 / 208
专栏 9-2　周鸿祎:教您打造十页完美商业计划书 / 210
专栏 10-1　2021中国大学生创业报告 / 225
专栏 10-2　情侣手套 / 225
专栏 10-3　创业者素描 / 227
专栏 10-4　如何引进创业资金 / 228
专栏 10-5　"绿水青山"引来"金山银山" / 229
专栏 10-6　张朝阳的融资旧事 / 233
专栏 10-7　员工激励的十个方法 / 241
专栏 10-8　产品生命周期 / 245

第一章 创新概论

学习目标

1. 了解创新和创新学的概念。
2. 熟悉创新的特征。
3. 掌握创新学的研究方法。
4. 理解创新的原理和原则。

引导案例

资源有限与需求无限之矛盾

某理工类高校近年为本科生开设了一系列人文社科类的课程,有许多课程深受欢迎,出现了超员选课、超员听课的现象。如管理学院的刘老师为本科生开设的"人生管理"课程就是其中一例,选刘老师该门课程的学生从第一年的60人,到第二年的120人,再到第三年的300人,及至第四年的900人,而学校最大教室能容纳的听课人数是220。大量学生不管是否选到该课程,都进入教室听课,连走廊上都挤满了学生。学生选上该课程但不能进入教室的现象非常普遍。这使得学生产生了极大的不满,纷纷通过校长信箱、学工处、教务处等途径表达维护自身权益的诉求。学校为解决这个问题做了许多工作,如从小教室改到大教室上课,采取限额选报措施,发放听课证等。

讨论题:
请问你还有什么方法来解决这个资源与需求之间的矛盾?

第一节 创新与创新学

一、创新概述

伴随着人类的发展,创新活动层出不穷,从生活、生产、科技、思维等各方面创新无处不在。以下是创新活动的几个实例。

（1）结绳计数。在原始社会末期，为了要记住一件事，采取"结绳记事""刻石计数"等计量、记录的方法，这是会计的萌芽，是记忆方法的创新之举。

（2）石器和骨器。考古发现表明，早在170万年前的元谋人时代，我们的祖先已经发明用较坚硬的石英岩石和动物的骨骼，打制粗糙的石器和骨器，将其作为工具，后来发展到将其作为装饰品。

（3）二进制。我国现存最古老文化经典之一的《周易》，其中的"易数"是最早采用的二进制，相传是由约公元前3000年的伏羲画卦、周文王重卦、周公作爻辞，并经孔丘修订而成。现代计算机的逻辑运算和程序中的逻辑判断运用的就是二进制。

（4）纤维制绳索。公元前2800年，中国人民开始用大麻纤维制绳。到公元纪元开始时，大麻纤维已成为世界上大多数地区的主要制绳材料。1775年，英国发明家马虚发明制绳机，结束了手工制绳的时代。1950年人们开始使用人造纤维制造绳索。

（5）麻醉剂。公元2世纪，我国东汉著名医学家华佗发明"麻沸散"，是世界上最早的麻醉剂。19世纪初期，英国化学家戴维发现一氧化二氮有麻醉作用。1842年北爱尔兰爱丁堡大学妇科学者辛普森首次将氯仿当作麻醉剂为病人进行麻醉手术。1846年美国化学家考尔顿用乙醚进行近代世界上第一台麻醉手术。如今，乙醚和氯仿仍是全身手术中最为常用的麻醉剂。

（一）创新的概念

创新（innovation）一词，最早是美籍奥地利经济学家约瑟夫·阿罗斯·熊彼特（Joseph Alois Schumpeter）在其成名之作《经济发展理论》中给予定义的。他定义创新是建立一种新的生产函数，即把一种从来没有过的若干要素的"新组合"引入现存的生产过程，使生产技术体系发生新的变革。

具体说经济学上的创新包括五种情况：

①引入一种新的产品（或新的产品质量）；②采用一种新的生产方法；③开辟一个新的市场；④获得一种原料或半成品之新的供给来源；⑤实行一种新的企业组织形式。

熊彼特的创新概念是生产要素的重新组合，其目的是获得潜在的利润。

《现代汉语词典》给出的创新解释：抛开旧的，创造新的。《中华大字典》对创新的解释：作为名词指创造性、新颖性；作为动词指创造新的。

创新的英文单词innovation起源于拉丁语innovare，原意有三层含义：第一，更新；第二，创造新的东西；第三，改变。简单地说就是利用已存在的自然资源创造新东西的一种手段。

本书的观点认为创新是指制造新事物以及产生新事物的过程，包括任何新的思想、新的实践或新的制造物产生的整个过程中所蕴含着的一系列创新活动。

该定义包含三方面的内容：第一，思维方面，只要思维方式、思维内容、思维结果是新的，就属于创新。第二，在过程中运用新的方法、新的手段、新的过程进行实践活动也属于创新。第三，如果制造出的物品是比原来的物品拥有了新的内容、功能等，也属于创新。即从思维开始，经过实践，到新物品的产生，全过程都包含有创新。从静态的角度审视创新，凡是在已知信息的基础上经过思维活动或者实施行为能产生具有新颖性、独创性、价值性成果的活动就叫创新;从动态的角度审视创新,创新就是由贯穿于从观念到产出再到成果的系统运动过程中的新的活动。

(二) 创新概念的发展

现在人们看到的创新概念已远远超出了经济学的范畴,创新在人们所能想到的领域普遍存在。

20世纪60年代,新技术革命迅猛发展,华尔特·惠特曼·罗斯托(Walt Whitman Rostow),美国经济史学家、发展经济学先驱之一,提出了"起飞"六阶段理论,将创新的概念发展为"技术创新",认为"技术创新"是主导。他把创新对象基本上限定为规范化的重要创新,从经济学的角度考虑创新。他认为,技术创新在经济学上的意义只是包括新产品、新过程、新系统和新装备等形式在内的技术向商业化实现的首次转化。他在发表的《工业创新中的成功与失败研究》中指出:技术创新是技术的、工艺的和商业化的全过程,其导致新产品的市场实现和新技术工艺与装备的商业化应用。其后,他在《工业创新经济学》修订本中明确指出,技术创新就是指新产品、新过程、新系统和新服务的首次商业性转化。

美国国家科学基金会(National Science Foundation of U.S.A.),从20世纪60年代开始兴起并组织对技术的变革和技术创新的研究。

1962年,由伊诺思(J.L.Enos)在其《石油加工业中的发明与创新》一文中首次直接明确地对技术创新下定义:技术创新是几种行为综合的结果,这些行为包括发明的选择、资本投入保证、组织建立、制定计划、招用工人和开辟市场等。伊诺思是从行为的集合的角度来下定义的。而首次从创新时序过程角度来定义技术创新的林恩(J.Lynn)认为技术创新是始于对技术的商业潜力的认识而终于将其完全转化为商业化产品的整个行为过程。迈尔斯(S.Myers)和马奎斯(D.G.Marquis)作为主要的倡议者和参与者,在他们1969年的研究报告《成功的工业创新》中将创新定义为技术变革的集合。认为技术创新是一个复杂的活动过程,从新思想、新概念开始,通过不断地解决各种问题,最终使一个有经济价值和社会价值的新项目得到实际的成功应用。

20世纪70年代,有关创新的研究进一步深入,开始形成系统的理论。厄特巴克(J.M.Utterback)的创新研究独树一帜,他在1974年发表的《产业创新与技术扩散》中认为:与发明或技术样品相区别,创新就是技术的实际采用或首次应用。到20世纪70年代下半期,技术创新的界定被大大拓展,在美国国家科学基金会报告《1976年:科学指示器》中,创新被定义为:技术创新是将新的或改进的产品、过程或服务引入市场。而明确地将模仿和不需要引入新技术知识的改进作为最终层次上的两类创新而划入技术创新定义范围中。

缪尔赛(R.Mueser)在20世纪80年代中期对技术创新概念作了系统的整理分析,在整理分析的基础上,他认为:技术创新是以其构思新颖性和成功实现为特征的有意义的非连续性事件。

20世纪80年代以来,信息通信技术的融合与发展推动了社会形态的变革,使传统的实验室边界逐步模糊,进而推动科技创新模式的嬗变。创新更是在政治、经济、技术、文化、市场、产业、管理等方方面面得以体现。

中国20世纪80年代以来开展了技术创新方面的研究,博家骥先生从企业的角度对技术创新的定义是:企业家抓住市场的潜在盈利机会,以获取商业利益为目标,重新组织生产条件和要素,建立起效能更强、效率更高和费用更低的生产经营方法,从而推出新的产品、新的生产(工艺)方法、开辟新的市场、获得新的原材料或半成品供给来源或建立企业新的组织,它包括科技、组织、商业和金融等一系列活动的综合过程。彭玉冰、白国红也给出了相似定义:企业技术创新是企业家对生产要素、生产条件、生产组织进行重新组合,以建立效能更好、效率更高的新生产体系,获得更大利润的过程。

1994年,中国学者陈伟提出创新的第三种不确定性、创新追赶陷阱模型、以工艺变化为中心的产业创新模型等。1996年,中国第一部《创新管理》专著,构筑了创新管理学科架构体系,成为该领域奠基之作。

进入21世纪,科学界进一步反思对创新的认识。宋刚等在《复杂性科学视野下的科技创新》一文中通过对科技创新复杂性分析以及应用创新园区(application innovation park,AIP)的案例剖析,指出了技术创新是各创新主体、创新要素交互复杂作用下的一种复杂涌现现象,是技术进步与应用创新的"双螺旋结构"共同演进的产物;信息通信技术的融合与发展推动了社会形态的变革,催生了知识社会,使得传统的实验室边界逐步"融化",进一步推动了科技创新模式的变革。构建以用户为中心、需求为驱动,以社会实践为舞台的共同创新、开放创新的应用创新平台,有利于完善科技创新体系。

创新理论快速发展,许庆瑞等在《全面创新管理:创新管理新范式初探——理论溯源与框架》一文中提出了融合生态理论、协同理论、人本理论全新的创新管理新范式。吴贵生2009年再版《技术创新管理》一书提出更趋完善的技术创新管理体系,即将创新基本理论、决策、要素等组成新框架。不同领域创新理论不断发展,如创业创新网络、产品创新、自主创新、科技发展战略、中医药发展创新等,这一时期创新得以快速发展。

创新遍布人类的方方面面,如观念、知识、技术的创新,政治、经济、商业、艺术的创新,工作、生活、学习、娱乐、衣、食、住、行、通信等领域的创新。何道谊认为事物创新—仿复模型具有普遍适用性,在这一模型下生产力由学习能力、创新能力和仿复能力决定,生产力公式为:生产力=(学习能力+创新能力)×仿复能力。仿复能力指仿照一定的模式进行复制、复做的能力,如企业的年生产能力、年服务接待人次能力。

(三)创新的特征

分析创新的概念,不难发现创新具有以下主要特征:

1. 普遍性

普遍性是同类事物中许许多多不同的特殊事物所共同具有的性质和特点,普遍性存在于一个个具体的事物之中,即创新的普遍性寓于每一个创新事物的特殊性中。

(1) 处处可创新。从人类发展的历史长河中可见,各个领域、各个行业、各个方面都在不断创新之过程中进步和发展,这些无一例外都是创新带来的变化,创新存在于当今社会各行各业的各个层面。

(2) 时时可创新。从长远的时间概念来看,创新不受时间限制,无论是过去、现在,还是将来,创新永远存在。从个人有限的生命时间来看,创新可出现于个人生命时间内的任何时点,所以说创新时时可为。

(3) 人人可创新。创新不是某个人的专利,创新能力人人具备,人人都可以将自己的奇思妙想变为现实。从创新实例中可以看出创新不受人的种族、地位、学历、工作性质等影响;创新可以通过启发、教育、培训得以提升或被某种心理因素激活,通过个人潜能开发,个人能力提升,个人的创新水平也将提高。

2. 主体性

创新的主体是人,创新是人们自觉、有意识的活动过程。人的创新能力使其成为了万物之灵,人类社会才有如今的辉煌。人类能够上天、入地、下海;人能明察秋毫,从宇宙、原子到夸克。今天人们能够尽情享受美好的生活,重要原因之一是因为人类具有强大的创新能力。

(1) 创新是人的本质。自然的进化无比神奇,大千世界绚丽多彩,其变化过程深刻、复杂,但这不是创新,因为它是自发而无意识的过程。

以动物孕育分娩后代为例,这是自然的过程,没有其他动物的帮助。而人类的分娩却有科学的方法,从预测,到实施相应的辅助措施,如产钳、剖腹产术、药物助产等方法,这些方法的运用就是人的创新所致。

物种的进化是自然环境变化作用的结果,而科学家自主进行基因改良培植的物种则可抵抗病害,提高产量和质量,如袁隆平发明的杂交水稻。

(2) 人的大脑是创新的物质基础,是创新的源泉。创新离不开人的大脑,电脑的运算速度之快、储存量之大、程序之复杂令人惊叹,其实每个人都拥有世界上功能最全、储存量最大、程序最复杂的"电脑"——人脑!人脑的平均重量在1 550克左右,仅占体重的2%~3%,然而它的血流量却是全身的20%,消耗的氧气是全身的25%。大脑左右半球分别担任着不同的工作:左脑主管抽象思维,担负分析功能,如辨认时间、计算、逻辑分析、理解、听觉、语言(听、说、读、写)等。右脑主管形象思维,担负想象功能,如空间认知、感受音乐、情感等。

如何把每一个人的大脑潜能充分开发出来,这也许是个最能深刻改变世界的创新课题。

专栏1-1 爱因斯坦和他的小提琴

爱因斯坦经常受邀至荷兰莱顿大学参加物理学研讨,住在他的朋友——大物理学家埃伦菲斯特家里。埃伦菲斯特思维敏捷,爱因斯坦话语中哪怕有一点点漏洞,也会被他抓住,他们总争得面红耳赤。这时,音乐成了缓和气氛的最好方式,埃伦菲斯特弹着钢琴,爱因斯坦则拉起小提琴。科学灵感再次袭来的时候,爱因斯坦的琴声会戛然而止。他用琴弓有力地打击着琴弦,让埃伦菲斯特停止钢琴伴奏。爱因斯坦又开始了他的科学独白。埃伦菲斯特则细心地听着,如森林中的猎人,以冷峻的猎枪等待着爱因斯坦的漏洞。在思想遇到障碍时,爱因斯坦会着急地走到钢琴前,用几个手指反复弹奏一个坚定有力的和弦"镗!镗!镗!"好像在向大自然发问:"怎么办?"弹着弹着,两个朋友走出了论战的硝烟,露出愉快而会心的一笑。这就是音乐带给他们的科学创新思维。

3. 价值性

人们的创造发明都起因于需要,如果这种创新能通过科技成果转化为现实生产力,给人类和社会带来福祉,这种创新就有强的生命力,被社会承认和接受,这样创新就是有社会价值的。如果某创新不是人们需要的,那它就没有生命力,没有社会价值。大卫·史密斯发明了"邮包炸弹"梅利莎病毒,这个病毒是群发邮件病毒的鼻祖。到案发时的1999年已使100万台电脑瘫痪,造成全球3亿~6亿美元的经济损失。这不是创造价值,而是价值大破坏。所以说,只有当创新能够满足人们需要时,才有较强的生命力,才具备其价值性。如何衡量创新产品的价值,可以通过经济价值、学术价值、艺术价值、实用价值、社会价值等进行。

以创新的实用价值为例,可从以下几个方面对创新进行评估:

(1) 是否急需。新产品是不是大众急需要的,如果能很好地解决大众的迫切需要,则它的使用价值就比较高。

(2) 是否易操作。新的发明创造必须让绝大多数人能较轻易地掌握操作运用方法,才会有较好的市场需求,有较高的实用价值。

(3) 是否安全可靠。创新产品、创新过程的安全关系到人们的生命和健康,只有安全可靠的创新活动才能让人们接受和使用创新活动和创新成果,从而体现出创新的价值。

(4) 是否令人喜欢。如果人们喜欢则该创新就具有生命力,人们就愿意使用,从而表现出其巨大的价值所在。

(5) 是否体现出"新"。新产品的"新"不是对原有产品的加工复制,而是在现有产品上进行的改良和创造,这才能体现出创新引领发展的核心价值。

4. 继承性

继承是对前人经验的总结,创新的继承性告诉我们必须注重前人的成果。联合国会议上中国政府将中华鼎作为礼物和象征,因为它代表的是中华文化的内涵,是文化继承的结果。孔子学院在世界范围内的兴起,传达的是"仁义礼智信"的思想;中华武术风行海外,外国人欣赏的就是中国传统文化的内涵。

托尔斯泰说:"正确的道路是这样,吸取你的前辈所做的一切,然后再往前走。"继承和创新是社会繁荣的重要因素,在生活中,要想获得成功,创新是必不可少的,但是,缺少了继承,创新便会成为无源之水,无本之木。

创新,并不是所谓的闭门造车,不是靠自己的主观臆造去随意地瞎编乱造,而是要注意继承前人优秀的成果,在正确的理论指导下创新才会显得更有意义。英国17世纪的科学巨匠艾萨克·牛顿(Isaac Newton)在开普勒(Johannes Kepler)第三定律的基础上,发现了万有引力定律,创新不可谓不丰富。可当别人问及他为什么会取得如此的成绩时,他说:"如果说我看得更远一些,那是因为我站在了巨人的肩上。"虽然这只是一时谦虚之词,但细细想来,如果没有伽利略(Galileo)夜观星空,如果没有第谷(Tycho Brahe)数十年如一日研究天体的运行规律,那么牛顿想要总结出物体运行的三大定律,似乎要大费周折了。可见,继承和创新是不可分的,只有在取得其精髓去除其糟粕的继承中创新才是可取的。

5. 新颖性

新颖性指的是在提出你的小发明以前,或是在申请专利以前,没有出现过同样功能、构思、技术的东西,或同样的制作方法。

(1) 活动的新颖性。创新活动自身就是新颖的,活动过程富含创新。如一则"向和尚推销木梳"的案例,充分诠释了推销活动过程的新颖性。

专栏 1-2　向和尚推销木梳

有一家公司,为扩大经营规模,决定高薪招聘营销主管。招聘工作的负责人说:"相马不如赛马,为了能选拔出高素质的人才,我们出一道实践性的试题:'想办法把木梳尽量多地卖给和尚。'"有三个应聘者:甲、乙和丙。负责人交代:"以10日为限,届时向我汇报销售成果。"

10日到。甲卖出1把木梳。他历尽辛苦,游说和尚应当买把梳子,无甚效果,还惨遭和尚的责骂,好在下山途中遇到一个小和尚一边晒太阳,一边使劲挠着头皮。甲灵机一动,递上木梳,小和尚用后满心欢喜,于是买下一把。

乙卖出10把。他去了一座名山古寺,由于山高风大,进香者的头发都被吹乱了,他找到寺院的住持说:"蓬头垢面是对佛的不敬。应在每座庙的香案前放把木梳,供善男信女梳理鬓发。"住持采纳了他的建议,那山有十座庙,于是买下了10把木梳。

丙卖出1000把。他到一个颇具盛名、香火极旺的深山宝刹,朝圣者、施主络绎不绝。丙对住持说:"凡来进香参观者,多有一颗虔诚之心,宝刹应有所回赠,以做纪念,保佑其平安吉祥,鼓励其多做善事。我有一批木梳,您的书法超群,可刻上'积善梳'三个字,便可做赠品。"住持大喜,立即买下1000把木梳。得到"积善梳"的施主与香客也很是高兴,一传十、十传百,朝圣者更多,香火更旺。

把木梳卖给和尚,听起来真有些匪夷所思,但不同的思维,不同的推销方法,却有不同的结果。

 [即问即答]　三位应试者的思维模式有何不同?如果让你继续扩大销量,你会如何做?

(2) 方法的新颖性。指在解决问题时运用新颖的方法和手段。我国古代著名医药学家孙思邈是世界上导尿术的发明者。据史书记载:孙思邈在行医时遇到一个患尿潴留的病人,病人非常难受和痛苦,如果用传统思维进行治疗的话,只有吃药,眼看吃药来不及了,为了解救病人此时不得不摆脱传统思维的框框。思维一转,孙思邈突然想到为何不用根管子将尿导出来呢?于是他就挑选了一根非常适宜的葱管,在火上轻烧了一下,切了尖的部分,后小心翼翼插进病人的尿道,再用力一吹,尿居然从病人的尿道里自然流出来了,病人的疼痛也就慢慢减轻,尿流完了,病也就好了。

(3) 产品的新颖性。有一农妇种了几亩西瓜,可瓜尚未成熟,市场早已饱和,瓜价受挫。丰收不增收,这是农民最大的痛苦。苦思之下,农妇有了创意。她让人写了"吉祥如意""清凉解暑""祝您平安"等字样,用白纸剪下来,然后贴到快成熟的西瓜皮上。几天后,绿绿的西瓜上就留下了浅色的文字。结果瓜好卖了,价格也高了,农妇的收入也增多了。农妇的创意看似简单,实则独特奇异,新颖别致。在她的调理下,西瓜简直就是在张口说话,传达祝福。

6. 风险性

创新是思维、过程和产品各方面的新意,这其中伴随着风险的存在。如来自产品的风险、来自企业的风险、来自环境的风险等。

(1) 来自产品的风险。产品从开发到生产,再到销售和维护,所有过程都充满着风险性。①前期调研风险。创新是针对非主流市场的潜在需求而产生的,因此前期的调研工作必须全面细致,做到对市场潜在需求的切实把握,否则可能会造成对市场需求的错误估计,使得企业创新活动因未与市场需求相结合而在市场化阶段失败。②产品定位风险。产品定位是产品在未来潜在顾客心目中占有的位置,对产品定位的计划和实施以市场定位为基础,就是要在目标顾客的心目中为产品创造一定的特色,赋予一定的形象,以适应顾客一定的需要和偏好。若产品定位不准,则难以吸引目标消费者,产品失败的可能性大增。③产品扩散速度风险。创新产品在市场上的扩散速度具有不确定性,创新产品是针对潜在需求产生的,但由于采用新的技术路线,受到消费惯性等因素的影响,新产品不一定能够在短时间内为市场所接受,这就减缓了新产品在市场上的扩散速度,阻碍了新产品对市场的占领,进而有可能导致创新项目的夭折。④产品生命周期风险。由于创新产品的更新换代速度越来越快,难以预测创新产品的市场寿命周期,而产品生命周期的长短直接决定了创新投资收益期限的长短,若产品生命周期过短,那么将极大影响企业获益能力,增加项目风险性。

(2) 来自企业的风险。创新在企业中进行,则企业要承担一定的风险。①资金供给风险。企业资金实力是代表企业投入能力和风险承受能力的重要指标,创新需要开辟新市场,创新活动需要更多的资金投入。在市场化的过程中,如果没有足够并且持续的资金投入,将无法展开强大的前期研究和后续的试生产,进而可能导致创新项目最终的失败。②营销策略风险。营销策略决定了产品的方向性,同样也决定产品的生命周期。好的策划、好的营销能让产品如鱼得水,迅速成长。"酒香不怕巷子深"的营销理念已经行不通了,必须将优秀的创新成果与有效的营销策略相结合,才能给企业创造价值。③企业市场地位风险。企业的市场地位体现在很多方面,如企业的市场占有率、企业的信誉和知名度。若企业的市场地位较高,由于消费者的信赖和企业的品牌价值,使新产品较为容易获得消费者的认可。但从另一方面来看,若企业在行业占据领袖地位,有可能对创新成果的市场化起到阻碍的作用。由于突破性创新成果会冲击现有的市场格局,风险性较大,而现有的持续性技术创新已经可以保证市场份额和收益的稳定增长。

因此出于降低风险考虑,企业可能会将创新成果束之高阁,延缓其进入市场的时机。

(3) 来自环境的风险。环境包括宏观、中观和微观层面的环境。宏观环境风险包括自然地理特征、气候、政治、法律、社会文化、经济技术水平等。中观环境风险主要是来自竞争者的风险,包括竞争对手实力、不正当竞争行为、替代品状况。微观环境风险主要是来自消费者的风险,目标消费者数量、消费者购买能力、消费者需求变动、消费者学习成本等。

(四)创新的类型

人类社会实践活动纷繁复杂,创新的种类丰富多彩,体现在不同范围和不同领域的创新层出不穷。根据一定的标准,可将创新分为不同的种类。

1. 按创新成果是否首创分类

按创新成果是否首创可将创新分为原始创新和改进创新。

(1) 原始创新。原始创新是指前所未有的重大科学发现、技术发明、原理性主导技术等创新成果。原始创新意味着在研究开发方面,特别是在基础研究和高技术研究领域取得独有的发现或发明。原始创新是最根本的创新,是最能体现智慧的创新,是对人类文明进步作出贡献的重要体现。原始创新成果通常具备三大特征:

① 首创性,需要前所未有、与众不同。

② 突破性,需要在原理、技术、方法等某个或多个方面实现重大变革。

③ 带动性,需要在对科技自身发展产生重大牵引作用的同时,对经济结构和产业形态带来重大变革,在微观层面上将引发企业竞争态势的变化,在宏观层面上则有可能导致社会财富的重新分配、竞争格局的重新形成。

如世界上第一部电话的发明、第一台计算机的发明、第一台医学仪器CT等。

(2) 改进创新。改进创新则是对原有的科学技术进行改进所做的创新。如电灯的发展就是改进创新的例子。

专栏1-3 青霉素的发展

早在唐朝时期,人们偶然发现霉变物质的绿毛产生的物质有一定杀菌作用,这可以说是人类使用青霉素的起源。19世纪六七十年代,苏州雷允上发明了六神丸,它有很好的抗菌作用。得益于中药的大分子物质,至今细菌没能对六神丸产生抗药性。而后来发明青霉素的弗莱明,在和弗洛里、钱恩获诺贝尔奖时预言的细菌对青霉素会产生抗药性,过了不到十年就出现了。20世纪20年代英国科学家弗莱明在实验中首次发现"青霉素",也是人类发现的第一种抗生素,但是并未能将青霉素大量提取出来。20世纪40年代德国青年钱恩在巴黎塞纳河边的旧书摊上翻阅到一本旧杂志,上面有几十年前弗莱明发明青霉素的论文。钱恩眼前一亮,这么好的东西,为什么不可以大量生产出来呢。他回去告诉了他的老板美国人弗洛里。化工企业家弗洛里和钱恩经过不断地改进实验,终于在1941年前后用冷冻干燥法提取出了青霉素的结晶体。随后青霉素便开始大批量地生产,青霉素强大的抗菌作用挽回了成千上万受病菌威胁的病人生命。在青霉素的基础上,人们对青霉素进行化学改造,20世纪70年代从微生物中发现与青霉素母核相似的环结构青霉素类,这些青霉素类可分为三代:第一代分为天然青霉素,如青霉素G;第二代青霉素指半合成的青霉素,如甲氧苯青霉素;第三代青霉素指母核结构青霉素,如硫霉素。随着青霉素的改进发展,使人类大大提高治疗诸多感染性疾病的能力,如肺炎、肺结核、脑膜炎等。

[即问即答] 你还能举几个原始创新和改进创新的例子吗?

2. 按创新成果应用范围分类

按创新成果应用范围可将创新分为绝对创新和相对创新。

[即问即答] 中国四大发明分别属于哪类创新?

(1) 绝对创新。绝对创新是在全世界范围内实现首创的创新,绝对创新意味着巨大的荣誉和创造,可起到改变世界,推进社会发展与进步的巨大作用。

(2) 相对创新。相对创新在生活实践中最多见,占相当比例的创新内容是既无必要,也不可能去考核它们是否属于全世界范围内实现首创的问题,对于一时很难考察清楚,有时也没必要考察清楚的创新被称为相对创新。

相对创新的情况普遍存在,因为创造活动本身存在着时间差和空间差。承认创新才能充分地肯定一般水平创新活动的地位和作用,为群众性的创新活动开辟了广阔的发展道路。

[即问即答] 请举出几个相对创新的实例。

3. 按创新的来源分类

按创新的来源进行分类,可将创新分为自主创新和模仿创新。

(1) 自主创新。自主创新是相对于技术引进、模仿而言的一种创造活动,是指通过拥有自主知识产权的独特的核心技术以及在此基础上实现新产品的价值的过程。

精细管理工程创始人刘先明认为,自主创新是指创新主体独立地依靠自己的智慧和力量,而进行的一种拥有自主知识产权的创新。

创新所需的核心技术来源于内部的技术突破,摆脱技术引进、技术模仿对外部技术的依赖,依靠自身力量,通过独立的研究开发活动而获得的,其本质就是牢牢把握创新核心环节的主动权,掌握核心技术的所有权。自主创新包括原始创新、集成创新和引进技术再创新。自主创新的成果,一般体现为新的科学发现以及拥有自主知识产权的技术、产品、品牌等。

(2) 模仿创新。模仿创新即通过模仿而进行的创新活动,是企业通过模仿率先创新者的创新构想和创新行为,吸收率先创新者成功的经验和失败的教训,购买或破译率先创新者的技术密码,并在此基础上改进完善,进一步开发、生产出在性能、质量、外观、价格等方面具有竞争力的产品的创新活动。

模仿创新优势在于可节约大量研发及市场培育方面的费用,降低投资风险,也回避了市场成长初期的不确定性,降低了市场研发的风险,但难免在技术上受制于人,而且新技术的模仿存在一定的壁垒,即不能轻易被模仿。随着知识产权保护意识的不断增强,和专利制度的不断完善,要获得效益显著的技术更显不易。

模仿创新具有以下几个方面的特性:积极跟随性、研究开发的针对性、市场开拓性、

"看中学"的积累性、资源投入的中间聚积性等。

4. 按社会活动领域分类

按社会活动领域分类可将创新分为科技创新、管理创新、观念创新、文化创新、教育创新和知识创新。

（1）科技创新。科学是一种反映客观规律的知识体系，技术是一种利用客观规律、创造事物的物质手段与技能方法所组成的集合系统。科技创新的种类主要有：

新的科学理论的建立，科学理论指科学工作者运用科学方法，通过创造性思维，对科学材料的理论概括、总结和说明，是科学知识的组成部分。如爱因斯坦的相对论。

新产品的发明，对企业来说，从未生产销售过的产品就是新产品；对消费者来说，产品的功能、式样、特色、商标、包装、服务等各项因素中的任何一项发生了变化，都可以将该产品视为新产品；从技术角度来看，只有采用了新技术、新工艺、新材料从而使产品的功能、结构、性能等发生了显著变化的产品，才算新产品。如电灯的发明。

生产方法的创新，即对于同一产品采用不同的生产方法，如：平板玻璃生产方法的创新。

（2）管理创新。管理是人类社会最基本的活动之一，管理创新是根据客观规律和科学的原理，对不适应社会发展的管理活动进行的变革、改进，用新的管理方法取代原有管理方法的过程。下面主要介绍制度创新、营销创新、组织创新等。

① 制度创新。制度是指各种办事规程和行为规则的集合，包括一定社会的体制、机制、法律等，为人们的社会行为提供秩序框架。制度创新是指引入一项效果更好，即效率和效益更高的新制度来代替原来的制度，以适应制度对象的新情况、新特性，并推动制度对象的发展。

② 营销创新。营销创新是指企业根据营销环境的变化情况，并结合企业自身的资源条件和经营实力，寻求营销要素在某一方面或某一系列的突破或变革的过程。在这个过程中，并非要求一定要有创造发明，只要能够适应环境，赢得消费者，且不触犯法律、法规和通行惯例，同时能被企业所接受，那么这种营销创新即是成功的。还需要说明的是，能否最终实现营销目标，不是衡量营销创新成功与否的唯一标准。

专栏1-4　推销语言的艺术

美国某出版商手中有一批书，销售情况不理想。一天他想到一个好主意，他给总统送去一本书，并三番五次去征求意见。忙于政务的总统不胜其烦，随口敷衍了一句"这本书不错"，出版商立即打出广告"让总统赞不绝口的书"，书被抢购一空。他又以同样方法给总统另一本书，并询问对该书的看法，总统吸收上次的教训，奚落说"这本书糟糕透了"，出版商脑子一转，又做了一则广告："让总统非常讨厌的书"，出于好奇，人们争相购买。第三次，总统有了前两次教训，不做任何答复，出版商却依然能大做广告"这是一本连总统也哑口无言的书"，再次引起强烈轰动。

③ 组织创新。组织创新就是根据变化了的条件，对整个组织结构进行创新性设计与调整。引起组织结构变革的因素通常是：外部环境的改变、组织自身成长的需要，以

及组织内部生产、技术、管理条件的变化等。

（3）观念创新。观念即认识或思想，是人们由其所具有的知识及过去的实践而长期形成的种种观点与概念的总和，它属于意识形态范畴。从认识角度来看，观念创新是认识的深化。从动态角度来看，观念创新是一个"破旧"与"立新"的过程。从主客观相互关系角度来看，观念创新的实质是主观与客观的重新统一。进行观念创新应具备的基本条件：首先应具有自我否定品质；要有创新知识作坚强的后盾；必须具有创造性思维。

（4）文化创新。笼统地说，文化是一种社会现象，是人们长期创造形成的产物；同时又是一种历史现象，是社会历史的积淀物。确切地说，文化是指一个国家或民族的历史、地理、风土人情、传统习俗、生活方式、文学艺术、行为规范、思维方式、价值观念等。凡是超越本能的、人类有意识地作用于自然界和社会的一切活动及其结果，都属于文化。

文化在交流的过程中传播，在继承的基础上发展，都包含着文化创新的意义。文化创新能够促进民族文化的繁荣，只有在实践中不断创新，传统文化才能焕发生机、历久弥新，民族文化才能充满活力、日益丰富。文化创新，是一个民族永葆生命力和富有凝聚力的重要因素。

立足于社会实践，是文化创新的根本途径。着眼于文化的继承，"取其精华，去其糟粕""推陈出新，革故鼎新"，是文化创新必然要经历的过程。文化创新，表现在为传统文化注入时代精神的努力过程中。不同民族文化之间的交流、借鉴与融合，也是文化创新必然要经历的过程。实现文化创新，需要博采众长。

（5）教育创新。教育创新不仅仅是方法的改革或教育内容的增减，更重要的是教育功能的重新定位，是带有全局性、结构性的教育革新和教育发展的价值追求，是新的时代背景下教育发展的方向。

教育创新主要从以下几个方面进行：①教育观念创新。要更新教育观念，树立国家建设需要相适应的教育观、人才观和质量观。如我国推行的素质教育就是针对应试教育的改革，是从观念上改变了教育的目的和理念。②教育体制创新。在人才培养体制、办学体制、管理体制、保障机制上进行的创新变革。③教育内容创新。对教育教学的内容要不断地更新和及时地补充，以适应社会发展和科技进步的步伐，将学生引导到当代社会发展和科技进步的前沿。④教育方法创新。要树立教育方法多样性的观念，充分利用现代信息和传播技术的便利性、生动性、传播性等特征，不断创新教育方法和手段，改变教育的方法手段，提高教育效果。

（6）知识创新。知识创新是随着知识经济的讨论兴起而出现的新概念，最初由美国的戴布拉·艾米顿（Debra M.Amidon）提出，他将知识创新（knowledge innovation）定义为："通过创造、演进、交流和应用，将新的思想转化为可销售的产品和服务，以取得企业经营成功，国家经济振兴和社会全面繁荣。"我国学者认为知识创新是通过科学研究获得新的基础科学和技术科学知识的过程。

知识创新的目的是追求新发现、探索新规律、创立新学说、创造新方法和积累新知识。知识创新是技术创新的基础，是新技术和新发明的源泉，是促进科技进步和经济增长的革命性力量，知识创新是技术创新的起点和基础，技术创新是知识创新的延伸和落脚点。

(五) 创新的重要意义

创新是人类有别于其他动物的重要特征,是推进人类社会进步和发展的强大动力。创新是一个民族进步的灵魂,是一个国家兴旺发达的不竭动力。

1. 有助于促进社会发展

创新推动了科技进步和社会发展,一部人类社会发展进步的历史,就是不断创新的历史。公元前 4000 年,埃及人在尼罗河畔耕作,开创了最早的农业生产;公元前 2000 年前后,巴比伦人发明了炼铁技术,开始了农具制造业的发展;13 世纪,中国活字排版印刷术的出现,推进了世界印刷业的发展和信息的储存及传播;1765 年,英国的哈格里弗斯(Hargreaves)发明了以自己妻子名字命名的珍妮纺纱机,开启了纺织业的发展。近代,人类积极推进能源技术创新、材料技术创新、信息技术创新、生命技术创新、空间技术创新和海洋科学技术创新,促使了社会形态由农业社会向工业社会以及由工业社会向信息社会的转型。

创新提升了生活层次和幸福指数(是衡量人的幸福快乐的标准,也称国民幸福总值),随着时代发展,人们的物质生活有了巨大的变化,从通信来说,由 1G、2G 到 4G,再到现在的 5G,人们享受着快捷而更加直观、真实、及时的通信生活,这恰恰从一个侧面反映了经济的发展、社会的进步和人们生活水平的提高。

2. 有助于增强国力

自新中国成立以来,我们的一系列重大成就都是依靠自主创新而取得的。新中国成立初期,积极组织队伍自力更生,大胆创新,科学试验,仅用几年时间便成功地研制了原子弹、氢弹和人造地球卫星。这一系列自主创新的光辉成果,改变了中国在世界上的战略地位,提升了中国在国际上的竞争力。1995 年中央确立了科教兴国战略,决定了中国未来发展的基本方向。2005 年中央又进一步提出了自主创新战略,提出理论创新、制度创新、科技创新、文化创新,建立创新型国家。2015 年中央提出创新驱动发展战略。2016 年中共中央、国务院印发《国家创新驱动发展战略纲要》,提出到 2020 年进入创新型国家行列、2030 年跻身创新型国家前列、到 2050 年建成世界科技创新强国"三步走"目标,并对产业技术体系进行了系统部署,具体明确了包括信息、智能制造、现代农业、现代能源、生态环保等九个重点领域的技术发展方向。

美国经济增长和贸易竞争力提升的关键是不断创新的成长模式,强大的创新能力是美国经济持续、稳定、高质量增长和贸易竞争力提升的基础。美国以其强大科技创新能力组织全球性的科技创新活动,在控制科技创新体系中最大限度地获得科技创新、控制技术标准带来的利益,在信息技术、航空航天、生命科学、制药、新材料等技术领域成为全球技术标准的制定者,刺激企业的科技创新的主动性和积极性。

3. 有助于培养人才

1999 年 1 月 1 日实施的《中华人民共和国高等教育法》明确规定,培养具有创新精神和实践能力的高级专门人才是高等院校的一项基本任务。为了更好地培养学生的创新精神和实践能力,激发学生独立思考和创新的意识,培养学生的科学精神和创新思维习惯,国内众多高校现已开设了"创新学"这门课程,这也是我国教育思想和人才培养模式的重大进步。

当今人类社会已经进入了崭新的时代——知识经济时代,知识经济的一个重要特征是知识创新和技术创新,而创新思维则是知识经济时代的灵魂。因此,越来越多的人意识到,21世纪是创新的世纪,创新将在人类社会生活的各个方面发挥举足轻重的作用。人才培养中贯穿创新思维、创新能力的培养显得尤为重要。

4. 有助于发展企业

创新关系到企业的盛衰成败,它是企业获得竞争优势的决定性因素,谋求生存的基础和保证,实现可持续发展的源泉,是推动人类社会进步和提高企业经济效益的有效途径。企业可从研发、生产、组织、经营、管理等方面进行创新,以适应或超越环境,获得竞争优势,步入快速和持续发展的轨道,"创新则兴,不创新则亡"是市场经济的定律,对企业的管理者起着警示性作用。

二、创新活动的程序

创新活动是一个过程性的活动,该过程可分解为几个阶段来理解,通过这些阶段创新的成果才可出现。创新活动的程序如图 1-1 所示。图中实线箭头代表正常的程序阶段,虚线箭头代表间接联系或反向促进作用。

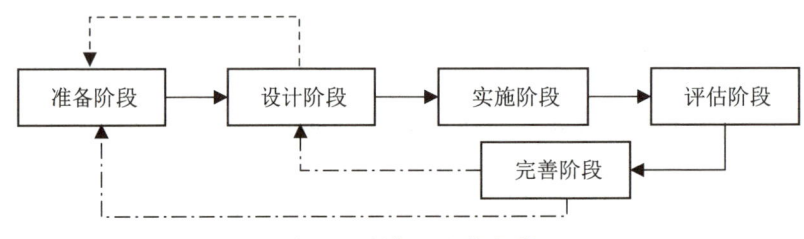

图 1-1 创新活动的程序

(一) 准备阶段

准备阶段主要是为创新活动做事前准备,对创新活动进行资料和有关信息的收集,确定创新的方向和目标。这一阶段就是明确要解决的问题,围绕问题收集信息,并试图使之概括化和系统化,使问题和信息在脑细胞及神经网络中留下印记。在围绕问题进行积极的思索时,人脑会不断地对神经网络中的递质、突触、受体进行能量转换,为产生新的信息而积累。这一阶段人脑能总体上根据各种感觉、知觉、表象提供的信息,认识事物的本质,使大脑神经网络的综合与创造力有超前力量和自觉性。在准备之后,一种研究的进行或一个问题的解决,难以一蹴而就,往往需要经过探究尝试。这时思维范围扩大,思想信息相互联系并相互影响,为问题的解决提供了良好的条件。

(二) 设计阶段

创新设计是指充分发挥设计者的创造力,利用人类已有的相关知识进行创新构思,设计出具有科学性、创造性、新颖性及实用性的一种实践活动。经过长期酝酿之后,开始对创新活动进行设计规划,制定出创新的相关事宜,为创新过程起到规划和计划的作用,以达成创新结果。创新设计就是根据创新准备阶段的思索,结合自身能力,根据已具备和经过努力可以具备的各种条件,并充分发挥群体积极性、创造性和丰富想象力,不拘泥于经验和实践,特别注意,不采取任何行动也是备选方案,确定出在一定时期内的行动方案。

(三)实施阶段

这一阶段是将设计的创新方案变成真实创新成果的过程。在这一过程中有可能是按设计计划就能很好地推进创新的实施,但也有可能存在许多问题需要面对和总结。按计划的编制、执行和检查,协调和合理安排各项活动,有效地利用资源,以取得创新的成功。

(四)评估阶段

评估阶段是真正实现创新价值的重要一步。在获得成果后,我们要站在客观的立场上,从多视角对成果进行评价,用批判性的眼光审视创新成果的功能实现情况、新颖程度和推广使用价值等。也可请不相干的人、有经验的人或专家进行评价,多方听取意见,为改进和完善创新成果服务。

(五)改进完善阶段

该阶段是对创新准备、设计、实施和评估阶段的进一步思考,对符合创新目标的过程给予肯定,对创新过程中的问题进行思索反馈,提出改进措施,让创新的目的更好、更经济、更有效地达成。经过该阶段,创新的成果就可以考虑进入市场或申请专利等。

三、创新学

创新在人类出现以来就一直存在,它为人类社会的发展和进步创造了条件,人类是创新的撰写者,也是实践者,人类是创新的主体并对该学科进行了研究。

(一)创新学概念

创新学是通过对创新本质及规律的研究,将创新活动理论化和系统化,为创新提供思维和方法的学科。以所有不同领域的创新活动及其规律和创新者的创新素质为主要研究对象,不以某种具体物质系统为研究对象的科学,目的在于为其他学科提供创新理论和方法,是一门基础性、综合性、应用性的学科。

21世纪是人类社会精神文明、物质文明建设飞速发展的时代,世界经济形态正处于深刻转变之中,以消耗物质、能源、资本为主体的工业经济,向以知识和信息的生产、分配、使用的知识经济转变,它为创新学的发展提供了良好机遇和巨大空间。

(二)创新学的兴起与发展

创新学随着人类文明的产生而产生,随着人类文明的发展而发展,随着人类文明的辉煌灿烂而更加光芒四射。

1. 创新学的兴起

创新活动伴随人类的出现而不断进行,创新得到人们的重视与推崇,还是近现代以来的事。20世纪40年代,以电子计算机、原子能和空间科学技术的发明和应用为标志的第三次科技革命为创新学诞生提供了技术和理论支持。当时各国之间的竞争其实是创新规模和速度上的竞争,为了在竞争中独占鳌头,各国都开始在全国范围内宣传创新强国的理念,并认真地审视自身的创新力,开始对创新的本质、规律和创新型人才的培养进行全面深入的研究。而且当时各类学科理论知识已基本成熟,为创新学的产生奠定了基础。

1931年内布拉斯加大学教授克劳福德(R.P.Crawford)首次在大学里开设了"创新性思维"课程,并制定了创新技法"特性列举法"。1935年,美国电气工程师协会举办了世界上第一个工程师创新力训练班。1936年史蒂文森在通用电气公司为技术人员开设了"创新工程"课,这是工业界在创新力开发方面的首次尝试,并被学术界公认为创新学正式诞生的标志。之后,创新力开发活动在美国各界迅速展开,到20世纪50年代形成了全国创新力开发的热潮,并且波及全世界,顿时全世界掀起了创新强国富国的思潮。

2. 创新学的发展

在第三次科技革命的推动下,人们不仅从实践中认识到创新的价值、地位和作用,更加感受到创新带来的巨大变化。经济全球一体化,信息技术迅速发展,知识经济时代已悄悄来临,这都是创新的杰作。创新的这种魅力引起了各国学者研究的兴趣,并很快使创新学成为一门独立的相对成熟的学科。

(1) 国内创新学的发展。在中国20世纪30年代教育家陶行知先生创立了创新教育理论,最早提出创新教育思想,并对青少年和儿童进行了创新教育实验。1933年陶行知在《创造宣言》演讲中,进一步提出了创新教育的目的、内容、方法和意义,后来经过不断地充实和完善,形成了较为完善的创新教育思想体系,也使陶行知成为世界创新教育的最早探索者之一。

新中国成立后,在学习苏联模式的过程中,虽然培养了一大批技术革新能手,但由于没有系统的创新学理论教育,当时的创新活动基本是自发的。直到20世纪80年代,我国才开始引进并传播创新学知识。因此,创新学在我国的起步是比较晚的。1983年,在广西壮族自治区南宁市召开了我国第一次创新学学术研讨会,标志着创新学在我国作为一门独立的新学科诞生了。从1983年至20世纪80年代末期,是创造学在中国产生及初步发展时期,主要工作是与国外学者的交流,消化、吸收、介绍国外的创造学理论,翻译介绍国外创造学重要著作,结合中国创造学研究的需要出版了一批专著。随着创造学的引入,中国创造学研究者们进行了创造学群的组织建设,为中国创造学的发展提供了组织基础。

20世纪90年代,中国的创造学进入独立研究阶段,许多学者根据自身兴趣与专业需要开展了创造学各分支领域的深入研究,形成了创造学的一些分支学科。又因为该学科应用性强,与众多学科关系紧密,并与其形成新的分支学科,如创造心理学、创造思维学、创造教育学等。创造学学派形成,促进我国创造学的发展,并构架了创造学理论框架。已经初步形成了三大研究方向:创造学理论与实践研究、创造工程学研究和创造教育学研究。

创造学在我国的推广首先在教育界,1993年中国发明协会与中国矿业大学在徐州联合召开"首届全国高等学校创造教育及创造学研讨会",两年后在北京航空航天大学召开了第二次会议,并正式成立中国发明协会高校创造教育分会,该分会每两年召开一次学术研讨会,大大推动了我国创造学与创造教育的研究和发展。

全国人大九届二次会议和全国政协九届二次会议期间,创新二字成为大众媒体使用最频繁的词汇之一。创新最早是指技术创新,后来不断扩充,从"新颖性"的角度看,创新即为创造。创新一词引申扩展到其他领域,提出了制度创新、体制创新、管理创新、知识创新等概念。

(2) 国外创新学的发展。创新学发展较为突出的主要有美国、日本、韩国等发达国家。一方面是由于它们有杰出的学者,另一方面是有强大的经济实力做后盾,形成了较好的支持体系,使创新学首先在发达国家兴旺发展起来,并拓展至整个世界。

创造工程之父,美国的奥斯本(Alex F.Osborn)提出的"头脑风暴法"和"检核表法"不仅为其赢得了极高的荣誉,而且也为其国家带来了财富。奥斯本虽没有很高的学历,但他非常热爱创新,从20世纪30年代初就全身心地投入创新学的研究与推广中,并创作了多部创新学著作。在他的带领下,美国公民创新情绪高涨,人人都参与创新活动,加快了创新学的发展和完善。

第二次世界大战后的日本,国民经济陷入低谷,却在短短的三十多年时间里奇迹般地一跃成为仅次于美国的世界第二经济强国,追究其根源,是"创新"给了这个国家新的生命力。战后日本政府一方面引进美国的创新学和创新力开发的经验,另一方面着力培养了一批有建树的创新学者。日本政府非常重视创新教育和创新力的开发,不仅把国民创新力作为第一资源来开发,并在全社会普及创新学,因此,日本的专利申请总量跃居世界前列。

韩国虽然地域较小,却跻身于亚洲四小龙之首。韩国的发展是依靠创新实现的,特别是韩国的电器,无论技术含量还是可靠性都是业界的标杆。韩国政府一方面借鉴国外先进的创新理念,另一方面根据本国国情进行技术创新。

创新学除在上述发达国家有所发展外,发展中国家也都有发展,但由于各个国家的生产力水平、国情、文化底蕴和民族风情的不同,创新学在各个国家发展的形式和速度也不同。但无论如何,创新学这门学科内涵随着社会的向前发展会逐渐完善和丰富,成为社会发展不可或缺的一门学科。创新学发展演变及相关著作如图1-2所示。

(三) 创新学的学科性质

按照创新学研究对象的观点,不论是创新现象还是创新活动,无疑都是一种人类的社会活动或社会现象。自熊彼特提出创新理论后,创新学朝着多学科领域发展。创新学中具有科学特质的部分应该将其归入自然科学和社会科学的范畴,而创新学中具有人文特质的部分则属于人文学科的范畴,这样,创新学的学科属性位于自然科学、社会科学、人文科学之间,具有交叉学科的特性,属于综合性学科,从对象、目的和方法看兼有自然、社会和人文科学的特征。研究目的是实现价值与意义,具有普适性、预测性、独特性的特点;研究对象是自然和社会客体、本体与情境交融;研究方法有逻辑与直觉思辨方法、定量可重复性和质性不可重复性的研究方法。从这样的学科属性出发,创新学的发展也必然要兼顾科学、社会与人文的根本特质,既探求人类创新活动的一般运动规律,又重视对"人"这一要素的关注,创新学才能逐渐丰富其独特的理论体系。

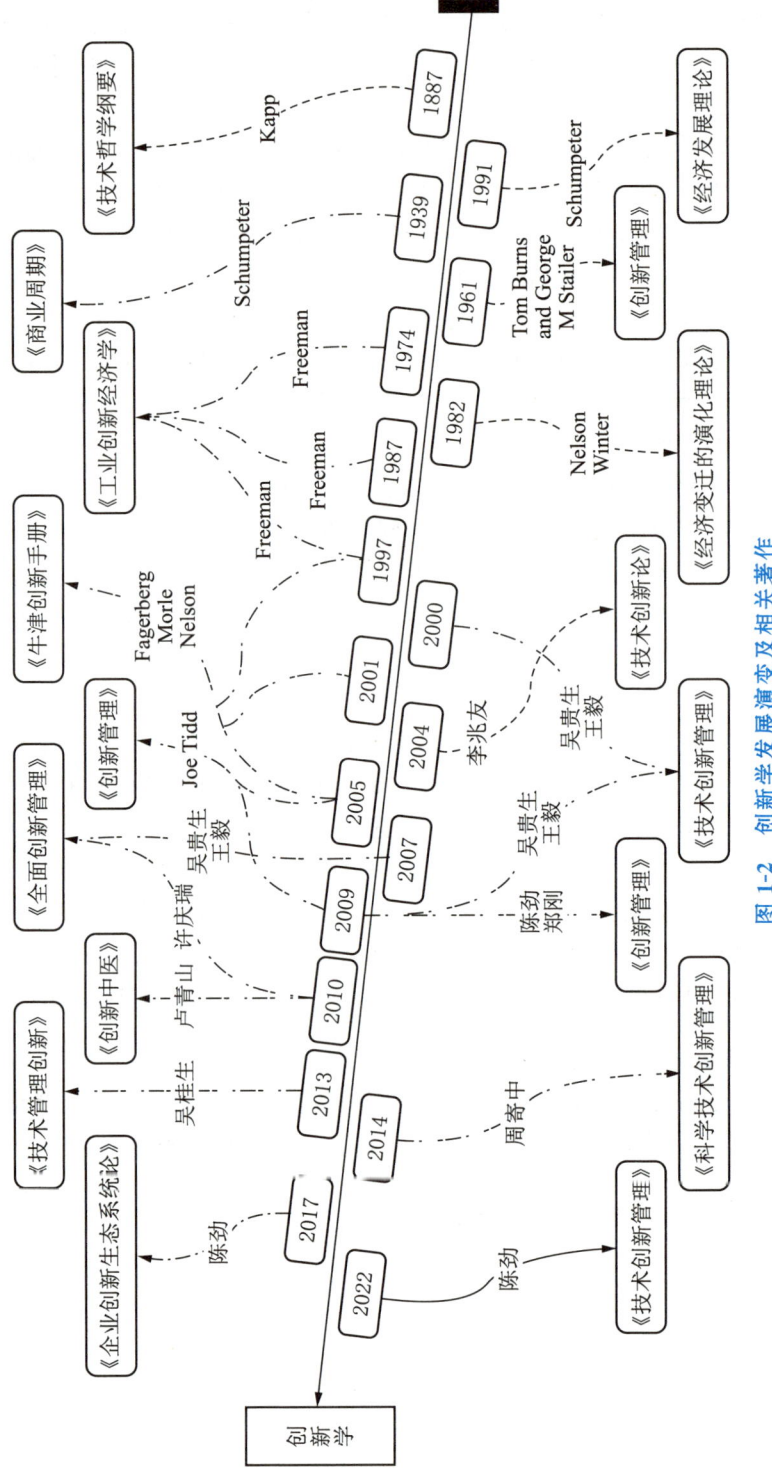

图 1-2 创新学发展演变及相关著作

创新学在基础理论研究方面表现为,以人类的创新活动为研究对象,揭示人类创新活动规律以指导创新实践,主要从基础理论上总结和概括,为创新活动提供理论基础。创新学在实践活动过程中表现为创新的思维、创新的方法和创新的运用,为创新活动提供可借鉴的方法和手段等。

(四)创新学的研究方法

1. 定量研究方法(quantitative research)

定量研究是在理论思辨的基础上,为了对特定研究对象的总体得出统计结果而进行的,对特定对象的内外部关系进行"量"的分析和考察,寻找有决策意义的结论。主要功能是"实证",进行"是什么"和"为什么"的描述、推断和预测,在经济学领域中称为"实证研究"。在定量研究中,信息是用某种数字来表示的。在对这些数字进行处理和分析时,首先要明确这些信息资料是依据何种尺度进行测定、加工的,通常要运用各种数据统计工具来分析。

2. 质性研究方法(qualitative research)

质性研究又称定性研究,通常在自然情景下,采用多种资料收集方法,对社会现象进行整体性探究,使用归纳法分析资料,通过与研究对象互动,对其行为和意义建构获得解释性理解。质性研究具有探索性、诊断性和预测性等特点,对研究对象的现象进行"质"的理论思辨,它并不追求精确的结论,不用统计分析的方法,而只是了解问题之所在,了解清楚问题的情况,得出感性认识。"质"是一事物区别于其他事物的内部规定性,质性研究的主要功能是"解释",做出"应该如何"的理论分析和阐述,在经济学领域中称为"规范研究"。质性研究的主要方法包括:历史研究、文献研究、观察研究、逻辑分析、内容分析、实地考察和个案研究等。如与几个人面谈的小组访问、要求详细回答的深度访问;素质教育的基本要义;创新教育与创造教育的异同等,就必须采取质性研究方法。

(五)创新学的学科体系

创新学是研究创新本质及规律的,将创新活动理论化、系统化,为创新提供思维和方法。创新学学科体系主要由创新基本理论、创新原则、创新特征、创新方法、创新者素质、创新能力开发、创新成果推广和运用和国家创新体系构建等组成。创新学主要借鉴了自然科学和社会科学的相关研究方法,对创新的过程进行分析,得出创新学固有的特征,为培养创新能力提供方法论和创新活动的指导。

创新理论是创新活动的思想基础,创新原则是创新活动必须遵循的逻辑,创新方法是创新过程中运用到的手段或技巧。当创新者具备了一定的创新素质后,就能自觉地从思想出发,遵循创新逻辑,运用创新方法,不断开发创新能力,对对象进行不断创新。创新成果通过推广运用,带来经济和社会效益。为了更好地鼓励创新,国家必须建立创新体系,提升国家总的创新实力。

第二节 创新的原理与原则

原理通常指某一领域、部门或科学中具有普遍意义的基本规律。自然科学和社科学中具有普遍意义的基本规律就是原理,是在大量观察、实践的基础上,经过归纳、概括而得出的,既能指导实践,又必须经受实践的检验。科学的原理以大量的实践为基础,故其正确性为实验所检验与确定,从科学的原理出发,可以推衍出各种具体的定理、命题等,从而对进一步实践起指导作用。创新既是一个宏观的社会实践过程,又是一个微观的心理反应过程,如果没有正确的原理指导和原则规范,创新活动有可能陷入毫无头绪的境地,只有了解和学习创新固有的原理、原则,才会在创新过程中遵循它,这样更有利于创新活动的开展。

一、创新原理

创新原理是人们在创新思维指导下,对创新活动过程本质认识的反映,是创新规律的结晶和概括,是最基本的创新规律。在创新活动中,创新原理是分析问题和解决问题的出发点,也是人们使用何种创造方法、采用何种创造手段的依据。因此,掌握创新原理,是人们取得创新成果的先决条件。创新原理主要有组合原理、移植原理、变向原理、还原原理、迂回原理、完满原理、无边界组织原理、虚拟组织原理、群体原理等。

(一) 组合原理

1. 组合原理的概念

组合原理是指将研究对象进行简单叠加,或先将研究对象中的各个因素进行分解,然后将分解出来的有关部分根据需要再进行叠加组合形成新思想、新方法、新产品的原理。借用人类已有的成果,以奇特的构思,将相关的或经过改进可以利用的若干项进行一定的组合,使之以崭新的面貌、全新的功能出现,是一种把多项貌似不相关的事物加以连接,从而使之变成彼此不可分割的新的整体的一种创新方式。

爱因斯坦说过组合作用似乎是创造性思维的本质特征。有人对1900年以来的480项重大创造发明成果进行分析,发现20世纪30年代到40年代是突破型成果为主,组合型成果为辅;50年代两者大致相当;从60年代起,组合型成果占据主导地位,开始变成技术创新的主要方式。

2. 组合原理的应用

显微镜、望远镜的原理就是由几块透镜的组合。多级火箭、捆绑火箭其原理可以看成几枚火箭的组合。多用柜、多用笔、多用文具盒、多人自行车、组合家具、组合音响,是生活中常见的组合例子。从某种意义上讲,组合就是创新。美国的"阿波罗"登月计划,是当代大型创造发明结晶之一,而"阿波罗"计划的负责人却说,"阿波罗"宇宙飞船的技术没有一项是新的突破,都是已有的技术,问题的关键在于能否把它们精确无误地组合在一起,实行系统管理。CT扫描仪,就是把X射线摄影装置同电子计算机结合在一起而实现的。我国传统中医药治病的方子就是由各种不同的草药组合而成的,不同组合组成不同方子从而治疗不同的疾病。通过组合实现的发明或新技术,创新成果有的具有其构成因素所不具有的新功能,有的是由于插入新技术而导致传统技术的革新,还有的通过多种单项技术的有机结合而形成兼有多种功能的综合技术。

(二)移植原理

1. 移植原理的概念

移植原理是指在创新活动中,把一个已知对象的概念、原理、内容、方法或部件等运用或迁移到有待研究的对象之中,从而使研究对象产生新的突破而导致的创新。

"他山之石,可以攻玉"就是该原理能动性的真实写照。移植原理的实质是借用已有的创新成果进行创新目标的再创造。创新活动中的移植倚重点不同,可以是沿着不同物质层次的"纵向移植";也可以是在同一物质层次内不同形态间的"横向移植";还可以是把多种物质层次的概念、原理和方法综合引入同一创新领域中的"综合移植"。

2. 移植原理的应用

以纸代木、以塑料代钢材等发明创造,实际上是一种"材料移植"。从科学发展的趋势来看,材料移植是今后发明创新的重要内容。

"模拟实验"也是移植原理的具体运用。研究者常把自然界难以再生的现象或把需要创造的大型工程人为地模拟缩小到实验室内进行研究,把实验室的研究成果再移植到有待研究的事物环境之中。比如,有关生命起源的模拟实验,就是将史前生命起源的长期过程,人为地移植到实验室中进行的。器官移植、细胞移植等都是具体的实例。

当然,移植需要联想,还需以类比为前提。已知对象用作类比的属性越接近研究对象的本质,移植成功的可能性就越大。因此,在运用移植原理实施创新时,思维的联想与类比起着关键作用。

(三)变向原理

1. 变向原理的概念

人们有意识地改变以往习惯的角度或方向思考和处理问题的方法,常常会获得意想不到的结果、产生出未曾见过的新事物。变向原理是指在创新活动中,把研究对象的原理、属性、顺序、结构、大小、色彩等因素通过改变,打破常规的思考和处理方向,从而引发创新的原理。变向原理可分为逆变和侧变两种类型:逆变是指通过逆向思索,有意进行与常规想法和做法完全相反的想法和做法;侧变是指通过"左思右想"从边缘向中心的思考方式,将原有的思维或事物进行改变的方法。变向一般是以常规思考方向为前提,对研究对象中各因素的常规思考方向越清楚,变向成功的可能性就越大。

2. 变向原理的应用

逆变应用:1927年,德国乌发电影公司在拍摄世界上第一部关于太空旅行的科幻故事片《月球少女》时,为了加强影片的戏剧性效果,导演弗里兹·朗格想出了在火箭发射时将顺数计时发射程序"1,2,3,发射"改为"3,2,1,发射"。这一颠倒的发射程序,既简单、准确又可使人思想集中,因而引起了火箭专家的兴趣,这就是逆变原理中顺序逆变引发创新"倒计时"的由来。完全颠倒已有事物的构成顺序、排列位置或安装方向、操纵方向以及完全颠倒处理问题的方法等,都属于顺序逆变。

侧变应用:一般漏斗下面管状部分的横切面均呈圆形,常与容器口紧密相合而使空气无法排出,根据空气动力学原理可知,这种形状影响灌液的速度,如果把横切面改成多边形或带齿状的圆形,就可以做成一种能顺利灌液的新型漏斗。部分改变研究对象的顺序、原理、属性、结构、大小等因素而引发创新,都属于侧变的实际应用。

变向原理的应用在我国传统中医药体现得淋漓尽致。中医治病有时不采用传统有病才治病的思维,而是逆向而行,主张"不治已病治未病"(《黄帝内经》),预防为先,这种变向的思维模式给医生治病提供了一个全新的视角。

(四)还原原理
1. 还原原理的概念
任何发明创新都必定有创新的起点和创新的原点。从事物的某一创新点按人们研究创新的方向,反向追溯到创新原点,再以创新原点为中心进行多向发散,并寻找新的创新方向。这种先回到原点,再从原点出发进行创新的原理就是还原原理。

运用还原原理时,分析思维和发散思维起着关键作用,要善于从起点追溯(还原)到事物的原点(本质)上,然后再进行多方向的发散性思维。

2. 还原原理的应用
安全火柴:从安全火柴这一创新起点出发,可改变盒子的大小,棒子的长短,材质的变化(纸质、木质等),但无论形状、材质如何,分析火柴的主要功能,可追溯到击石发火、钻木取火、雷击起火。于是抽象出火柴的本质就是"出火",把"出火"作为创新原点,进行多向发散,就可以引申出可燃气体发火、电火花打火、液体燃烧起火等新的思路,以致发明各种类型的打火机。

锚:千百年来,关于锚的发明创新许许多多,但都是以依靠物体重量和拉力以固定船只为起点出发进行思考的,所以其结构大致相同。根据创新的还原原理,人们从起点开始,先追溯到锚的创新原点,抽象出锚实质上是"能够将船舶固定在水面上的一切物质、方法和现象"。由此出发,经过思维的多向发散,就发明了形态结构各不相同的如火箭锚、螺旋锚、吸附锚、冷冻锚等。

(五)迂回原理
1. 迂回原理的概念
事物的发展不总是一帆风顺的,创新活动也是如此,在创新活动中人们经常会遇到难题或阻力。为了取得创新成功,一方面应鼓励人们知难而进、勇于探索,另一方面又主张灵活应变、迂回前进。

迂回原理是指当创新活动在某个部位受阻时,不妨暂停僵持状态,或转入下一步行动,或从事另外的活动,或试着改变一下观点,带着创新活动中的这个未知数继续探索,不要钻牛角尖、走进死胡同,该难题或许就迎刃而解了。运用迂回原理时,需要思维的灵活性和广阔性,如在研究某个专业问题的时候,应当从更广阔的其他专业的角度进行考察。科学实践表明,解决能带来重大突破的关键问题,更多需要借助其他知识领域的"外来思想"。

2. 迂回原理的应用
海王星的发现就是迂回原理运用的典型例子。人们根据种种迹象判断,在天王星之外一定还有一颗行星,全世界天文学家进行了长期观察和探寻,一直没有发现。后来,科学家们暂时避开直接搜寻,转入该未知行星的轨道计算,根据求得的轨道参数反推,人们很快便找到了这颗新星。

又如,为了开发利用核聚变的能量,需要氢原子之间剧烈撞击,而要产生这种撞击,一般认为需要靠惊人的压力将氢原子封闭在小室之中,这是一个非常大的技术难题。

为此,各国专家奋战了近 20 年,均因费时、费钱而未成功。而美国一家小企业根据迂回原理,放弃了"利用高压封闭小室"的正面思考,试着采用激光技术,激光容易地使氢原子发生了剧烈撞击。从而又找到一条探索利用核聚变的途径。

(六)完满原理
1. 完满原理的概念

人们总是希望在时间上和空间上充分而圆满地利用研究对象的一切属性。完满原理是指完满充分利用,凡是在理论上认为未被充分利用的方面,都可以成为人们创造发明的对象,可从中发现创新目标。事实上,人们对大多数现有产品(物质产品和精神产品)的利用率都是非常低的,只要对现存事物做充分利用的分析,一般都能找到不圆满之处,针对这些缺陷进行提高利用率的思考,就能导致发明创新。运用完满原理对现存事物进行分析,可以从整体完满充分利用分析和部分完满充分利用分析的层次上来进行。完满原理引导人们对某一事物或产品的整体属性加以系统分析,从时间和空间角度审视还有哪些属性可以再被利用。

运用完满原理时,需要思维的批判性、广阔性与合理性。创新学中常见的"列出某某事物尽可能多的缺点""列出某某事物尽可能多的用途"等训练,就是基于对事物进行属性完满充分利用分析的一种方式。

2. 完满原理的应用

整体完满充分利用分析,是对一个事物或产品的整体利用率进行分析,了解该事物或产品是否在时间上和空间上均被充分利用了。比如,从时间的整体来看,一个事物或产品最理想的情况是每时每刻都被利用,基于此引发了很多创新产品:沙发床、风扇灯、冷暖空调、摄像手机、智能家居等。从表面上来看,人们是在利用整个产品或事物,人们只是在很短的时间内利用该产品或事物的某些属性(有时连其一种属性也未充分利用)。

每一个事物或产品都可以按一定的层次分解为各个部分,因此,人们便可以在分解之后对其各部分进行完满充分利用分析。从理想的情况看,一个事物或产品整体中各部分的消耗、磨损或老化应当是同步的。比如,鞋子可分为鞋底或鞋帮,在使用中一般鞋底容易磨损。为此,人们可采取提高鞋底质量、及时更换鞋底、降低鞋帮质量等方式以保证鞋子整体的充分利用。对于鞋底进一步分析或会发现,其前、后利用率也不一样,跟部磨损较快,人们便发明了可插入的榫头式鞋跟,鞋跟磨损后拔出来再换一个。

(七)群体原理
1. 群体原理的概念

群体原理是指利用群体智慧的力量来进行发明创新的原理。早期的创新大多是依靠个人的智慧和知识来完成的,但随着科学技术的进步,要想"单枪匹马、独闯天下",去完成像人造卫星、宇宙飞船、空间实验室和海底实验室等大型高科技项目的开发设计工作是不可能的。这就需要创造者们能够摆脱狭窄的专业知识范围的束缚,依靠群体智慧的力量、依靠科学技术的交叉渗透,焕发出更大的活力。

2. 群体原理的应用

人类早期社会的发明创造大多是由个人完成的。到 19 世纪末,人们便开始了从个人创新步入群体创新阶段。就像爱迪生这样的发明大王,在1881年其个人投资的研究所里,就聘用过不少助手,最多时超过了100人。

群体原理在现代社会中,显示出了越来越旺盛的生命力,如20世纪70年代在奥地利建成的国际应用系统分析研究所,就有来自28个国家的150多名研究人员。他们在探索国际上深感棘手的环保、人口、能源、生态、城市等诸多问题上做出了非常杰出的贡献。

由美国科学家于1985年提出的人类基因组计划(human genome project,HGP),于1990年正式启动。美国、英国、法国、德国、日本和我国科学家共同参与了这一预算达30亿美元的人类基因组计划。

(八) 无边界组织原理

1. 无边界组织原理的概念

无边界组织也就是一种有机组织。有机组织被置于一个更大的有机组织之中,就像动物细胞核与细胞体、动物细胞与动物器官组织、动物器官组织与动物体之间的关系一样,彼此之间的关系不能僵化。如果这种关系僵化,将直接导致动物肌体组织的死亡和动物本身的死亡。所谓无边界组织是指边界不由某种预先设定的结构所限定或定义的组织结构。边界通常有横向、纵向和外部边界三种。横向边界是由工作专门化和部门化形成的,纵向边界是由组织层级所产生的,外部边界是组织与其顾客、供应商等之间形成的隔墙。

2. 无边界组织原理的应用

杰克·韦尔奇被誉为全球第一CEO。从1981年入主美国通用电气公司开始,在短短20年的时间里,韦尔奇使通用电气的市值达到了4 500亿美元,增长了30多倍,排名从世界第10位升至第2位。令韦尔奇获得巨大成功的关键就在于他突破了科学管理的模式,创造了扁平的、无边界的管理模式。可以说是无边界的管理模式再造了通用电气,无边界的管理思想渗透到通用电气管理的各个方面。

杰克·韦尔奇入主通用电气时,公司的状况并不差:总资产250亿美元,年利润15亿美元,拥有40万名雇员,财务状况是3A级的最高标准,它的产品和服务渗透到国内生产总值的方方面面。然而在杰克·韦尔奇看来却存在着诸多的问题,如许多业务部门不具备行业优势,竞争力不强,家电业务正面临着日本等国企业的严重冲击……最为严重的是,通用电气机构臃肿,管理层级复杂,层次过多,灵活性低,僵化的官僚气息令他头痛。正是僵化的体制使得员工习惯于以往的成就,循规蹈矩,看不到未来的危机,缺乏创新,很难有大的突破。离他想象的通用电气应该是"迅速而灵活,能够在风口浪尖之上及时转向的公司"相差太远。

于是杰克·韦尔奇开始再造通用电气,提出了"无边界"的理念,希望这一理念把通用电气与其他世界性的大公司区别开来。他预想中的无边界公司是:将各个职能部门之间的障碍全部消除,工程、生产、营销以及其他部门之间能够自由流通,完全透明;"国内"和"国外"的业务没有区别;把外部的围墙推倒,让供应商和用户成为一个单一过程的组成部分;推倒那些不易看见的种族和性别藩篱;把团队的位置放到个人前面。经过多年的硬件建设和重组、收购以及资产处理,无边界变成了通用电气社会结构的核心,也形成了区别于其他公司的核心价值。正是在无边界管理理念的指导下,通用电气才不断创新,如推行"六西格玛"标准、全球化和电子商务等,无不走在其他公司的前面,始终保持充沛的活力,取得了惊人的成就。

(九)虚拟组织原理

1. 虚拟组织原理的概念

虚拟组织在形式上,没有固定的地理空间,也没有时间限制,组织成员通过高度自律和高度的价值取向实现团队的共同目标。国外研究虚拟企业理论的专门组织目前主要有两个:美国的"敏捷性论坛"和英国的"欧洲敏捷性论坛"。1993年,约翰·伯恩将虚拟企业描述成企业伙伴间的联盟关系,是一些相互独立的企业(如供应商、客户,甚至竞争者)通过信息技术连接的暂时联盟,这些企业在诸如设计、制造、分销等领域分别为该联盟贡献出自己的核心能力,以实现技能共享和成本分担,其目的在于建立起某种特定产品或服务的世界一流竞争能力,把握快速变化的市场机遇,它既没有办公中心也没有组织结构图,可能还是无层级、无垂直一体化的组织。在虚拟组织平台上,企业间的创新协作可以实现优势互补、风险共担。在网络环境下,企业用虚拟组织的形式组织生产与研发工作,这样可以适应全球化竞争的态势,更好地满足消费者的多变需求,使企业快速发展。

2. 虚拟组织原理的应用

虚拟组织的原理是利用互联网和信息技术,将分布在世界各地的个体、企业、机构等融合成一个虚拟的、协同工作的组织。这种全新的组织形式具有高效、灵活、低成本等特点,成为当今世界的热点话题。

例如,一家科技公司想要开发一款新的软件产品,但是发现自己缺乏某些技术和资源。为了解决这个问题,公司决定建立一个虚拟团队,通过互联网和信息技术将来自不同国家的专业人士组织起来,并共同合作开发这款新产品。该虚拟团队使用了各种协同工具和项目管理软件,通过在线交流和视频会议等方式进行讨论和协商。在团队成员之间建立了高度信任和良好的协作氛围,并快速、有效地完成了产品开发的所有阶段。最终,这款新产品成功上市,并获得客户的良好反馈和业界的高度评价。这就是虚拟组织的优势所在:利用信息技术和协同工作的方式,克服了地域限制和时间差异,实现了高效、灵活、低成本的组织形式,从而取得了成功。

二、创新原则

原则是指观察问题、处理问题的准则,是人类行为的准则,也是不容置疑的基本道理,历经考验而永垂不朽。创新原则是指创新活动所依据的法则或标准。在创新活动和创新过程中要遵循的原则有:遵循科学原理原则,系统辩证原则,市场评价原则,比较优势原则,构思独特原则,机理简单原则,不轻易否定、不简单比较原则等。

(一)遵循科学原理原则

遵循科学原理原则是指创新必须遵循科学技术原理,符合事物发展的客观规律。因为任何违背科学技术原理的创新都是不能获得成功的。比如,近百年来许多才思卓越的人耗费心思,力图发明一种既不消耗任何能量、又可源源不断对外做功的"永动机"。但无论他们的构思如何巧妙,结果都逃不出失败的命运,其原因在于他们的创新违背了"能量守恒"的科学原理。

为了使创新活动取得成功,在创新的设想转化为成果之前,应该进行科学原理相容性检查,如果创新的初步设想与科学原理不相容,则不会获得最后的创新成果。同时,要对创新设想进行技术方法可行性检查,任何事物都不能离开现有条件的制约,如果创新设想所需要的条件超过了现有技术方法可行性范围,但在目前,该设想只能是一种空想。

(二) 系统辩证原则

系统辩证原则就是指思考问题和从事工作需从系统的角度进行,从各个相互联系、相互制约的过程和事物中去思考问题,从它们相生相克、相辅相成的关系中来观察事物、思考问题。创新本身就是一个系统,系统应该从多个角度辩证思考。

辩证思考就是要从正面、正向、有利的方面思考的同时,也要从其反面、反向、不利的方面去考虑;并且要站在全局的系统角度,对各部分进行辩证的思维,有的时候,正面思考会使问题难以解决,而改换思维角度,从反面考虑一下可使问题很快得到解决;要排除"点、线、面"静态的思维方式,从动态的角度进行系统的辩证思维。

创新遵循系统辩证原则,是要从整体的、联系的、结构的、功能的、层次的、非线性的观点对某一特定系统进行分析、归纳、综合。

(三) 市场评价原则

市场评价原则,也被称为效益效率原则。创新成果的大小,除基础科学之外都要通过市场进行评价和检查。创新的评价标准,一是新颖性,二是价值性。发明家爱迪生曾说:"我不打算发明任何卖不出去的东西,因为不能卖出去的东西都没有达到成功的顶点。能销售出去的东西就证明了它的实用性,而实用性就是成功。"创新设想要想经受市场考验,实现商品化和市场化,就要按市场评价的原则来分析。其评价通常是从市场寿命观,市场定位观,市场特色观,市场容量观,市场价格观和市场风险观六个方面入手,考察创新对象的商品化和市场化的发展前景,而最基本的要点则是考察该创新的使用价值是否大于它的销售价格。

在现实中,要估计一种新产品的生产成本和销售价格不难,而要估计一种新发明的使用价值和潜在意义则很难。这需要在市场评价时把握住评价事物使用性能最基本的几个方面,然后在此基础上作出结论。可以使用价值检核表,以评价发明的实用性,该表包括以下内容:①解决问题的迫切程度;②功能结构的优化程度(是否容易使用);③使用操作的可靠程度;④维修保养的方便程度;⑤美化生活的美学程度;⑥其他一些要求能否满足;⑦使用安全、不妨碍他人、无公害等。

(四) 比较优势原则

比较优势原则,也可以说是适合原则、适度原则,强调遵守创新的比较优势原则,就是量力而行,遵从效用性标准和成本性标准,需要人们按相对较优的原则,对设想进行判断选择。我们可以从创新技术先进性上进行比较;从创新经济合理性上进行比较选择;从创新整体效果性上进行比较选择。

无论是开发新产品、新市场,还是开发新技术、新资源,企业都必须强调比较优势而不是绝对优势,尤其是在市场经济条件下,创新的比较优势原则是普遍适用的,离开这个原则,创新就会步入误区和陷阱。创新产品不可能十全十美,所以,创新不可盲目追求最优、最佳、最美、最先进。

(五) 构思独特原则

成功的创新往往出奇制胜、构思独特、不同凡响,体现见人所不见、思人所不思的特点。所谓出奇,就是思维超常和构思独特,创新贵在独特,创新也需要独特。在创新活动中,关于创新对象的构思是否独特,可以通过创新构思的新颖性、开创性和特色性来判断。

(六) 机理简单原则

对事物本质属性的认识最终都趋于简单,在现有科学水平和技术条件下,如不限制实现创新方式和手段的复杂性,所付出的代价可能远远超出合理程度,使得创新的设想或结果毫无价值。在科技竞争日趋激烈的今天,结构复杂、功能冗余、使用烦琐已成为技术不成熟的标志。因此,在创新的过程中,要始终贯彻机理简单的原则。可在新事物所依据的原理是否重叠,超出应有范围;新事物所拥有的结构是否复杂,超出应有程度;新事物所具备的功能是否冗余,超出应有数量等方面进行约束。

(七) 不轻易否定、不简单比较原则

不轻易否定、不简单比较原则是指在分析评判各种产品创新方案时,应注意避免轻易否定的倾向。现代科学的发展使许多认为不可能的事正在成为可能。在创新者的头脑里,应不用"不"字,起码是慎用"不"字。

在飞机发明之前,科学界曾从"理论"上进行了否定的论证。过去也曾有权威人士断言,无线电波不可能沿着地球曲面传播,无线电波无法成为通信手段。显然,这些结论都是错误的,这些不恰当的否定之所以出现是由于人们运用了错误的"理论",而更多的不应该出现的错误否定,则是由于人们的主观武断。

在避免轻易否定倾向的同时,还要注意不要随意在两个事物之间进行简单比较。不同的创新,包括非常相近的创新,原则上不能以简单的方式比较其优劣。不同创新不能简单比较的原则,带来了相关技术在市场上的优势互补,形成了共存共荣局面。创新的广泛性、普遍性就是因为创新具有相融的性质,如市场上常见的钢笔、铅笔就互不排斥,即使都是铅笔,也有普通木质的铅笔和金属或塑料制作的自动铅笔之分,它们之间也不存在排斥的问题。

除了以上七项原则,创新活动还要遵循主动性、灵活性等基本原则。这些原则都是从千百年来人类创新活动成功的经验和失败的教训中提炼出来的,共同体现了创新的规律和性质,在创新活动中要遵循创新原则是提升创新能力的基本保证,是攀升创新云梯的基础,有了这个基础就把握了开启创新大门的"金钥匙"。

本章小结

1. 创新是指制造新事物以及产生新事物的过程,包括任何新的思想、新的实践或新的制造物产生的整个过程中所蕴含着的创新活动,时时、处处、人人皆可创新。

2. 创新学是通过对创新本质及规律的研究,将创新活动理论化和系统化,为创新提供思维和方法的学科。

3. 创新过程中必须掌握其固有的组合原理、移植原理、变向原理、还原原理、迂回原理、完满原理、群体原理等,以及固有的遵循科学原理原则、系统辩证原则、市场评价原则、比较优势原则、构思独特原则、简单性原则、不轻易否定、不简单比较原则等,才能更好地在创新过程中遵循它,有利于创新活动的开展。

 ## 复习思考题

1. 创新有哪些类型?
2. 创新活动包含哪几项程序?
3. 创新的原理有哪些?

 ## 案例分析

创新无止境　成就共分享

作为可信赖的开源公民,华为提倡包容、公平、开放和团结,通过持续贡献,携手伙伴,共建世界级基础软件开源社区,加速行业数字化进程。

华为开源主要通过以下的做法来实现成就共分享。

主流开源产业组织的积极参与者和支持者。华为积极拥抱开源软件开发的巨大优势,携手生态伙伴、开发者,共同构建基础软件生态体系,目前华为是 Apache 软件基金会、Eclipse 基金会、Linux 基金会、开放原子开源基金会、OIF 基金会等数十个国际开源基金会的顶级成员或初创成员,并担任数十个董事席位,以及数百个TSC、PMC、PTL、Maintainer、Core Committer席位,在全球开源社区中积极贡献。

规模开源基础软件,夯实数字基础设施生态底座。近两年来,面向云原生、自动化和智能化,华为先后开源了EdgeGallery、MindSpore、openEuler、openGauss、OpenHarmony等多个平台级基础软件开源项目,获得众多厂商、开发者、研究机构和高校投入。这些项目被全球开发者广泛接受,有数百家企业加入项目社区。其中openEuler、OpenHarmony开源项目已捐赠给开放原子开源基金会,快速汇聚了更多创新力量,以更加开放的模式汇聚全球参与者的贡献,进一步推动行业数字化发展。全球已有超过1 000个城市的用户下载使用这些开源软件。

携手生态伙伴、开发者,共同构建基础软件生态。OpenHarmony是面向全场景、全连接、全智能时代、基于开源的方式,搭建一个智能终端设备操作系统的框架和平台,华为累计贡献了30多个核心子系统,600余万行核心代码,3万余社区开发者,吸引40余家企业参与贡献,已在12个行业落地探索,代码下载超2 000万次。openEuler支持服务器、云计算、边缘计算、嵌入式等应用场景,支持多样性计算,致力于提供安全、稳定、易用的操作系统,社区吸引近万名开发者,企业成员已达300余家,合作伙伴基于openEuler社区版推出10余个商业发行版本,在国计民生领域迅速商用超过百万套。同时,包括EdgeGallery、MindSpore、openGauss在内的这些社区,都已经发展成为兼具活力的开源根社区,获得广大开发者的喜爱。

积极建设可持续发展、有生命力的可信开源社区。华为致力于健全社区生态治理架构,确保有序演进。通过社区度量反馈机制,及时了解开发者反馈,持续优化社区治理机制。引入AI技术辅助社区运营,对社区基础设施进行技术优化和智能化,提升社区伙伴的体验。将优秀编码规范、流程、工具链等引入社区,源源不断为社区注入活力。基于开源协作的创新模式推动产业生态构建,共建多样性、包容性、可信的开源生态。

讨论题:
1. 分析华为开源的创新之处。
2. 华为开源的广泛运用会给大家的生活带来什么变化?

学 习 拓 展

神奇中药牛黄的传承创新——从人工牛黄到体外培育牛黄

中药文化发展几千年,用于预防、治疗、诊断疾病,同时兼具康复与保健,覆盖到生命全周期的健康。在中药大家族中,牛黄始终都是人们津津乐道的名贵中药,享誉国内外。

在中医历史上,许多的经典名方中都含有牛黄,如大家熟知的安宫牛黄丸、六神丸、牛黄解毒片等,至今都应用广泛,在治疗一些顽疾上多有奇效。据统计我国4 500多种中医方剂中含牛黄的多达650种。然而自古牛黄便不是能轻易寻得的药物,天然牛黄是非常珍贵的药材,只能从屠宰场上碰巧获得。这样偶然得来的东西不可能很多,因此古籍药典中许多含牛黄的方剂往往因缺少核心牛黄配伍,雪藏在了医书中,实在令人叹息。

20世纪50年代我国大力地发展中医药,推动中西医结合,为解决长期以来牛黄原料在临床应用上的不足,中医药工作者开始着手于人工牛黄的研究。其实牛黄这种东西,只不过是由于某种异物进入了牛的胆囊后,在它的周围凝聚起许多胆囊分泌物而形成的一种胆结石。中医药工作者们集思广益,终于联想到了"人工育珠",既然河蚌经过人工将异物放入它的体内能培育出珍珠,那么,通过人工把异物放进牛的胆囊内也同样能培育出牛黄来。他们设法找来了一些伤残的菜牛,把一些异物埋在牛的胆囊里,一年后,果然从牛的胆囊里取出了和天然牛黄完全相同的人工牛黄。中医药工作者们运用联想思维的对比联想创新思维,在了解到牛黄生成的机理后,对比人工育珠的过程,联想到通过人工将异物放入牛胆内形态牛黄。从而制成了人工牛黄。1972年,卫生部批准人工牛黄作为原料牛黄的部分代用品,统一了牛黄的配方,由胆红素0.7%、胆酸12.5%等组成。人工牛黄由化学配伍而成,临床上具有清热解毒、化痰定惊的作用。

人工牛黄因在胆红素等含量上与天然牛黄相比较低,因此应用人工牛黄在一些含牛黄急重症用药上并未发挥传统经典名方实际的药用效果,并不能完全同等地替代天然牛黄。20世纪80年代,我国同济医科大学裘法祖院士,蔡红娇教授经过三十多年研发,运用现代生物仿生技术,在牛体外成功培育出优质牛黄,即体外培育牛黄。体外培育牛黄技术发明者蔡红娇教授,因此也被授予了一个史无前例的"中药创新终身成就奖"。

体外培育牛黄是中医药现代化的里程碑,胆红素的含量可稳定在35%以上。工业化生产的体外培育牛黄,经过3个省份7家医院1 850多例临床试验的双盲验证,靠着过硬的数据,2004年1月,体外培育牛黄正式被国家食品药品监督管理局(现改为国家市场监督管理总局)批准与天然牛黄"等量投料使用",同年国家食品药品监督管理局明确规定小儿用药、名方名药和含牛黄的42个急重病症用药只能使用天然牛黄和体外培育牛黄,不得使用人工牛黄。

体外培育牛黄于2005、2010、2015、2020版药典中,与天然牛黄的功能主治上完全一致。其作用为"清心、豁痰、开窍、凉肝、息风、解毒",几乎可以对症各种常见顽症。

自2 000多年前《神农本草经》记载"牛黄乃百草之精华,为世之神物,诸药莫及",而再从唐代《千金翼方》,到明清的《本草纲目》《药性切用》,经典的医药专著上,中医名家都对牛黄的神奇药效浓墨重彩。如今体外培育牛黄供给全国4 000多家医院,惠泽数千万人的健康,未来随着越来越多人认识和体验牛黄的神奇,体外培育牛黄将在预防、保健、调理、治疗等各方面呵护百姓健康生活。

第二章

创新思维与训练

学习目标

1. 熟悉创新思维的特征和类型。
2. 了解创新思维的过程和开发。
3. 理解思维定势的形成及其危害。
4. 掌握创新思维的训练方法,学会运用创新思维的过程,在生活中有针对性地开展创新思维训练,开展创新实践,不断提升个人的创造力。

引导案例

"三只松鼠"的成功与互联网创新思维

三只松鼠股份有限公司由"松鼠老爹"章燎原创立于 2012 年,总部位于安徽芜湖,是一家以坚果、干果、茶叶等森林食品的研发、分装及网络自有 B2C 品牌销售的现代化新型企业。十年潜心耕耘,公司已发展成为年销售额破百亿元的上市公司(股票代码:300783),正加速向数字化供应链平台企业转型。依托品牌、产品、物流及服务优势,三只松鼠先后被新华社和《人民日报》誉为新时代的"改革名片""下一个国货领头羊",上市当天获誉"国民零食第一股"。2019 年"双十一",公司以 10.49 亿元销售额刷新中国食品行业交易额纪录,被《华尔街日报》《路透社》《彭博社》等外媒称为"美国公司遭遇的强劲对手""中国品牌崛起的典范"。2021 年,三只松鼠获"CCTV 匠心坚果领先品牌"称号。肩负"让坚果和健康食品普及大众"的企业使命,公司不断致力于产品的创新,全方位贴近消费者,迈向"千亿松鼠"。

"三只松鼠"能够在电子商务业异军突起,大获成功的重要原因之一就是它极具互联网思维:从创新地使用开箱器果壳袋湿巾到称呼顾客为主人,从简单易记忆的品牌名字到萌意十足的动漫 logo,从每个员工都只叫"鼠××"到装修着大树池塘的办公室,"三只松鼠"的每一个举动都在用互联网思维引发顾客好评。

讨论题:

互联网时代如何让创新思维作用更加凸显?

第一节　创新思维概述

具备创新思维是创新性成果产生的必要前提和条件,是人类思维的高级模式。当今世界,经济飞速发展,科技文化日新月异,主要源于各个领域的创新性。目前我国经济发展进入新常态,面临的国内和国际环境瞬息万变,这就要求我们更加具有创新思维,开动脑筋,打破常规,用智慧去解决问题。要以开放的心态,积极的态度,转变思维方式,以新的视角看待事物,在事物的隐秘之处发现机会,寻求突破,创造价值。思维是思考的维度,包括思考的角度、层次、品质等。因此,创新与思维密不可分,改变现状,突破常规的思维就是创新思维。

一、创新思维的概念与特点

(一)创新思维的概念

思维是为了完成某项任务大脑进行的活动,是大脑为了解决某个问题而进行的不同维度的、有秩序的思考。思维由智力、知识、才能三个基本要素构成,思维是一种能力,是先天与后天结合、学习与实践结合的综合能力。在思维三要素中,智力是基础,有了智力,通过学习可以拥有一定量的知识与经验,将这些知识和经验运用于实践,就能培养才能,这三要素对构成思维能力必不可少。

创新思维是一个相对概念,是相对于常规思维而言的,是指人们运用已有知识和经验开拓新领域的思维境界、状态或过程,它意味着开动脑筋、打破常规、用智慧解决问题,是人类思维的高级形式。以前人们一提起创新,总会认为它是创造发明或者是有了巨大的新思想、新观点。在20世纪前半叶,创新思维还被认为是天才才有的神秘天赋,到20世纪60年代以后,人们才认识到创新思维是每个正常人都拥有的思维模式,一个人只要会选择不同的行走路线,打破常规开展工作,他就已经学会创新了。

创新思维是创新的基础和前提,人类的所有创造活动都离不开创新思维。如爱因斯坦所说,"创新思维只是一种新颖而有价值的,非传统的,具有高度机动性和坚持性,而且能清楚地勾画和解决问题的思维能力。"所以创新思维不是天生就有的,它是通过人们的学习和实践而不断培养和发展起来的。

创新思维有广义与狭义之分。一般认为人们在提出问题和解决问题的过程中,一切对创新成果起作用的思维活动,均可视为广义的创新思维。而狭义的创新思维则是指人们在创新活动中直接形成的创新成果的思维活动,诸如灵感、直觉、顿悟等非逻辑思维形式。

(二)创新思维的特点

思维是人类特有的一种极为复杂的生理和心理现象,它和感觉、知觉一样,是人脑对客观事物的间接和概括的反映,是认识的高级形式。间接性和概括性是思维这种心理活动的最基本特征,依据这一特点才能将思维同其他的认识活动区别开来。

 **专栏 2-1　18 元 8 角 8 分**

一次记者招待会,周恩来总理介绍我国建设成就。一名西方国家记者问周恩来总理:"中国人民银行有多少钱?"这位记者的意思是让周恩来说中国人民银行里没多少钱。面对这一涉及国家机密而且不友好的提问,周恩来笑了笑,很快答道:"中国人民银行有 18 元 8 角 8 分钱。"在场的人全都愣住了。他解释说:"中国人民银行的货币面额为 10 元、5 元、2 元、1 元、5 角、2 角、1 角、5 分、2 分、1 分,共 10 种,合计为 18 元 8 角 8 分。中国人民银行有全国人民做后盾,信用卓著,实力雄厚,人民币是世界上最有信誉的一种货币。"

话音刚落,全场立即响起热烈的掌声。

(1) 思维的间接性,是指人们借助一定的媒介和知识经验对客观事物进行间接的认识。人们知道,在现实中,有许多事物仅靠直接感知是达不到认识目的的。例如,医生不能直接看到病人内脏的病变,但却可以通过"望、闻、问、切"等手段,经过思维加工,间接推断病人的疾病。这就是说,思维同感觉、知觉不同,它不是直接地感知,而是间接地反映客观事物。这就是思维的间接性特点。正因为思维有这种间接性,人们才能了解历史,预测未来,揭示事物的本质,提出行动的目标和计划,从而扩大了对事物认识的深度和广度,使人具有智慧和创造力。

(2) 思维的概括性,是指在大量感性材料的基础上,把一类事物共同的特征和规律抽取出来,加以概括。概括有感性的概括,也有理性的概括。概括的水平越高,也就越能深入地反映事物的本质特征和内在联系。

间接性和概括性这两大特征是密切相关的,即思维的概括性是间接性的前提。人们在进行间接认识或推导、推理时,必须运用已概括出的知识经验作为中介环节,去判断、推论没有直接感知的事物。一般来说,概括的知识、经验越多,间接的推导认识水平也越高。

创新思维作为一种思维活动,既有一般思维的共同特点,又有不同于一般思维的独特之处,具体表现在:

(1) 独创性。独创性是创新思维的基本特征和主要标志,有心理学家指出:思维的独创性,是人类思维的高级形态,是智力的高级表现;它是在新异情况或困难面前采取对策,独特解决问题的过程中表现出来的智力品质。思维的独创性还体现在创新不是重复,它必须与众人、与前人有所不同而独具远见卓识,有独特的观点与看法,要求有探索性、求实性、应变性。

(2) 新颖性。创新思维的本质是求新、求异,表现在解决新的问题的方法具有不同于一般之处。创新思维的新颖性并不是无中生有、凭空捏造,而是有其客观根据的,其客观根据就是事物的特殊性,这就要求人们用新的眼光去看待问题,善于突破思维的惯性。一个好的新颖的创意会让人眼前一亮,这就是创新思维的神奇,如果总是老调重弹、平平淡淡,必然乏味至极。

(3) 主动性。主动性也称能动性,即创新思维具有不同于一般思维的主体能动性。它主要表现在创新过程中主体具有极强的创新意识和突破思维定势的冲击力。因此创新思维首先需要主体具有勇于进取、不断探索的创新意识,具有强烈的好奇心、求知欲和使命感,具有坚定的信念和顽强执着、不屈不挠的无畏精神。如果一个人没有突破思维定势的主动性,他就只能固守旧的思维模式,创新思维也就根本无法产生。

(4)突发性。又称为偶然性、意外性。创新思维总是表现为在时间上以一种突然降临,这是在长期量变基础上爆发性的质的突破。例如在读书时由于某段精辟的论述而突然萌发一个想法;在乘车、漫步、看戏、参加体育比赛时由一句台词或一个偶然的动作得到启发而爆发一个想法;在与人讨论问题时突然受到启发而产生的某种新鲜见解等。创意的迸发不分场合、地点和时间,任何事物和事件都会给你带来灵感,让你在思维领域产生突破。

当然,创造性成果的产生,是研究者长期观察和思考的结果,是创新思维活动过程的产物。在这一过程中,往往存在着对于形成创造性成果有关键、决定作用的突发性思维的转折点。"山穷水尽"时突然看到"柳暗花明"。这种突发性和偶然性表现在思想火花的爆发没有固定的时机,它的出现带有极大的随机性。

(5)价值性。创新的目的不是单纯地求新求异,而是在传统的思维方式、方法不能有效解决现实面临的问题时采取的,能更好地认识思维对象的新方式。创新的本质在于对认识发展和科学进步具有开拓和推动作用,具有新发现和产生新结果的价值。因此,创新思维的目的是获得新价值,是求真、求善、求美的统一。

(6)综合性。综合性也称多元性。任何创新思维的产生都不是偶然的,都需要综合,创新思维是许多因素的综合性思维活动。创新思维过程,就是一个由智力因素、知识信息因素、实际能力因素、个性因素以及身体因素等多种因素参与的过程。

创新思维的综合性特点,可以得到一个重要的启示:即要全面完整地了解和掌握创新思维,不能只强调某单一因素,不顾及其他相关因素,否则就不能揭示创新思维的完整机制及其规律。同时综合性也告诉人们,要培养和提高创新思维能力,必须注意全面提高人的多方面素质。

专栏2-2 臭豆腐的由来

康熙八年,安徽仙源王致和京试落第,又无盘缠返乡,为谋生路,便在北京前门外延寿街开了一家豆腐坊。一日,遇到豆腐滞销,积存不少,王致和生怕豆腐变坏,血本无归,急得如同热锅上蚂蚁。忽然灵机一动,将豆腐切成小块,配以盐香料,置于坛中,并封其口,希望能做出与众不同的豆腐来。

过了一些日子坛口打开,豆腐臭气熏天。王致和试尝之,其味鲜美。遂将此臭豆腐试销,摊头挂起幌子,上书"臭中有奇香的青方",竟获得顾客好评,臭豆腐从此流传开去,到了清末,臭豆腐已是大行其道,如今,臭豆腐已经成为一道家喻户晓的美食。

(三)创新思维的过程

创新思维是极其复杂的心理活动,不同的人,不同的创造环境和创造对象,其思维过程有着明显的差异。许多心理学家对创新思维过程进行研究,产生了多种理论,其中比较典型的是"过程"论,其代表人物是美国心理学家华莱士(G.Wallace)。过程论认为：人的创新思维的产生和发展，是以发现问题为中心，以解决问题为目标的高级心理活动。任何创新思维都必须经过四个阶段，即准备期、酝酿期、豁朗期和验证期，这也是辩证思维的一般过程。创新思维的过程如图 2-1 所示。

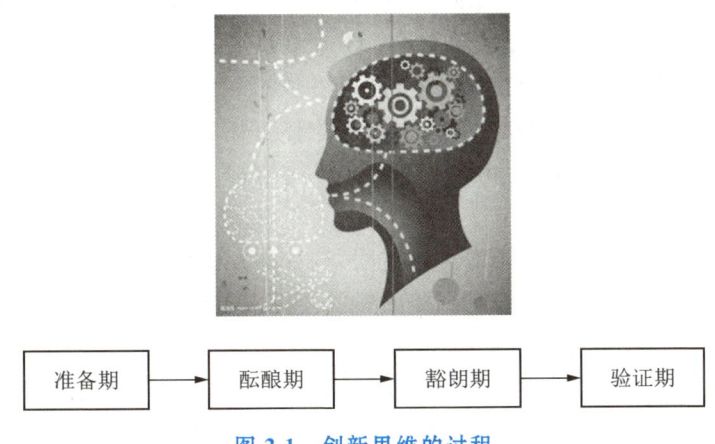

图 2-1　创新思维的过程

1. 准备期

人类社会生活的各个领域，都存在着这样那样的问题，创新思维就是从发现问题、提出问题开始的。发现问题是解决问题的起点，提出问题后必须着手为解决问题作充分的准备，这种准备包括必要的资料收集、必需的知识和经验的储存、技术和设备的筹集以及其他条件的提供等。在创造之前必须对前人在同一问题上所积累的经验有所了解，哪些问题已经解决、解决到什么程度，哪些问题尚未解决，作深入的分析。这样做既可以避免重复前人的劳动，又可以从前人的经验中获得有益的启示，使自己站在新的起点从事创造工作。准备阶段常常要经历相当长的时间，需要收集大量的有关资料。

准备期对于创造性思维是非常重要的，因为"灵感从不拜访那些无准备的头脑。"

专栏 2-3　竺可桢与《中国近 5 000 年来气候变迁的初步研究》

我国著名的气象学家、物候学创始人竺可桢先生就是一个善于积累资料的有心人。他曾发表过一篇轰动全球气象学界的论文《中国近 5 000 年来气候变迁的初步研究》，如果把我国 5 000 年来的气候变化情况比作一部庞大的交响乐，它的乐句就分散在成千上万的古代书籍中，古书中虽然没有专门的气象和物候记录，却有很多文章零星地提到了当时变化的情况。可要从历代遗留下来的浩如烟海的古书中寻找只言片语的物候资料，再加以系统地整理，比大海捞针还难。可是，竺可桢没有被困难吓倒，他把所有能找到的史书、地方志、游记、见闻、诗词、笔记、奏章，以及古农书、古医书，甚至古代小说都找来仔细翻阅。一页一页地读，一行一行地找，一条一条地记。几十年来，他自己也不知翻阅了多少本书。历经 50 年的艰苦努力，竺可桢终于在 1973 年发表了这篇具有世界性意义的论文，可这时，他已是 83 岁高龄的老人了，真可谓"老骥伏枥，壮心不已"，谁能不为他的持之以恒而赞叹呢！

2. 酝酿期

酝酿期要对前一阶段所获得的各种资料和事实进行消化吸收,从而明确问题的关键所在,并提出解决问题的各种假设和方案。此时,有些问题虽然经过反复思考、酝酿仍未获得完美的解决,思维常常出现"中断"或想不下去的现象。这些问题仍会不时地出现在人们的头脑中,甚至转化为潜意识。不少创新者在这一阶段常常表现为狂热和如痴如醉。这个阶段可能是短暂的,也可能是漫长的,创新者的观念仿佛是在"冬眠",等待着"复苏""醒悟"。在长期的酝酿中,创新主体可能要受到痛苦的心灵折磨。所以只有那种"衣带渐宽终不悔,为伊消得人憔悴"的精神,才能促使创新主体继续思索下去。

"推敲"的由来

创新思维的酝酿阶段多属于潜意识过程,这种潜意识的思维活动过程极可能孕育着解决问题的新观念、新思想,一旦酝酿成熟就会脱颖而出,使问题得到解决。

3. 豁朗期

经过酝酿期对问题的处理甚至是长期的思考,创新观念可能突然出现,创新主体大有豁然开朗的感觉,这一心理现象就是"灵感"或"灵感思维"。灵感的来临可能是戏剧性突如其来的,它可能产生在半睡半醒中,可能产生在沐浴时,也可能产生在旅行途中。总之,灵感多半是在与创造无直接关系的活动中产生的。灵感可遇而不可求,它是创新思维导向创新结果的关键。

阿基米德原理的由来

4. 验证期

思路豁然贯通以后,所得到的解决问题的构想和方案还必须在理论上和实践上进行反复论证和修改,验证其可行性,经验证后,有时方案得到确认,有时方案得到改进,有时甚至完全被否定,再回到酝酿期。在这个期间,尽管创新思维所具有的特征不如其他阶段明显,但是它毕竟还是创新思维全过程中不可缺少的重要组成部分。由于创新思维不仅仅注重形式的标新立异,而且要求内容上精确和可靠,所以创新主体豁然之后必须冷静下来,保持客观、实事求是的态度,避免和克服主观主义错误。但是,也有很多构想和方案无法直接付诸实践加以验证的,这就需要通过人们的逻辑推理,凭借已有的知识、经验,做出合乎规律的检验。例如,下棋的人到了局势危急的关键时刻,一着不慎,全盘皆输。可是按下棋规矩,落子无悔,在这种情况下,下棋的人不能直接通过实践验证自己的设想。军事指挥人员制订作战计划和科研人员制订科研计划时,都会面临这种情况。

四阶段说只是对创新思维过程的大体描述,在实际的创造活动过程中,并不是截然分割的,常常是相互交错,相互渗透。

二、创新思维定势及其弱化

创新思维是提高人们创新能力的起点和关键,一个人要想创新,首先要有创新意识,要敢于创新,这就需要努力突破自己的思维定势和思维障碍。

(一) 思维定势的概念

思维定势也叫思维惯性或惯性思维,由于经验的积累和知识的增加,人们会对常见的事物或问题有一种熟悉的认识和解法,形成一种固定的思考模式,心理学上称为"功能的固化",这是一种很难摆脱传统习惯方式的思维现象。

心理学研究与社会实践证明,人们过去的经历与经验,特别是能够帮助自己取得成就的行为和思想,都是智力的重要组成部分。这对解决问题是有益的,当类似问题重新出现的时候,人们就可以使用已经被实践证明行之有效的方法。但是,当人们面对新问题时,也往往会使用这类固定思维方式,即用老方法解决新问题,这就是思维的惯性,这种"惯性"会对创造活动起阻碍作用,消极化"思维定势"也自然而然地产生了。"守株待兔""狐假虎威"的故事就是思维定势的典型代表。

(二)思维定势的类型

思维定势有许多种表现形式,会严重影响创新活动,常见的思维定势主要有从众型思维定势、经验型思维定势、权威型思维定势,以及书本型思维定势等。

1. 从众型思维定势

从众心理就是不带头、不冒尖,一切都跟随大流的心理状态。有这种心理的人,有的是为了跟大伙保持一致,也有的是思想上的懒惰,认为跟着大家走错不了。它所表现的是一种"趋同"的势态,是人们行为盲从的一种反映。形成从众思维的原因,一部分是思想懒惰、肤浅的结果,但在很大程度上是意志力薄弱的结果。正是这种思维定势,使人们胆小怕事,不敢为天下先,抑制了创新的敏感和勇气。在16世纪之前的1 800多年的时间里,人们都盲目地接受亚里士多德的"物体降落的速度和物体的重量成正比"这一错误论点。在长达1 800多年的时间里没有人提出疑问,直到意大利科学家伽利略做了著名的"两个铁球同时落地"的实验之后,人们才意识到过去的错误。这说明从众型思维障碍对人们心理的重大副作用,这种障碍严重地束缚了人们的思想,禁锢了人的创造性。

2. 经验型思维定势

经验型思维定势是指过分依赖以往的经验,不敢越出经验半步,而且习惯以经验为标准来衡量是非。经验型思维定势的形成主要受社会环境以及个人经历等多方面的因素影响。多数情况下,生活经验对人们在认识新鲜事物时都具有积极的意义,但是在某些情况下,经验又会成为思维上的障碍。很多学生会将过去解题的成功经验错误地用于貌似旧问题的新问题中,这就是很多"上当题"经常会被学生做错的原因,这种解题思维不依逻辑步骤,直接凭经验去解题就是误入了经验型思维定势。

苏格拉底和柏拉图的故事

3. 权威型思维定势

有人群的地方总会有权威,人们在长期的学习、工作和生活中,逐渐形成了对权威的尊敬甚至崇拜。这是因为这些权威们或是领导,或是长辈,或是专家,经常被社会舆论作为有学问、有经验的人广为宣传,使他们有了很高的名望。尊重权威固然没错,但一切都按照权威的意见做事,就会成为创新思维的极大障碍。权威型思维定势的形成有两种途径:一是从儿童到成年过程中所接受的教育权威;二是由于社会分工的不同和知识技能的差异而形成的专业权威。其实,权威的意见只是在一定时间、一定范围是正确的,而实践才是检验权威的唯一标准。正是一些创新者克服了对权威的无条件崇拜、打破了迷信权威的思维障碍才取得了创新成果。

专栏 2-4　《战国策》伯乐赞马

有个人在集市上卖马,叫卖三日无人问津。卖马人灵机一动,出高价请来著名相马大师伯乐帮忙赞马。伯乐欣然来到集市,围着那匹马东瞧瞧西看看,边称"好马"。围观的人见伯乐称赞,竟出高价买马。

4. 书本型思维定势

书本型思维定势是对书本知识的完全认同与盲从,认为书本上的东西就一定是对的。书本知识对人所起的积极作用确实是巨大的。但书本知识也有其弱点,即滞后性,对于书本上的知识一点也不敢怀疑,这就极大地阻碍了人们去纠正前人的失误,开展新的探索。伴随着社会的飞速发展,只有不断更新的知识才能成为有效行动的帮助,才能推动事业的进步和发展。由于书本知识与客观现实之间存在一定距离,二者并不完全吻合,于是,完全依从书本就会成为"书呆子",陷入教条主义、本本主义。天文工作者勒莫尼亚在 1750—1769 年,曾先后 12 次观察到了天王星,但是有关天文学著作却一直认定,土星是太阳系最边缘的行星,太阳系的范围到土星为止。这一书本上的知识牢牢地束缚了勒莫尼亚,使他始终未能认识到,他所发现的这颗星也是太阳系的行星之一,直到十几年后英国天文学家威廉·赫歇尔于 1781 年加以认定。

(三) 思维定势的弱化

1. 从众型思维定势的弱化

个性的解放和发展是创新的前提,没有个性就没有创新。从众型思维定势则会湮没人们的个性,是对人们个性的一种抹杀,极不利于个人独立思考和创新。因此,必须破除从众型思维定势。训练的方法主要有:开展"自以为是"的训练;轮流当"领导"的训练;提出一种与众不同的观念的训练。

2. 经验型思维定势弱化

经验型思维定势容易束缚人们的头脑,影响创新思维的发挥。为破除经验定势,可进行如下训练:经验逆反训练。例如:人们总是习惯在外卖网上点自己常吃的几种食物,因为经验告诉你点这几种食物不会错,但是也可以尝试点一些别的口味的食物,也许你会发现,原来还有很多食物也合你口味。上下班走习惯的一条路,虽然自己感觉不错,但也不一定是最好的,不妨几条路换着走,新鲜有趣自不必说,可能还有更多的发现。

3. 权威型思维定势的弱化

权威型思维定势来源于儿童走向成年的过程中所接受的"教育权威"和由于社会分工和知识技能方面的差异所导致的"专业权威"。权威定势形成后,个性便会消失。在崇尚权威的环境下生活习惯了的人,惯于奉命行事而失去独立思考的能力。使权威产生晕轮效应,即将权威们不足的方面、谬误之处掩盖了起来,不管其对还是错,都盲目地认为是正确的,加以信从。它阻碍着创新思维,所以要进行弱化训练。

 **专栏 2-5　肠胃中的诺奖传奇**

2005年10月3日,瑞典卡罗林斯卡医学院宣布将本年的诺贝尔生理学或医学奖颁发给两位澳大利亚医生巴里马歇尔和罗宾沃伦,以表彰他们发现了幽门螺旋杆菌,以及这种细菌在胃炎和胃溃疡等疾病中所扮演的角色。幽门螺旋杆菌是人类最古老,也是最亲密的"同伴"之一,但科学家却花了一百多年才认清它们。1979年4月在澳大利亚皇家医院工作的沃伦在一份胃炎黏膜活体标本中意外地发现一条奇怪的"蓝线"。他用高倍显微镜观察,发现是无数细菌紧紧粘着胃上皮。这一发现令沃伦很兴奋,凭借一个医生的敏锐嗅觉,他觉得这种细菌和胃炎及胃溃疡的关系很密切。但除了马歇尔,没人相信他的发现。因为当时的医学界普遍认为正常的胃是无菌的,因为胃酸会将细菌迅速杀死。同行的质疑没有动摇沃伦的决心,他们决定向权威挑战,于是设计了一个对照实验,亲自吞下这种病菌感染慢性胃炎加以证实。研究发现,这种细菌常出现在慢性胃炎标本中。幽门螺旋杆菌的发现震惊了整个医学界,是突破权威创新思维的一项新成果。

为破除权威型思维定势,可进行如下训练:去阅读某一权威人物的论著,注意从中找出有疑问的论点,并针对这一论点查阅相关资料,展开深入研究,看该论点是否科学、是否严密、是否正确。其实,只要有了这个过程,不管能否找出问题,也不论研究的结果如何,都已经达到了训练目的。这是因为,一方面验证了权威不一定处处正确,从而破除了权威效应;另一方面,你确实已经有所发现,有所前进,收获了创新的成果。这才是名副其实的"一举两得"。

4. 书本型思维定势弱化

书本知识是纯化的知识,是经过头脑的思维加工后的一般性的东西,往往是一种理想的状态,与实际存在的状态有一定的差距,尽信书不如无书,为了克服人们的"唯书本定势",可以进行以下训练:

(1) 正反合读书法。所谓"正反合"读书法,即把读书过程分为"正"读、"反"读、"合"读三步。"正"读,即从正面去读。拿到一本书或者一篇文章,先认定书中的观点是完全正确的,你不仅全面赞同,而且还要对其进行补充、完善,使其更加丰富、充实。"反"读,即从反面去读。在正读完后,再认定书中的观点都是片面的或错误的,要下功夫找出这些片面和错误之处,进而想方设法,对片面进行纠正或修正,将错误统统驳倒,并给出正确答案。"合"读就是将"正"读的结果和"反"读的结果综合起来,提出自己对该书的看法和见解,对于正确的观点加以肯定并进一步完善,对于错误的观点加以修正并有新的发现,做到既继承又超越。

(2) 在实践中学习。人的一生,仅学习书本知识是远远不够的,书本不是唯一的知识来源,重要的是面向现实,在实践中学习,现实和实践才是知识的源泉。我们看重"书本"而不唯"书本",更不能形成"书本型思维定势",我们承认书本知识的科学性,也要清醒地认识书本知识的局限性,从而面向现实,面向实践,并在实践的过程中学习,就能有效地破除书本型思维定势。

第二节 创新思维训练

　　创新思维来源于对问题的发现、分析、探索和检验等一系列过程。在经济和社会发展的过程中创新已然成为主导性力量与重要的源泉,而一切创新都始于思维的创新,人作为创新创造的主体,其创新思维的训练是社会发展和人自我成长的内在需求。在创新型社会的构建中,亟需通过创新思维训练培养创新型人才。创新思维的培养途径在于构建丰富的知识结构,培养联想思维能力、克服习惯性思维对新构思的抗拒性、培养思维的变通性、加强讨论、协作和思想碰撞。

　　按本书对创新思维的概念,进行以下几种创新思维训练。

一、形象思维训练

　　形象思维是用直观形象和表象解决问题的思维,它用形象揭示事物的本质。形象思维是以被研究的客观事物的形象特征为主要思考对象的一种思维方式,它与抽象思维形成一个鲜明的对比。抽象思维即逻辑思维,它是把被研究的客观事物的形象特征去掉,而把属于形象特征以外的其他特征抽取出来,形成某种概念,然后再对这些概念按照逻辑思维所规定的规则、定律、公式、定理等进行分析、比较、推理、归纳、演绎、判断等;而形象思维十分重视客观事物的表象,充分发挥个人的想象、联想、类比、模仿等能力,并允许虚构和幻想,从而可以构造出一个栩栩如生的生动形象,或者一幅绚丽多彩的图画,或者一首优美动听的乐曲等。形象思维并不满足于对已有形象的再现,它更致力于追求对已有形象的加工,而获得新形象产品的输出,其大致可以分为形象感受、形象储存、形象识别、形象创造、形象描述等阶段过程。

(一)形象思维的特征

1. 形象性

　　形象性作为形象思维最基本的特征,直接表现为形象思维的思维形式上,通过意象、直感、想象等形象性的观念来反映客观事物的形象。其表达的工具和手段是能为感官所感知的图形、图像、形象性的符号等。它与一般的感觉、直觉不同,具有独特的概括性和创造性,与抽象思维相比,形象思维具有具体、直观、生动等优点。

2. 非逻辑性

　　形象思维不像逻辑思维那样,对事物信息的加工按照一定的内在逻辑来进行,而是可以调用许多形象性材料,合在一起形成新的形象,或由一个形象跳跃到另一个形象。它对事物信息的加工过程不是系列加工,而是平行加工,是面性的或立体性的。它可以使思维主体迅速从整体上把握住问题。形象思维是或然性或似真性的思维,思维的结果有待于逻辑的证明或实践的检验。

3. 粗略性

　　形象思维对问题的反映是粗线条的,对问题的把握也是大体上,对问题的分析是定性的或半定量的,往往未能涉及问题产生的根本原因,所寻找的问题对策也非根本性的。所以,形象思维通常用于问题的定性分析。而抽象思维可以给出精确的数量关系,所以,在实际的思维活动中,需要将抽象思维与形象思维巧妙结合,协同使用,以弥补形象思维本身的内在不足。

4. 想象性

想象是思维主体运用已有的形象形成新形象的过程,是形象思维对客观事物加工的重要方式之一。形象思维并不满足于对已有形象的再现,它更致力于追求对已有形象的加工,而获得新形象产品的输出。所以,想象性使形象思维具有创造性的优点。这也说明,创新思维能力强的人一般都具有极强的想象力。

专栏 2-6　圆锥切割理论的建立

在形象思维中,灵感或顿悟不仅可以通过联想或想象来产生,还可通过对客体表象进行分析、综合、抽象和概括来实现。圆锥切割理论的建立过程就是一个很好的范例。早在亚里士多德时代,人们就已经有关于圆、抛物线和双曲线的几何概念,但这些概念是彼此孤立、互不相关的。开普勒(Kepler)、狄萨尔盖斯(Desargues)和庞斯莱特(Poncelet)等人通过对圆锥切割所形成的各种截面形状(客体表象)进行"分析、综合"的结果发现,这些截面形状只有三种类型:圆、抛物线和双曲线;在此基础上进一步"抽象、概括"就得到三种表象共同的本质特征——都是由圆锥体切割而成,区别在于切割方式的不同(水平切割为圆,垂直切割为双曲线,斜向切割为抛物线)。这样就把原本互不相关的三种几何图形通过圆锥切割理论联系在一起,成为具有严密结构关系的几何体系。

思考题:根据案例内容,讨论形象思维的产生方式及运用方法有哪些?

(二) 形象思维的方法

1. 模仿

模仿是以某种原型为参照,在此基础上加以变化产生新事物的方法。很多发明创造都建立在对前人或自然界的模仿之基础上,如模仿鸟发明了飞机,模仿鱼发明了潜水艇,模仿蝙蝠发明了雷达。模仿固然是思维训练的基本手段,但值得一提的是,模仿思维一旦形成定势,则可能成为创新过程中的一大障碍。

2. 想象

想象是在脑中抛开某事物的实际情况,而构成深刻反映该事物本质的简单化、理想化的形象。通过想象可联想到周围的事物,想象所得出的形象结果又可以引起新的联想,从客观事物开始,经过若干次想象与联想,就能完全跳出事物本身,再造一个全新的形象。所以,直接想象也成为现代科学研究中进行思想实验的常用手段。

3. 移植

移植的原意是将植物移动到其他种植点种植。在思维过程中,将一个领域中的原理、方法、结构、材料、用途等移植到另一个领域中去,从而产生新事物的方法。它是思维训练的一个常用方法,主要有原理移植、方法移植、功能移植、结构移植等类型。

4. 组合

从两种或两种以上事物或产品中抽取合适的要素重新组合,构成新的事物或新的产品的创造技法。常见的组合技法有同物组合、异物组合、主体附加组合、重组组合等(参见第一章)。

专栏 2-7　近现代科学的三次大创造

许多科学家认为知识体系的不断重新组合是人类知识不断丰富发展的主要途径之一,从这一角度看近现代科学的三次大创造是由三次大组合所带来的。

第一次大组合是牛顿组合了开普勒天体运行三定律和伽利略的物体垂直运动与水平运动规律,从而创造了经典力学,引起了以蒸汽机为标志的技术革命。第二次大组合是麦克斯韦组合了法拉第的电磁感应理论和拉格朗日、哈密顿的数学方法,创造了更加完备的电磁理论,因此引发了以发电机、电动机为标志的技术革命;第三次大组合是狄拉克组合了爱因斯坦的相对论和薛定谔方程,创造了相对量子力学,引起了以原子能技术和电子计算机技术为标志的新技术革命。

思考题:组合与创造有怎样的内在关系?

(三)形象思维训练过程

1. 训练目的

通过形象思维的训练,让学习者的形象思维能力得到提升。

2. 训练内容

视觉、颜色认知、平面形状、形状组合、自然形状、投影关系、立体形状、建筑结构、空间规划、环境设计、排兵布阵、注意力、形象思维、想象力、空间思维、创造力,通过类别认知、图形认知、空间认知、绘画认知、手工认知、形象认知等认知活动,塑造受训者形象感受、形象储存、形象识别、形象创造、形象描述能力,进而培养形象思维。

3. 训练指导

深入生活,增加形象储备;强化想象训练,重视定性分析;熟练掌握形象思维的方法。

4. 训练方法

(1)皮格马利翁效应训练法。

要求:首先,想象一位完美人物的形象,他栩栩如生地站在你面前。描绘出他的面孔、发型、微笑的样子,他的身高、体态、举止,他讲话的速度、音质和手势等,讲得越详细越逼真越好。然后,想象这位理想人物的品质和能力,说出他道德高尚、举止优雅、才能出众之处,以及具有所有你希望得到的品质和能力。要通过具体形象的描绘来设想这类抽象的品质。

(2)故事接龙法。

题目:夏天,一阵瓢泼大雨过后,你走在街上,发现满地都是活蹦乱跳的鱼……请你与朋友一起接龙下面的故事。

要求:自编故事至少 3 分钟,有头有尾,要有连贯性,内容要丰富。

说明:故事接龙练习,可以由两人对谈或多人小组讨论,对故事展开丰富的联想推理,得到的结果及其发展过程往往令人爆笑。你可以先确定鱼是怎么来的,从天上下来的吗?还是河里或鱼塘里的水泛滥,鱼自己跑上来了?确定好后,对故事情节进行构思,展开丰富的想象,娓娓道来,把故事讲述得生动有趣。

(3)放飞想象法。

题目:请说出台风和人类有什么相似的地方?

要求:说出4个相似处60分,9个100分。

说明:台风本身是无形的,但它所造成的影响或损失却是有形的。如果拿人和台风相比,一个实体的生命和一片虚无的空气,实在是难以比较。本题中要找出台风和人类的共性的东西进行比较,这就需要发挥联想。可以把台风的"个性"及它的威力和人类相比,例如台风的脾气就像人类暴跳如雷的情况一样,轻度台风雨和女人的泪水一样,等等。充分发挥自己的想象力,你将得到意想不到的收获。

(4)异想天开法。

题目:如果孔子在北京大学任教,他将会……

要求:说出4种做法60分,8种100分。

说明:这种提法近乎异想天开,实际上是历史反移位的想象,即如果历史人物处于当今,以现在的情景推演他的作为。或许孔子会很痛苦,因为他将无法实现他"无分贵族与平民,不分国界与华夷,只要有心向学,都可以入学受教"的"有教无类"的理想。因为每个北大学生都是同龄人中的佼佼者,都是久经"考"验才考取北大这所著名学府的。或许孔子也会"走穴",因为曾经一度有人说北大的教师工资太低,连维持基本生活都很难,何况孔子又是个乐善好施之人,那点工资一定不够花。如此等等。发挥你的想象力,大胆去想吧!

5.训练题目

(1)请发挥你的想象力,在给出的"圆"形上,添加一些创意,使其变成你想象中的美妙物件。

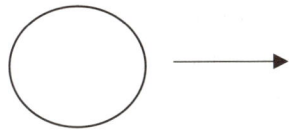

(2)请你用简单的图画表达"爱情"的含义。

(3)给下列东西编谜语:青蛙;向日葵;蜜蜂;蜘蛛;苹果;葡萄。

(4)依题作画:静;风;友谊;白云深处有人家。

(5)请你想象字母M和什么东西相似或相近。

(6)中国的汉字重组。请给下面每个字各配一个字,再将两字拆一拆,拼一拼,变成一个常用语。

例:讨+(吾)=(寸)(语)

　　勋+(　)=(　)(　)　汗+(　)=(　)(　)

　　夯+(　)=(　)(　)　汕+(　)=(　)(　)

杆+（　）=（　）（　）　　杏+（　）=（　）（　）
柱+（　）=（　）（　）　　洽+（　）=（　）（　）

（7）将收音机和录音机组合在一起就成了录放机。我们日常生活用品中有许多东西都是这样"加一加"创造出来的，你还能列举几种这类产品吗？

（8）从下列事物中自由选取其中两种以上产品，组合成为一种新产品。要求：至少组成五种新产品，并且要简单阐述其组合可能性。

圆珠笔，台灯，表，冰箱，钥匙，电视机，计算机，音响，清洁剂，拉链，手机。

二、发散思维训练

发散思维也叫扩散思维、多向思维、辐射思维或求异思维，是大脑在思维时呈现的一种扩散状态的思维模式。在问题解决过程中，人们通过思维的发散把创新的思路扩散出去，多角度、多层次、多方位地去寻找问题的答案，以达到解除束缚、开拓思路、扩大视野的目的。创新思维的技巧性方法中，有许多都是与发散思维有密切关系的，因此在创新思维训练中应格外重视对发散思维的训练。

（一）发散思维的特征

1. 流畅性

流畅性就是观念的自由发挥，指在尽可能短的时间内生成并表达出尽可能多的思维观念以及较快地适应、消化新的思想观念。流畅性反映的是发散思维的速度和数量特征。个人面对问题情景时，在规定的时间内产生不同观念的数量的多少。该特征代表心智灵活、思路通达。对同一问题，想到的可能答案越多，表示思维的流畅性越高。

2. 变通性

变通性即灵活性，就是克服人们头脑中某种自己设置的僵化的思维框架，按照某一新的方向来思索问题的过程。变通性需要借助横向类比、跨域转化、触类旁通，使发散思维沿着不同的方面和方向扩散，表现出极其丰富的多样性和多面性。个人面对问题情境时不墨守成规，不钻牛角尖，能随机应变。对同一问题，想出不同类型答案越多者，变通性越高。

3. 独特性

独特性指人们在发散思维中做出的不同寻常的新奇反应，独特性是发散思维的最高目标，能充分显示创新思维的与众不同。具有发散思维的个人面对问题情境时，能独具慧眼想出不同寻常的、超越自己也超越同辈的方法，具有新奇性。对同一问题，提意见越新奇独特者，其独特性越高。

4. 多感官性

发散性思维不仅运用视觉思维和听觉思维，而且也充分利用其他感官接收信息并进行加工。发散思维还与情感有密切关系。如果思维者能够想办法激发兴趣，产生激情，把信息情绪化，赋予信息以感情色彩，会提高发散思维的速度与效果。个人面对问题情境时，能够通过多感官采集信息并进行加工。对同一问题，运用不同感官提出意见越多,其感官性越强。

(二) 发散思维的方法

发散思维最显著的特点是由中心向四面八方发散,但是,在实际思维过程中,并不是每次都向各个方向均匀地发散,而是可能主要沿着某一方向思考就可以解决问题,因此,发散思维的方式具体可分为以下几种。

1. 逆向思维

逆向思维就是采取一种与人们通常思考问题的方向相反的方向思考问题的方法。逆向思维告诉人们在思考问题时要随时注意调整自己的思维方式,不要沿一条路走下去。要敢于打破常规,换一个角度思考问题;甚至反其道而行之;或者干脆把所研究、思考的问题拉回到原点,不惜推倒重来。它是对司空见惯的似乎已成定论的事物或观点反过来思考的一种思维方式。

巧用逆向思维的机械发明家

2. 侧向思维

侧向思维又称"旁通思维",这种思维的思路、方向不同于正向思维、多向思维或逆向思维,它是沿着正向思维旁侧开拓出新思路的一种创造性思维。通俗地说,就是从侧面去想,利用其他领域里的知识和信息,在次要的地方、不起眼的地方多做思考,进而从侧向迂回地解决问题的一种思维形式。

专栏 2-8 保温瓶——从装热水到装冰

热的传递方式有三种:热的辐射、热的对流和热的传导。保温瓶的内胆一般是用双层玻璃做成,两层玻璃都镀上了银,好像镜子一样,能把热射线反射回去,从而断绝了热辐射的通路;把保温瓶的两层玻璃之间抽成真空,就破坏了对流传导的条件;保温瓶盖选用不容易传热的软木塞,就隔断了对流传热的通路。保温瓶的作用是保持瓶内热水的温度,断绝瓶内与瓶外的热交换,使瓶内的"热"出不去,瓶外的"冷"进不来。同样,如果将保温瓶内装入冷水,外面的"热"也不容易跑到瓶子里,因此保温瓶既能保"热",也能保"冷"。通过对保"冷"功能的拓展,从而实现保温瓶装热水到装冰的功能拓展。

保温瓶的发明原理体现了侧向思维的特点。在保温瓶的发明中,人们不是直接解决如何保持水温的问题,而是通过将热水放入一个能够隔绝外界冷空气的瓶子中,从而达到保温的效果。这种解决方案并没有直接解决水温下降的问题,而是从另一个角度出发,通过创造一个适宜的环境来保持水温。这种思维方式可以帮助我们在解决问题时更加灵活和创造性地思考,从而找到更好的解决方案。

思考题:讨论一下侧向思维还可以用于生活哪些场景?

3. 颠倒思维

颠倒思维是一种对已知系统的整体或部分的性状进行颠倒性变换,以实现系统改进的思维方法。一般来说,这种颠倒是硬性的、试探性的,且没有什么逻辑依据,是对所遇问题常规解决路径的颠倒和世俗方法的勇敢抨击。

> **专栏 2-9　青蒿素的发现**
>
> 　　疟疾是经按蚊叮咬或输入带疟原虫者的血液而感染疟原虫所引起的虫媒传染病。1967—1969 年间我国科研工作者共筛选了 4 万多种抗疟疾的化合物和中草药,都没有取得进展。1969 年 1 月屠呦呦（中国中医研究院终身研究员,2015 年诺贝尔生理或医学奖得主）教授任科研组长。她从系统收集整理历代医籍、本草入手,整理出一册《抗疟单验方集》,包含 640 多种草药,其中就有后来声名远扬的青蒿。不过,在第一轮的药物筛选和实验中,青蒿提取物对疟疾的抑制率只有 68%,还不及胡椒有效果。当面临研究困境时,屠呦呦又重新温习中医古籍,进一步思考东晋时期葛洪《肘后备急方》有关"青蒿一握,以水二升渍,绞取汁,尽服之"的截疟记载。打破常规通过高温煎煮中药提取有效成分的做法,设计出用低沸点溶剂的提取的方法高效地提取到了青蒿素。
>
> **思考题:**从青蒿素被发现的过程中谈一谈颠倒思维的运用有哪些前提条件。

4. 横向思维

所谓横向思维,是指突破问题的结构范围,从其他领域的事物、事实中得到启示而产生新设想的思维方式。横向思维是对问题本身提出问题,重构问题,它倾向于探求观察事物的所有的不同方法,而不是接受最有希望的方法,并按照去做。它是一种打破逻辑局限,将思维往更宽广领域拓展的前进式思考模式。所谓横向,是相对于逻辑思维垂直纵向拓展的思维形态而言,它的特点是不限制任何范畴,这对打破既有的思维方式是十分有用的。

（三）发散思维训练过程

1. 训练目的

通过发散思维的训练,让受训练者的发散思维能力得以提升。

2. 训练内容

发散思维训练必须从不同角度、广泛地、自由地探索和产生新观点和新创意,通过多角度、多维度、跨时空的思考与联想、对比与分析,塑造受训者逆向思考、侧向思量、横向比较,甚至从形式或内容上进行颠倒式的思考与发散,进而培养发散思维。

3. 训练指导

跳出逻辑思维的圈子,把握好发散思维和想象思维的关系,要尽量摆脱逻辑思维的束缚,大胆想象,而不必担心其结果是否合理,是否有实用价值,训练中要尽量追求独特性。

4. 训练方法

（1）材料发散。

是指以某个物品为"材料",以其为发散点。设想它的多种用途。比如,小刀可以用来削铅笔、削水果、割绳子等。

(2) 因果发散。

因果发散是围绕某个事物发展的原因和结果进行思考。比如,教室里的日光灯不亮了,可能是灯丝坏了,也可能是停电了,还可能是其他原因;再比如,推测玻璃杯碎了的原因:落地上碎了,被某物碰碎了等等。

(3) 形态发散。

形态发散是指以事物的形态(如形状、颜色、音响、味道、气味、亮度等)为发散点,设想出利用某种形态的各种可能性。如红砖,它的形状是长方形,很平,很规整,可以砌墙;它的颜色是红色,所以它可以在地上写字,画线等;它打碎的声音很脆、很响亮,所以练习跆拳道的人喜欢通过劈砖来展现自己的功力。

(4) 组合发散。

组合发散,是指以某事物为发散点,尽可能多地把它与别的事物组合成新事物。如"塑料",把它做成小瓶,里面装上药,外面贴上包装纸,写上药的名称、主要成分、主治功能、生产日期、禁忌等,它就变成了药瓶;把它做成袋状,外面写着某超市的名称,它就变成了购物袋;把它与电线灯泡组合在一起,它就变成了台灯。

(5) 方法发散。

方法发散是指以人们解决问题或制造物品的某种方法为发散点,设想利用该方法的各种可能性。为了不让水瓶漏水,制造了瓶盖,瓶盖和瓶身有齿环交错,用拧的方式,可以固定和封闭,水瓶就不会漏水了。往外扩散,笔杆和笔头的开合固定使用的也是这种方式,还有螺丝钉、药瓶、洗发水瓶等。

(6) 功能发散。

功能发散是指从某事物的功能出发,构想出该功能的各种可能性。比如,空的饮料瓶子可以装其他东西,过期的报纸可以练书法。人们通常所说的"变废为宝"就是从功能上进行发散思维之后的结果。

5. 训练题目

(1) 2050年,科学家发明一种能使人不需要睡眠的药丸。这种药丸非常流行,以致每个人都在服用,这会引起什么后果?

(2) 假如地球上的居民平均身高为1.90米,世界将是什么样的?

(3) 中国将实行大学义务教育,2020年后出生的中国公民都必须接受高等教育,结果将如何呢?

(4) 世界实行语言统一,全世界只有一种语言,只用一种文字,世界将会是什么样子?

(5) 水是我们的朋友,我们人人都离不开水,请同学们在最短的时间内说出水的用途,说得越多越好。

(6) 试试做做:

① 有关"猪"的用途?

② 有关"眼镜"的用途？

_____

③ 尽可能多地说出描述"笑"的句子。

_____

④ 有关"电灯泡"的用途？

_____

⑤ 有关"雨伞"的用途？

_____

三、集中思维训练

集中思维，又称为求同思维、收敛思维或聚敛思维，是鉴别、选择、加工的思维，它与发散思维相对，是从已知的种种信息中产生一个结论，从现成的众多材料中寻找一个答案。

集中思维也是创新思维的一种形式，与发散思维不同，发散思维是为了解决某个问题，从这一问题出发，想的办法、途径越多越好，总是追求还有没有更多的办法。而集中思维是指人们解决问题的思路朝一个方向聚敛前进。发散思维求量、集中思维求质。

（一）集中思维的特征

1. 封闭性

如果说发散思维的思考方向是以问题为原点指向四面八方的，具有开放性，那么，集中思维则是把许多发散思维的结果由四面八方集合起来，综合各种有利问题解决的因素，通过反复的发散与集中，最终选择一个正确的、最优的答案，具有一定的封闭性。

2. 连续性

发散思维的过程,是从一个设想到另一个设想时,可以没有任何联系,是一种跳跃式的思维方式,具有间断性。集中思维的进行方式则相反,围绕问题最优的答案进行一环扣一环的思维行动,具有较强的连续性。

3. 求实性

发散思维所产生的众多设想或方案,一般来说多数都是不成熟的,有些是不实际的,对发散思维的结果,必须进行筛选。集中思维就可以起这种筛选作用,通过综合运用发散思维和集中思维,达到一个互补的作用。采用集中思维选择出来的设想或方案是直指问题本质与解决方案的,是具有可行性、突出实用性的。因此,集中思维就表现了很强的求实性。

(二) 集中思维的方法

1. 目标识别法

平时人们碰到的大量问题比较明确,很容易找到问题的关键,只要采用适当的方法,问题便能迎刃而解。但有时,一个问题并不是非常明确,很容易产生似是而非的感觉,把人们引入歧途。

该方法要求人们首先要正确地识别问题的目标指向,进行认真的观察并作出判断,找出其中关键的现象,围绕目标进行收敛思维。目标的确定越具体越有效,不要确定那些各方面条件尚不具备的目标,这就要求人们对主客观条件有一个全面、正确、清醒的估计和认识。目标也可以分为近期的、远期的、大的、小的。开始运用时,可以先选小的、近期的,熟练后再逐渐扩大。

2. 求同思维法

如果有一种现象在不同的场合反复发生,而在各场合中只有一个条件是相同的,那么这个条件就是这种现象的原因,寻找这个条件的思维方法就叫求同思维法。

3. 求异思维法

如果一种现象在第一场合出现,第二场合不出现,而这两个场合中只有一个条件不同,这一条件就是现象的原因,寻找这一条件的思维方法即求异思维法。

4. 聚焦法

聚焦法就是围绕问题进行反复思考,有时甚至停顿下来,使原有的思维浓缩、聚拢,形成思维的纵向深度和强大的穿透力,在解决问题的特定指向上思考,积累一定量的努力,最终达到质的飞跃,顺利解决问题。

(三) 集中思维训练过程

1. 训练目的

通过集中思维的训练,让学习者的集中思维能力得到提升。

2. 训练内容

集中思维训练必须训练信息获取能力和信息加工能力。信息获取能力主要包括观察能力、记忆能力、分析综合能力;信息加工能力,主要包括判断能力、逻辑推理能力。

3. 训练指导

注意使用集中思维的恰当时机,把握好集中思维的度,善于积累、运用知识和经验。

4. 训练方法

（1）分析先后主次、轻重缓急练习；明确目标，设定目标优先顺序，分清问题的轻重缓急。

（2）错误识别训练；以错误辨别为抓手，在错误的识别与分析中提升判断能力。

（3）归类训练；通过分析与综合，将同类性质的问题产生原因进行归类，提升信息综合分析能力和推理能力。

5. 训练题目

（1）请说出家中既发光又发热的东西。找出它们的共同点。

（2）请写出海水与江水的共同之处，越多越好。

（3）鸽子、蝴蝶、蜜蜂与苍蝇有什么相同之处？

（4）如果你计划大学毕业继续攻读硕士，但经济上有一定困难，该如何设计一个切实的方案呢？

（5）给下列小故事构思题目。

① 一天，一位将军正在用餐，吃到一半时，一个侍者说："啊，将军！……"将军盯着他说："将军在吃饭或讲话时，你不应该说话。"侍者低下头默不作声。几分钟后，将军问侍者："唔，你想对我说什么？"侍者说："晚了，将军，太晚了。""你说什么？太晚了？发生了什么事？""是的，将军，已经晚了。您的色拉里有一条虫，您已经把它吃下去了！"

② 约翰太太正在厅前打扫，突然"砰"的一声，一个小型足球打破玻璃窗飞进客厅。她跑到门外一看，什么人也没有。半小时后，有人在轻轻地敲门，原来是个 10 岁左右的小孩，神色仓皇地站在门口。"太太，我刚才不小心打碎了你的玻璃，现在我的父亲来替你换上一块新的。"约翰太太向街上一望，果然看见街上有一中年男子向这边走来，胳肢窝夹着一块玻璃。于是，她便把那个小型足球还给他，并称赞他的诚实。一会儿玻璃窗已装好，中年男子向她收费。约翰太太："你为什么要收费？那小孩不是你的儿子吗？"玻璃匠："你不是他的母亲吗？"

四、直觉思维训练

直觉思维也称非逻辑思维，是指不受某种固定的逻辑规则约束而直接领悟事物本质的一种思维方式。它是一种没有完整的分析过程与逻辑程序，依靠灵感或顿悟迅速理解并作出判断和结论的思维。直觉作为一种心理现象贯穿于日常生活之中，也贯穿于科学研究之中。这是一种直接的领悟性的思维，具有直接性、突发性、非逻辑性、或然性等特点，它是根据对事物的生动知觉印象，直接把握事物的本质和规律，是一种高度省略和减缩了的思维。

美籍华裔物理学家丁肇中在谈到 J 粒子的发现时写道："1972 年，我感到很可能存在许多有光的而又比较重的粒子，然而在理论上并没有预言这些粒子的存在，我直观上感到没有理由认为这种比较重的发光粒子（简称重光子）也一定比质子轻。"这就是直觉。正是这种直觉的驱使下丁肇中决定研究重光子，最后发现了 J 粒子，并因此获得了诺贝尔物理学奖。

(一)直觉思维的特征

直觉思维具有以下四个方面的特征。

1. 直接性

运用直觉思维面对问题时,仅依据内因的感知迅速地对问题答案作出判断、猜想、设想。即主体不通过一步步的分析过程而直接获得对事物的整体认识,这是直觉思维最基本和最显著的特征。

2. 突发性

直觉思维的过程极短,稍纵即逝,其所获得的结果是突如其来和出乎意料的。人们对某一问题苦思冥想,却不得其解,反而往往在不经意间顿悟问题的答案,或瞬间闪现具有创造性的设想。

3. 非逻辑性

直觉思维不是按照通常的逻辑规则按部就班地进行的,它既不是演绎式的推理,也不是归纳式的概括。直觉思维主要依靠想象、猜测和洞察力等非逻辑因素,直接把握事物的本质或规律。它不受形式逻辑规则的约束,常常是打破既有的逻辑规则,提出一些反逻辑的创造性思想,如爱因斯坦提出的"追光悖论";它也可能压缩或简化既有的逻辑程序,省略中间烦琐的推理过程,直接对事物的本质或规律做出判断。

4. 或然性

或然性即其结论不可靠,有可能正确,也可能错误,这对于任何人来说都是如此。虽然直觉思维能力较强的科学家正确的概率较大,但也可能出错。爱因斯坦1931年回答挚友贝索提出的问题时说:"我以直觉来回答,并不囿于实际知识,因此,大可不必相信我。"

专栏 2-10　中国首位发现病毒的人——吴又可

明朝末年著名医家吴又可,一生都致力于传染病的研究。有一天,当他无意中打开窗户的时候,看着在阳光下漂浮的灰尘,吴又可豁然开朗,瘟疫是否也是如同这些漂浮的灰尘一样,平时看不到,又真实存在呢?由此他提出了"戾气"学说,总结提出"'戾气',从口鼻侵入人体,伏于募原,其邪在半表半里之间,其传变有九……"而这些看不见却又真实存在的戾气正是导致疫情大规模暴发的真正原因。在找到传染源之后,吴又可开始对症下药,不断完善自己的理论,最终形成一套全新的温热病的治疗方案,成功遏制住了肆虐的疫情。随后的数年时间里,吴又可不断地完善理论,最后将温病与瘟疫结合起来,写出了著作《温疫论》,对中医疫病防治做出了巨大的贡献。

思考题: 根据案例分析直觉思维的特征与产生基础。

(二)直觉思维的方法

1. 放松思维

为了让直觉思维能够发挥作用,首先需要放松自己的思维,将杂乱的思绪排除在外,让自己进入一个平静、冥想的状态。

2. 培养观察力

观察力是直觉思维的基础,通过观察事物的细节、气氛、环境等来获取更多的信息,进而产生直觉。

3. 相信直觉

在日常生活中,我们常常会有很多预感或直觉,但是我们往往会因为逻辑思维的驱动而忽略它们。要相信自己的直觉,给予直觉更多的信任和重视。

4. 直觉思考

为了更好地掌握直觉思维,可以进行一些练习。例如,在面对一个问题时,先不要过多地思考,只顾直觉地给出一个答案,然后再进行分析和思考。通过反复的练习,可以提高自己的直觉思维能力。

5. 敢于冒险

直觉思维需要一定的勇气和冒险精神,因为它可能与常规思维有所不同。要敢于跳出常规思维的框架,尝试一些新的想法和解决方法。

(三)直觉思维训练过程

1. 训练目的

通过直觉思维的训练,使受训者的直觉思维能力得以提升。

2. 训练内容

直觉思维可以从加强观察、推理、随机思考、直觉判断、知识拓展、经验累积等方面来进行训练,通过对个人感觉的反复刺激与不断训练,提高个人依靠直觉和经验进行决策和解决问题的能力,进而培养直觉思维。

3. 训练指导

要有广博而坚实的基础知识,要有丰富的生活经验,要有敏锐的观察力,要有意识地进行泛读和速读。

4. 训练方法

(1) 获取广博的知识和丰富的生活经验。

直觉的产生不是无缘无故、毫无根基的,它是凭借人们已有的知识和经验才得以出现的,因此,直觉往往比较偏爱知识渊博、经验丰富的人。从这种意义上说,获取广博的知识和丰富的生活经验是直觉强化的基础。

(2) 学会倾听直觉的呼声。

直觉思维凭的是"直接的感觉",而不是感性认识。人们平常说的"跟着感觉走",其中除去表面的成分以外,剩下的就是直觉的因素。直觉需要人们去细心体会、领悟,去倾听它的信息、呼声。当直觉出现时,不必迟疑,更不能压抑,要顺其自然,顺水推舟,作出判断、得出结论。

(3) 培养敏锐的观察力和洞察力。

直觉突出的特点是其洞察力及穿透力,直觉与人们的观察力及视角息息相关,观察力敏锐的人,其直觉出现的概率更高,直抵事物本质的效果更强。因此,要有意识地培养自己的观察力,特别是提高对那些不太明显的"软事实",如印象、感觉、趋势、情绪等无形事物的观察力。

(4) 真诚、客观地对待直觉。

直觉虽然是凭借人们已有的知识及经验,凭"直接的感觉",却常常会受到客观环境的影响及个人情感的干扰。特别是后者,当一个人处在某种情感例如猜忌、埋怨、愤怒等的困扰中时,直觉的判断就有可能失去客观性。因此,要真诚地对待直觉,产生直觉的过程要尽量排除各种影响和干扰,出现直觉以后,还要回过头来冷静地分析其客观性。

5. 训练题目

(1) "我相信同学们的课外作业都完成了。"这句话中有没有相同的三个字?
(2) 三角形的三个角剪去两个角还剩几个角?
(3) 洞察服饰的变化,做出明年服装款式和流行色彩的预言。
(4) 找出你所在组织存在的问题,预见其中蕴藏的危机与机遇,并对关键点给予形象描绘和文字描述。

五、灵感思维训练

灵感思维也称顿悟,是指人们在科学研究、科学创造、产品开发或问题解决过程中突然涌现、瞬息即逝,使问题得到解决的思维。是人们借助直觉启示所猝然迸发的一种领悟或理解的思维形式。灵感思维是三维的,它产生于大脑对接收到的信息的再加工,储存在大脑中沉睡的潜意识被激发,即凭直觉领悟事物的本质。正如著名科学家钱学森所说:"我认为现在不能以为思维仅有逻辑思维和形象思维这两类,还有一类可称为灵感。"

现代科学研究表明,灵感是大脑的一种特殊技能,是思维发展到高级阶段的产物,是人脑的一种高级的感知能力。"十月怀胎,一朝分娩",就是这种方法的形象化的描写。运用灵感思维从事创新活动时,大致要经过"悬想""苦索"和"顿悟"三个阶段。"悬想"是初始准备阶段,"苦索"是研究阶段,"顿悟"是最后阶段,此时因启动了灵感而恍然大悟,大获成功。这三个阶段在我国晚清学者王国维的传世佳作《人间词话》中被描述得淋漓尽致:昨夜西风凋碧树,独上高楼,望尽天涯路。衣带渐宽终不悔,为伊消得人憔悴。众里寻他千百度,蓦然回首,那人却在,灯火阑珊处。

(一) 灵感思维的特征

灵感思维是在无意识的情况下产生的一种突发性的创造性思维活动,主要有以下三个方面的特征。

1. 突发性

灵感往往是在出其不意的刹那间出现,灵感时间极短,使长期苦思冥想的问题突然得到解决。在时间上,它不期而至,突如其来;在效果上,突然领悟,意想不到。这是灵感思维最突出的特征。

2. 偶然性

灵感在什么时间可以出现,在什么地点可以出现,或在哪种条件下可以出现,都使人难以预测而带有很大的偶然性,往往给人以"有心栽花花不开,无意插柳柳成荫"之感叹。

3. 模糊性

灵感的产生往往是闪现式的,而且稍纵即逝,它所产生的新线索、新结果或新结论使人感到模糊不清。要精确,还必须有形象思维和抽象思维辅佐。灵感思维所表现出的这些特征,从根本上说都是来自它的无意识性。形象思维、抽象思维都是有意识地进行的,而灵感思维则是在无意识中进行的,这是它们的根本区别所在。

(二) 灵感思维的方法

1. 创造性刺激

锯子的发明

通过给自己提供各种多样化的刺激,例如阅读一些有创造性的书籍、参观艺术展览、听音乐、观看电影等活动,刺激和唤醒自己潜在的想象力和创造力,进而激发灵感的产生。

2. 建立联想能力

通过将不同的概念、思想和领域联系起来,尝试运用类比、比喻和隐喻的思维方式来建立连接,寻找它们之间的联系和共通点,进而激发创造性的思维和灵感的产生。

3. 提问和质疑

用好奇心和质疑的态度来审视问题,不断提出问题。通过质疑常规思维和观点,寻找新的解决方案和视角。

4. 改变环境和思维方式

改变我们的环境和工作习惯,通过新的环境和新的工作流程和习惯突破常规思维,触发创造性思维和灵感。

5. 思维导图和头脑风暴

使用思维导图和头脑风暴等思维工具来整理和组织你的思维,帮助我们更好地理清思维的脉络,并激发更多的创造性思维和灵感。

(三) 灵感思维训练过程

1. 训练目的

通过灵感训练,提升受训者的灵感思维能力。

2. 训练内容

通过创意挑战、角色扮演、头脑风暴、创意练习、知识扩展和经验积累,以及多样化的思考方式的有机结合,激发受训者在解决问题中的灵感与创造力,进而培养灵感思维。

3. 训练指导

灵感来自信息的诱导、经验的积累、联想的升华、事业心的催化。在日常生活中要愿用脑、会用脑、多用脑,同时要做好及时抓住灵感的精神准备和及时记录下灵感的物质准备。

4. 训练方法

(1) 观察分析。在进行科技创新活动的过程中,自始至终都离不开观察分析。观察,不是一般的观看,而是有目的、有计划、有步骤、有选择地去观看和考察所要了解的事物。通过深入观察,可以从平常的现象中发现不平常的东西,可以从表面上貌似无关的东西中发现相似点。在观察的同时必须进行分析,只有在观察的基础上进行分析,才能引发灵感,形成创造性的认识。

(2) 启发联想。新认识是在已有认识的基础上发展起来的。旧与新或已知与未知的连接是产生新认识的关键。因此,要创新,就需要联想,以便从联想中受到启发,引发灵感,形成创造性的认识。

(3) 实践激发。实践是创造的阵地,是灵感产生的源泉。在实践激发中,既包括现实实践的激发又包括过去实践体会的升华。各项科技成果的获得,都离不开实践需要的推动。在实践活动的过程中,迫切解决问题的需要,就促使人们去积极地思考问题,废寝忘食地去钻研探索,科学探索的逻辑起点是问题。因此,在实践中思考问题,提出问题,解决问题,是引发灵感的一种好方法。

(4) 激情冲动。积极的激情,能够调动全身心的巨大潜力去创造性地解决问题。在激情冲动的情况下,可以增强注意力,丰富想象力,提高记忆力,增强理解力。从而使人产生出一般强烈的、不可遏止的创造冲动,并且表现为自动地按照客观事物的规律行事。这种自动性,是建立在准备阶段里经过反复探索的基础之上的。这就是说,激情冲动,也可以引发灵感。

(5) 判断推理。判断与推理有着密切的联系,这种联系表现为推理由判断组成,而判断的形成又依赖于推理。推理是从现有判断中获得新判断的过程。因此,在科技创新的活动中,对于新发现或新产生的物质的判断,也是引发灵感,形成创造性认识的过程。所以,判断推理也是引发灵感的一种方法。

上述几种方法,是相互联系、相互影响的。在引发灵感的过程中,不是只用一种方法,有时是以一种方法为主,其他方法交叉运用的。

5. 训练题目

(1) 苍蝇拍的发明。1905 年,塞缪尔·克拉姆宾博士放下消灭家蝇的研究工作去看一场棒球赛。家蝇是一种令人讨厌的小动物,但是人们似乎对它们所带来的疾病问题漠不关心。在第八局的后半局,比分相平,这时轮到本地球队击球。观众叫嚷:"用劲打!用劲打!"另外一些则高呼"重拍!重拍!"突然间,克拉姆宾在他的大脑里把它们联系起来:拍苍蝇!他甚至没有注意到比赛是如何结束的。苍蝇拍因此发明了。

 [即问即答] 这则案例是如何体现灵感思维的?

(2) 设想一名聋哑人,走过西瓜地时看见卖西瓜的老汉所在的房子马上要倒了,他会怎样使老汉走出危房?
(3) 被人追到 30 层楼顶,你该怎么办?
(4) 给别人讲自己现编的故事。
(5) 设计一款新笔,请从自然界、生活中寻找形象。
(6) 写诗、写科幻小作文(500 字左右)。

本 章 小 结

> 1. 创新思维是指人们运用已有知识和经验开拓新领域的思维境界、状态或过程。
> 2. 创新思维是创新的基础和前提,人类的所有创造活动都离不开创新思维。
> 3. 创新思维具有独创性、新颖性、超越性、主动性、综合性、价值性等特点。
> 4. 创新思维是提高人们创新能力的起点和关键,常见的创新思维类型包括:形象思维、发散思维、集中思维、直觉思维和灵感思维。
> 5. 一个人要想创新,首先需要努力突破自己的思维定势,其次要加强创新思维的训练。

 ## 复习思考题

> 1. 创新思维有哪些特点?
> 2. 思维定势有哪些类型?
> 3. 如何进行直觉思维训练?

 ## 案例分析

> ### 蕴藏在桥梁科技中的创新思维
>
> 　　中国桥梁与国民经济发展和经济进步相关,跨越天堑,便利百姓出行,是实实在在的民生之举。"从举全国之力建造长江大桥,到如今中国桥梁品牌享誉世界,离不开的是科技创新思维,走的是自主创新之路。"
> 　　**不断试验　全新探索**
> 　　沪苏通大桥是世界上首座迈入到千米级的公铁两用斜拉桥,桥梁钢梁就犹如一只巨型"扁担",两个主塔横梁犹如挑夫的"肩膀",挑夫相隔越远,钢梁承载就越重,扁

担就越容易向下弯曲变形,因此,必须有相当强度的拉索才能拉住这根"扁担"。而沪苏通大桥建造时还无任何经验借鉴,全靠建造者自主创新研制。

经过科技工作者反复试验、反馈、解决问题,建设了斜拉桥拉索以主塔为中线依次向两边散开,成等腰三角形。通过与钢梁连接,拉索为钢梁提供一个强而有力的拉力,从而分担一部分钢梁承受的压力,同时避免由于跨度过大造成钢梁严重变形。为解决将近1 800吨的钢梁提升70米的难题,采用了双横梁三吊点设计,保证钢梁能够平稳起吊。

跨界思维"板凳"技术

平潭跨海大桥是中国首座跨海峡公铁两用大桥,水文地质条件复杂,气候恶劣,被称为"建桥禁区"。海潮海风带走松散岩层,留下的则是坚硬的岩床。钢管桩桩头打进坚硬的岩床1米深左右时,就被挤压致严重变形,导致桥梁基础无法安放,根基不稳。

经过建造者头脑风暴,将海上石油钻井平台技术跨界运用到桥梁领域,研发出国内首创的"深水裸岩区埋植式海上平台"技术,即根据海底岩面地形定制4根长短不一的钢管桩,工程师和建设者们用打桩船将钢管桩放到预定位置,快速联结,形成一个临时"板凳"。接着,下放预制的圆柱形钢筋笼,并灌注混凝土,让钢管桩黏在海底岩石上。以此"小板凳"为起始小平台,再向外扩展为7人制足球场大小的施工平台,解决了这个海上施工的大难题。

迎难而上建设"梦想之桥"

孟加拉国帕德玛大桥是"一带一路"倡议的重要交通支点工程,被孟加拉国人民称为"梦想之桥"。它连接了孟加拉国南部21个区与首都达卡交通,让当地上千万人民受益。孟加拉国帕德玛大桥位于帕德玛河上,处于恒河的下游。河道宽阔,水流湍急,洪水频发,淤泥深度厚,土质松软。针对独特的地质环境,当时桥梁专家们通过反复研究学习西方的大直径钢斜桩插打技术,并通过工程案例来总结出施工标准以及调整工艺,克服了施工问题,并填补中国在这方面的技术空白。

讨论题:

从桥梁科技工作者们的三个造桥创新故事中,谈一谈桥梁专家们是如何利用创新思维帮助他们建造好世界顶级桥梁的。

  学 习 拓 展

小知识:右脑的开发

人们在阅读时,左脑负责翻译文字,提供意义;与此同时,右脑负责将信息编码成脑中的图像、理解隐喻、欣赏其中的幽默,使人感受情感体验。随着神经科学研究的探索,人们知道了右脑是形象思维的中枢,还有着创造性思维活动的功能。右脑的功能如此非同寻常,如何注重开发右脑呢?

(1) 强化身体左侧的活动。右脑支配左侧身体,控制身体左侧的运动,反过来,可以通过身体左侧的运动刺激右脑。人们可通过有意识地锻炼左侧的眼、耳、躯干、上下肢体,特别是左手和左手指的运动,对右脑的皮层产生良性刺激,进而不断开发右脑。

(2) 参加艺术活动。右脑发达的人多富于想象,有较强的直觉、联想、发散性思维能力,具有较强的创造性。积极参与诗歌、书法、绘画、音乐、棋类等活动能很好地锻炼右脑。

(3) 增强形象信息输入。利用色彩激发右脑的功能,进而使侧重于形象思维、非逻辑思维和空间处理的大脑右半球和负责语言、抽象思维的左半球取得功能上的平衡。可通过自然界的形象信息、社会生活各方面的形象信息的观察和接收,为自己想象储备资料,通过想象力的不断训练可开发右脑。

小测试:直觉测验

1. 在猜谜语游戏中你是否成绩不错?
2. 你是否喜欢和别人打赌,赌运是否很好?
3. 你是否一看见一幢房子便感到合适与舒适?
4. 你是否常感到你一见某个人,便感到十分了解他(她)?
5. 你是否经常一拿起电话便知道对方是谁?
6. 你是否常听到某些"启示"的声音,告诉你应该做些什么?
7. 你是否相信命运?
8. 你是否经常在别人说话之前,便知道其内容?
9. 你是否有过噩梦,而其结果又变成事实?
10. 你是否经常在拆信之前,便已知道其内容?
11. 你是否经常为其他人接着说完话?
12. 你是否常有这种经历:有段时间未能听到某一个人的消息了,正当你在思念之时,又忽然接到他(她)的信件、明信片或电话?
13. 你是否无缘无故地不信任别人?
14. 你是否为自己对别人第一面印象的准确而感到骄傲?
15. 你是否常有似曾相识的经历?
16. 你是否经常在登机之前,因害怕该航班出事,而临时改变旅行计划?
17. 你是否在半夜里因担心亲友的健康或安全而忽然惊醒?
18. 你是否无缘无故地讨厌某些人?
19. 你是否一见某件衣服,就感到非得到它不可?
20. 你是否相信"一见钟情"?

答是的计 1 分,答否的计 0 分,累计所得分数,并按如下标准进行评价:10—20 分,有很强的直觉能力。有着惊人的判断力,当你将它用于创造时一定会取得巨大成功。1—9 分者,你有一定的直觉能力。但常常不善于运用它,有时让它自生自灭,应该加强对它的培养,让它成为你事业的好帮手。0 分者,你一点也没有发展自己的直觉能力。你应该试着按直觉办事,就会发现直觉。

第三章
创新技法与训练

1. 了解创新技法的发展历史。
2. 理解常见的创新技法及其含义与分类。
3. 熟悉常用创新技法的训练方式。
4. 通过学习训练,增强创新意识及能力,能运用不同技法解决学习和生活中的问题。

瑞士军刀的发明

瑞士军刀,是集众多工具于一身的折叠小刀,因瑞士军方为士兵配备而得名。在瑞士军刀中,基本工具常为圆珠笔、牙签、平口刀、开罐器、螺丝起子、镊子等。

卡尔·埃尔森纳(Karl Elsener)下决心要做一名刀具工人,并于1884年在瑞士施夫州开办了一家属于自己的刀具工厂。当时,瑞士军队还必须从德国购买又粗大又笨重的士兵刀,这种现状促使卡尔萌发了制造轻便美观且功能强大的多功能刀的想法。在士兵刀的基础上,他研发出一种两个弹簧上面装有六个刀体的新模型,命名为"军官刀"。这种方便的多功能袖珍刀一经推出即获广泛欢迎,而后,刀的功能也在不断改进,陆续添加了木锯、剪刀、瓶盖起子、小螺丝刀、指甲锉、牙签、除鳞器、放大镜等功能性工具。

讨论题:

1. 一把轻便的瑞士军刀竟然组合了上百种功能,卡尔·埃尔森纳是如何做到的?
2. 该案例中的哪些技巧你可以借鉴?

第一节 创新技法概述

创新技法是创新活动中至关重要的一个因素,学习和掌握各种实用的创新技法并加以运用,对激发个人的创造力,促进创新活动的深入开展有着显著的积极意义。

一、创新技法的起源与发展

(一)创新技法的起源

创新技法的发展,大体上可用"20世纪30年代起步、40年代奠基、50年代发展、60年代飞跃、70年代兴盛、80年代普及、90年代综合应用"简单概括。当然,早在1906年,美国专利审查人普林德尔在《发明的艺术》一文中,就首先提出对工程师进行创新能力训练的建议,并用实例阐述了一些改进发明的技巧和方法。同年,美国内布拉斯加大学克劳福德就发表了《创造思维的技术》,提出特性列举法。后来,另一位专利审查人撰写了《发明家的心理学》,其中专门列出发明方法一章。此后,奥肯和史蒂文森相继开设了《发明方法》和《创造工程》两门课程。

1938年,时任纽约BBDO广告公司(Batten,Barton,Durstine & Osborn)副经理的亚历克斯·奥斯本(Alex F. Osborn)提出"头脑风暴法",被认为是世界上第一种创新技法,并成功地应用于实践。头脑风暴(brain storming,简称BS法)即对某项主题的无限制自由联想和讨论,其目的在于催生新观念或激发创新设想。为推广这种技法,奥斯本撰写了一系列著作,如《思考的方法》《所谓创造能力》《实用的想象》等,建立起系统的理论框架。与此同时,他深入学院、社会团体和工厂企业,讲课和开办训练班,使"头脑风暴法"得到了广泛应用,在创新技法发展史上具有里程碑意义。

专栏3-1　亚历克斯·奥斯本

亚历克斯·奥斯本被称为创造学和创造工程之父、头脑风暴法的发明人,美国BBDO广告公司创始人。他是美国著名的创意思维大师,创设了美国创造教育基金会,开创了每年一度的创造性解决问题讲习会,并任第一任主席,他的许多创意思维模式已家喻户晓。20世纪40年代,奥斯本在其公司发起创新研讨,1953年和帕内斯教授在纽约州立大学布法罗学院创办了世界上第一个创造学系,开始招收创造学专业的本科生和硕士研究生,1954年,奥斯本作为布法罗州立大学的董事会成员,促成该校建立"创新教育基金会"。

(二)创新技法的发展

由于创新技法的复杂性,其理论体系至今尚不够成熟,然而关于创新技法的开发、普及和发展在近代还是十分迅速的,特别是人机系统的开发和应用以来,其发展更为快速。据统计，至今已有340余种创新技法被提出。

1. 美国创新技法的发展

1906年，伴随《发明的艺术》一文的问世，创新技法被首次提及。到1938年，奥斯本提出"头脑风暴法"，而后美国的创新技法进入迅速的发展阶段。

1942年，来自瑞士的天文学家弗里兹·茨维基（Fritz Zwicky），在参与火箭研制的过程中利用数学中的排列组合原理制定了"形态分析法"。他按照火箭各个主要部件可能存在的各种形态的不同组合，得到了576种火箭构造方案，从而推动了火箭的发明创造。

1944年，美国麻省理工学院教授威廉·戈登（William J. Gordon）提出了著名的"提喻法"，也被称为类比思考法、集思法、分合法等，迅速成为最受欢迎的创新技法之一。它以外部事物或现有的发明成果为媒介，并将它们分为若干要素，对其中的元素进行讨论研究，综合利用，从而激发人们创新的灵感和欲望，产生众多的创新性设想。

第二次世界大战中美国陆军兵器修理部首创了"5W2H法"。这种方法使用简便，易于理解，富有启发意义，广泛应用于企业管理和技术创新活动，对于弥补考虑问题的疏漏有很大帮助。

20世纪中叶，奥斯本又提出"检核表法"。1985年，De Bono发明了"六项思考帽"。1987年，Robert Williams和John Stockmyer提出"左右脑联合创新技法"（即LARC法）。1998年，Bob King总结形成了QFD法 Taguchi法。

2. 日本创新技法的发展

日本最先是引入西方一系列创新技法，并在此基础上进一步本土化，结合日本的人文特色，不断改造与创新，到20世纪40年代开始初步形成了自己的特色，不仅学术、理论研究深入且紧密地和实际结合，成立了不少专门研究机构，逐步开发出很多富有特色、在国际上享有盛誉的创新技法，推动群众性创新能力训练活动的普及。

1944年，创造学先驱之一市川龟久弥出版了《创造性研究的方法》一书，并于1955年提出等价转换理论，1977年又出版《创造工学》。此外，丰泽丰雄则提倡"一日一创"活动，并先后出版了《发明指南》等著作。《创造性开发的心理与教育》及川口寅之辅的《发明学》，也都是通俗而实用的专著。

1968年，创造学家中山正和教授提出中正法（即NM法）。后来，高桥浩教授对中正法进行了补充、改进，并提出了NM-T法。

BS法传入日本后，日本创造学者们针对本国人的具体情况进行了一系列的研究和改造，如日本创造开发研究所高桥诚提出的卡片式智力激励法（"CBS法"）、日本广播公司开发的"NBS法"、日本三菱树脂公司提出的"MBS法"等。

片方善治提出了系统观点开发创造性的方法（又称ZK法），使解题信息按照"启、承、转、合"的线索发展，由此找出最优解决方案。

1964年，东京工业大学教授、人文学家川喜田二郎结合自身多年的野外考察经历总结出一套科学发现的方法，即KJ法。该法自提出以来，作为一种有效的创造技法得以迅速推广，成为日本最流行的创新技法之一。

随着政府、企业和社会各界广泛开展的创新技法研究活动的日益推进，日本的高等院校对培养学生的创造性思维、训练创造性技能也愈加重视,相继开设了"思维技巧""创造技法"之类的课程。另外,日本除了组建有全国综合性的发明协会之外,还成立了所谓的"女发明家协会""教师发明协会""少男少女发明俱乐部""幽默发明俱乐部"等,目的在于推动创新技法的普及和应用,不断激励全民的创造积极性。

3. 欧洲创新技法的发展

德国在引进美国的创造技法后,按德国的习惯对头脑风暴法、综摄法进行了改造,同时也不断提出一些新的创造技法,如"自律训练法""概念组织法""思想会议法""系统创造法""使用价值分析法"等。

英国医生德·波诺在吸收侧向思维理论精髓的基础上,整合了一整套的思维训练课程,包括"是,否,也许法""垫脚石法""自由输入法""向概念挑战法""确定问题法""挑错法""组合法""需要探索法"和"评价法"等,可对成人或儿童进行针对性的系统训练。

自 1946 年开始,苏联一批学者从 175 万项发明专利中挑选出 4 万项高水平的专利文献,并从中概括出一批具有较强的普遍性和有效性的技法,编定了《发明课题程序大纲》《基本措施表》《标准解法表》等,形成了具有自身特色,不同于美、日等国形式的创新技法体系,并在群众性的发明创造基础上,进一步开发和完善。20 世纪 50 年代中期,根里奇·阿奇舒勒(Genrieh S. Altshulle)开始研究 TRIZ 法,这是一种在世界性发明专利知识的基础上进行创新的技法,后来由 Pere strojka 传入西方国家,并不断得到发展和完善。此外,还有 R.布什的"七步搜索法"、P.波维列依科的"十进位矩阵搜索法"等。目前,创新学和创新技法课程在俄罗斯、乌克兰等国家得到了较好推广。

4. 中国创新技法的发展

20 世纪 60 年代,台湾首先引进创新技法,并不断充实。1969 年,陈树勋发表《创造力发展方法论》,1977 年,纪经绍出版《价值革新与创造力启发》。

从 20 世纪 80 年代始,我国引进和翻译了一批国外关于创新技法的研究成果,在此基础上也开始了创造工程和创新技法的研究和普及。根据奥斯本检核表法,我国著名学者徐立言、张福奎提出了"发明创造十二法"。上海和田路小学的师生在总结各种创新技法的基础上创造了"和田十二法"。在辽宁省科协举办创造力开发培训班活动中,赵惠田总结形成了一种比较适合于我国基层企业内以小组会议形式促进创新构思的"集思广益法"。1990 年 10 月,宋文奎在由中国发明协会召开"开发创造力,促进发明活动"研讨会上发表两种新的创造技法即"扩、缩笔记目录分类法"(SON 技法)和"可变多维形态属性列举法"。这些都标志着我国正逐渐形成具有自身特色的创新技法。

二、创新技法的概念与分类

(一)创新技法的概念

创新技法是指创造学家收集大量成功的创造和创新的实例后,研究其获得成功的思路和过程,经过归纳、分析、总结,找出规律和方法以供人们学习、借鉴和仿效。简言之,创新技法就是创造学家根据创新思维的发展规律而总结出来的一些原理、技巧和方法。

(二) 创新技法的分类

面对几百种创新技法,形成系统化、条理化的分类系统非常困难。然而,为便于系统地学习,很多研究者还是做出了不懈努力,提出了一些分类方法,现选择有代表性的加以简单介绍。

1. 日本电气通信协会创新技法分类

日本电气通信协会在其所编的《实用创造性开发技法》中,将创新技法分为六类,如表 3-1 所示。

表 3-1　　　　　　　　　日本电气通信协会关于创新技法的分类

类　别	举　例
自由联想法	头脑风暴法、KJ 法
强制联想法	查表法、焦点法
分析法	列举法、形态分析法
设问法	戈登、德尔菲法
类比法	提喻法、等价变换法
其他技法	网络法、反馈法

2. 日本高桥诚的创新技法分类

日本著名创造学家高桥诚在《创造技法手册》一书中将其精选的 100 种技法分三大类。

(1) 扩散发现技法。围绕创造发明的对象,利用扩散思维诱发出各种各样的创造性设想的创造技法。所谓扩散思维,即充分发挥人的想象力突破原来的知识圈的一种思维方法。例如,奥斯本发明的智力激励技法、希望点列举法等都属于这类。

(2) 综合集中技法。通过搜集情报信息,并按一定顺序进行集中思维的创造技法。所谓集中思维,就是对各种创造性设想进行分析、整理,最后再根据价值观进行判断的思维方法。例如,检核表法、信息交合法等即属于这一类。

(3) 创造意识技法。培养人集中注意力、诱发创造思维萌芽的一种前期创造技法。

3. Alla Zusman 和 Boris Zlotin 的分类

Alla Zusman 和 Boris Zlotin 依据创新技法所使用的方法和方式,将创新分为七大类:

(1) 条件/激发/组织技法。即利用某些特殊的条件或方式来帮助人们突破固有观念的束缚,最大限度地发挥创新思维能力的一系列技法,如拿破仑技法、音乐激荡法。

(2) 发散技法。即从多种角度、方面去考虑问题,在一片"浑沌"中诱发创新思维的技法,如头脑风暴法。

(3) 集中创新技法。即围绕一定的中心或目标进行思考的技法,如特性列举法。

(4) 系列技法。即以一定的顺序,依据一系列中心化或随意的步骤进行系统性思考的技法,如 QFD 法。

(5) 焦点式技法。在直觉、经验或已有知识的基础上确定研究和开发的方向,进行单步多步的思考、筛选时所运用的技法,如问题逆向创新法。

（6）展开性技法。根据基础的创新技法模型发展起来的新的技法,如 TRIZ 模型演变技法、技术性演变方法。

（7）创新知识型技法。根据从人类已有的创造经验中发展出的结构性知识进行思考创新的技法,如矛盾点核表法、40 条发明原则法。

4. 中国创造力课题组的分类

（1）提出问题的方法。提出问题、选择目标是创新活动的首要环节,它决定创新的方向,直接关系到创新设计的成败。这类技法包括特性列举法、设问法等。

（2）解决问题的方法。创新技法中此类技法居多。按照创造形式和功能特性,将这种方法细分为三种类型。一是联想法,包括头脑风暴法、强制联想法等。经过一定的程序,克服妨碍想象的各种障碍,充分调动激励想象的各类因素,使创造性思维得到充分开发。二是重组组合法,如形态分析法、组合法等。将若干分离因素按照一定方式结合或重组,从而获得新的创造。三是类比法,包括提喻法和各类类比法等。通过两个(类)对象之间的某些相同或者相似来解决其中一个对象需要解决的问题,关键在于寻找恰当的类比对象。

（3）程式化的创新技法。程式化法的实施步骤已经按照逻辑程序加以编排,且每个环节可以相互产生补充、配合、衔接关系,从而形成有效的创新方法体系。比较典型的是物场分析法和等价交换法。

第二节　创新技法训练

创新技法是人类在长期的实践活动中,总结出的经验和方法,它的应用既能直接产生创造、创新成果,也可以启发人的创新思维,提高人们的创造力、创新能力及创造、创新成果的实现率。创新技法种类繁多,本书将着重介绍以下几种方法:组合法、联想法、设问法、类比法、列举法、智力激励法、TRIZ 法。

一、组合法

组合法是指把多项似乎不相关的事物通过想象加以连接,从而使它们变成彼此不可分割的新的整体的一种思考方式。严格意义上讲,"组合"并不是一种创新思维形式,而是一种比较具体的创新方法,是人们创造发明的重要工具。

（一）组合的基本方法

1. 同类组合

同类组合,是指若干相同事物的组合。同类组合的创造目的是在保持事物原有功能或意义的前提下,通过数量的增加,来弥补功能的不足或获取新的功能及新的意义。而这种新功能或新意义是原有事物单独存在时所缺乏的。如双人自行车,可以双人共同踩踏出外郊游,享受合作骑乘的乐趣。

2. 异类组合

异类组合,是两种或两种以上不同领域的技术设想的组合、两种或两种以上不同功能物质产品的组合。如带有折叠凳子的拐杖,行走时可以作为拐杖使用,想休息时又可以作为凳子使用。

异类组合因加入组合的对象不同,又大致可分为以下六种情况:元件组合、功能组合、材料组合、方法组合、技术原理与技术手段的组合。

专栏 3-2　洽洽"小黄袋"

受多种因素影响,洽洽瓜子销量出现下滑。为此,公司于 2016 年推出新品——洽洽"小黄袋"每日坚果,内含 7 种精选自越南、土耳其、美国、加拿大、智利、乌兹别克斯坦等国的坚果和果干,并通过科学配比、技术创新,打造成了洽洽新的销售增长点。该品曾获得首届中国进口博览会"唯一坚果"、国家科学技术进步二等奖等荣誉。

 [即问即答]　洽洽"小黄袋"是"异类组合"还是"同类组合"? 为什么?

3. 主体附加

又称"内插式组合",指在保留主体性质不变的情况下,对某种产品通过置换或插入其他技术或增加新的附件而使发明或创造诞生的方法。

主体附加法的实施步骤:

(1) 有目的、有选择地确定一个主体;

(2) 运用缺点列举法,全面分析主体缺点;

(3) 运用希望点列举法,对主体提出各种希望;

(4) 在保留主体性质不变的情况下,根据实际需要确定附加物及组合的方案。

小练习:

运用主体附加的方法改善或扩大下列物体的功能。

(1) 菜篮;

(2) 奶瓶;

4. 重组组合

重组组合就是将事物原有系统中的各结构要素进行分解,然后再按新的目标重新组合事物的各结构要素,以获得新的功能的组合方法。它具有三个显著的特点:①在一种事物上实施,一般先对组成事物的各要素进行分解;②组合过程中,一般不增加新的东西;③重组主要是改变事物各组成部分之间的相互关系。

(二) 信息交合法

信息交合法是我国许国泰创造的,一般有二维和多维的。即信息交合法是根据研

专栏 3-3　组合鞋店

鞋帮、鞋底、鞋跟都分着卖,顾客可以随便购买任何一种鞋零件,店员当场按照顾客的意愿制作完成富有个性的鞋。这是上海一位年轻商人,为了吸引消费者所开的一家"组合式鞋店"。货架上陈列着 16 种鞋跟、18 种鞋底,鞋面的颜色以黑、白为主,搭配的颜色有 80 多种,款式有 100 余种。顾客可以自己挑选出最喜欢的各个部分,然后交给鞋店聘用的专业师傅进行组合。前店后坊,只需等几十分钟,一双称心如意、独一无二的新鞋便可以到手,鞋店此举引来络绎不绝的顾客。

究对象的实际情况,进行二元坐标或多元坐标的设计,然后在各数轴上标出不同的信息,逐个进行信息的交合,从而产生大量新观念、新方案的创新技法。以曲别针为例,如图 3-1 所示。

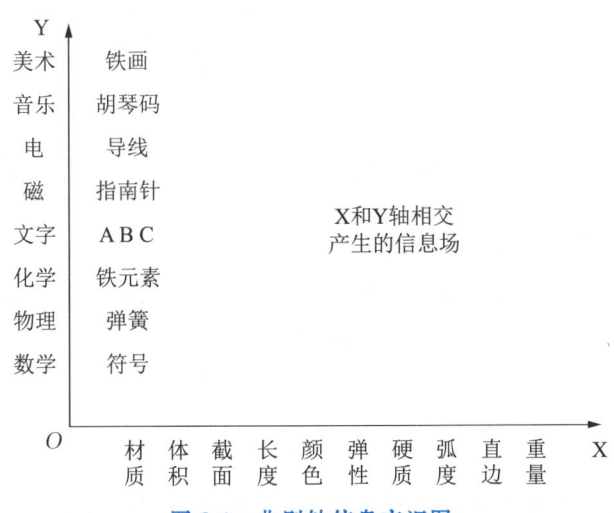

图 3-1　曲别针信息交汇图

其中,X 轴表示的是曲别针各种"特征"信息,Y 轴表示的是与曲别针相关的人类实践,并将它们也连成信息标 Y 轴,两轴相交并垂直延伸。最后在这张图表中,将两轴各点上的要素依次"相交合",就会产生出更多曲别针的用途。如利用曲别针的材质及其在数学中的应用,可以形成曲别针制作或表达"符号"的新用途。

1. 信息交合法的原理

把物体的总体信息分解成若干要素,然后把与这种物体相关的用途要素分解,把两种信息要素用坐标法连成信息标 X 轴与 Y 轴,两轴垂直相交,构成"信息反应场",每个轴上的各点的信息依次与另一轴上的信息交合从而产生新的信息。

2. 信息交合法的原则

(1) 整体分解原则。即信息分析,就是将物体的总体资料分解成各个不同的组成部分,逐一进行研究。

(2) 信息交合原则。即信息综合,在整体分解的基础上,通过推测、对比、想象等创造性思维活动,在分解出的信息元素之间进行"本体性的信息交合",也就是各轴的每个要素逐一地与另一轴的各个要素相交合,探求出对项目的解决方案。

(3) 结晶筛选原则。通过对方案的筛选,找出更好的方案。

3. 信息交合法的步骤

(1) 确定研究目标。即思考的问题是什么,要解决的课题是哪个,研究的信息为何物。

(2) 确定坐标轴内容。根据确定的目标,确定 X 轴是材料、形态;Y 轴是功能、结构。

(3) 分列信息。在不同轴上标示分列的各种信息。

(4) 信息交合。将不同轴上的信息分别进行交合,产生新的方案。

(5) 筛选方案。从大量新的组合方案中筛选一个或几个较优方案进行实施。

(三) 形态分析法

形态分析法是一种系统化构思和程式化解题的发明创造方法,它是由美国加利福尼亚大学工学院教授弗里兹·茨维基和美籍瑞士矿物学家里哥尼联合提出的。

1. 形态分析法概念与特点

形态分析法是指通过将研究对象分解成若干相互独立的基本要素,对要素进行相关形态分析,并进行重新组合得到各种解决问题的方案,从而筛选出最优方案的创新技法。它具有如下特点:

① 可以得到解决问题的多种方案,具有全解系性质。

② 逻辑性强且比较全面,具有形式化性质。主要是依靠发明者认真、细致、严谨的工作及精通与发明课题有关的专门知识,而不是发明者的直觉和想象。

③ 有较高的实用价值。不仅运用于发明创造,而且也适用于管理决策,科学研究等方面。

2. 形态分析法的步骤

为了使读者对该法的实施步骤能更直观、更准确地把握,现结合"新款椅子的设计"这一案例进行阐述,如表 3-2 所示。

表 3-2　　　　　　　　　　　　　　　新款椅子的设计

形态	要素		
	使用功能	材料	尺寸
1	坐	塑料	小
2	可躺	木质	中等
3	可折叠	金属	大
4	可旋转	布艺	特大

(1) 明确研究对象。准确表述创新课题所要解决的问题,即所要达到的目的、实现的功能及命题的范围等。

(2) 组成因素分析。即确定创新、发明对象的主要组成部分(基本因素)。提取椅子的主要组成因素:使用功能、材料、尺寸等。

（3）形态列举。依据研究对象和各因素提出的功能及性能要求，详细地列出能满足要求的各种形态，并绘制出相应的形态学矩阵。椅子使用功能的形态包括：坐、躺等。

（4）形态组合。按形态学矩阵要求，对形态进行排列组合，获得全部的组合方案。$N=4\times4\times3=48$。

（5）评选出综合性能最优的组合方案。

二、联想法

联想法是运用想象力，将不同的事物或概念进行联系，进而诱发创造性设想的一类创造技法。它是由一事物（概念、现象）联想到另一事物（概念、现象）的心理过程，实质是在不同事物之间建立起暂时的联系，存在着两种情况：客观联系和主观联系。客观联系即反映现象之间原本存在的联系，如云和雨；主观联系即思维过程中建立原本不存在的联系，如彩虹与桥。

（一）联想的基本类型

1. 接近联想

接近联想是指由于事物之间在时间上和空间上的相互接近所形成的联想。如提到星星，就想起月亮；看到儿童，就想到幼儿园。

专栏 3-4　"抱财鸡"的由来

香江酒楼是由镇江、香港、深圳三方合资兴办的，位于深圳闹市区的国际商业大厦内。酒楼引进了一道镇江名菜，叫"柴把鸡"，酥嫩可口，汤鲜味美，营养丰富。然而这道名菜因为叫"柴把鸡"，总容易被人误解，不少顾客顾名思义，以为柴把鸡就是柴禾样瘦的鸡，味道还能好到哪里？看着精心引进的名菜受到冷遇，经理进行了认真分析研究，菜是名菜，名字难听，改改它不就行了。他们想，深圳人和港澳台同胞都喜欢吉祥，讲究生财之道，发财致富，何不投其所好，将菜名变一下，改成"抱财鸡"。来客都指明要品尝"抱财鸡"的味道，这一改生意就兴隆了。

2. 相似联想

相似联想是指由于事物在外形、颜色、声音、结构、功能、原理和意义等方面的相似所形成的联想。例如看到彩虹，就想到大桥，看到钢笔就想到圆珠笔；"逝者如斯""芙蓉如面，柳如眉""直如朱丝绳，清如玉壶冰""日出江花红胜火，春来江水绿如蓝""霜叶红于二月花"等，其中都包含着丰富的相似联想。相似联想反映的是事物间的相似和共同性。

听诊器的发明

3. 对比联想

对比联想又称反向联想、相反联想，是指根据事物之间在性质、结构、状态、特点等方面完全相反或对立的情况所形成的联想。

对比联想可从性质属性的对立角度、优缺点角度、结构颠倒角度、物态变化角度这四个方面进行对比联想。

此外对比联想又可从以下几方面进行对比：①时间对比。如今年→明年,白天→黑夜。②空间对比,如上→下,东→西。③价值对比,如有意义→无意义,重如泰山→轻如鸿毛。④色彩对比,如红→绿,黄→蓝。⑤程度对比,如软→硬,高→低。⑥情感对比,如欣喜→恐惧,快乐→悲哀。

4. 因果联想

因果联想是指由于事物之间存在因果关系而形成的联想。这种联想往往是双向的,既可以由原因想到结果,也可以由结果想到原因。联想的影响因素有思维、反应速度、记忆力、知识积累、知识结构、思维习惯等;如由风和月可联想成"风花雪月"。

5. 自由联想与强制联想

自由联想是在人们的心理活动中,一种不受任何限制的联想。这种联想大都能产生大量出奇的设想,但成功的概率比较低,可有时也往往会收到意想不到的创造效果。如列文虎克发现微生物即运用了该法。

强制联想与自由联想相对而言,是对事物有限制的联想。这种限制包括同义、反义、部分或整体等规则。一般的创造活动,通常鼓励自由联想,这样可以引起联想的连锁反应,容易产生大量创造性设想。但是,要具体解决某一个问题,有目的地发展某种产品,也可采用强制联想,使人们集中全部精力,在一定的控制范围内去联想,也能有所发明和创造。这类创造发明的例子也是屡见不鲜的,像日本东芝电器公司运用强制联想,设计和制造了旋转万能 X 射线电视透视台。

(二) 综摄法

综摄法又称类比思考法、强行结合法,是指将已知的事物作为媒介,把毫无关联的、不相同的知识要素综合起来,摄取各种事物的长处进行综合,从而产生解决未知问题的新设想、新产品的创新技法。

1. 综摄法原理

威廉·戈登(William Gordon)认为综摄法的基本原理包括两个部分,即变陌生为熟悉和变熟悉为陌生。

(1) 变陌生为熟悉。这是综摄法的准备阶段,是异中求同的阶段。即设法将陌生的事物进行分解,尽可能地将其变为以前熟悉的事物。

专栏 3-5　静电喷漆工艺的发明

发明人哈罗德·兰斯伯格使用空气喷枪在给甜饼罐喷漆时,油漆乱飞,浪费严重。如何才能使油漆不乱飞呢？他想起了上中学时的静电吸附实验。于是想到如果采用一定的装置使漆带上静电,而待喷漆的金属物品与地线连通,这样漆粒就会自动飞向目标,这样就利用已知的静电吸附知识发明了静电喷漆工艺。

(2) 变熟悉为陌生。这是综摄法的第二步,是同中求异的阶段。即对已知的熟悉的各种事物,运用新的知识理论或从新的角度进行观察、分析,将熟悉的变成不熟悉的,从而产生新的创造设想。变熟悉为陌生,需要打破旧框框,使人的思维跳出已有的习惯。

2. 综摄法步骤

（1）确定小组的成员。综摄法在实施过程中，需要专业的小组且对小组的成员素质要求较高。小组成员一般由5～7人组成，其中需要一名主持人，一名与问题有关的专家，其余为各种学科领域的专业人员。

（2）提出问题。一般由主持人向小组的成员宣读所要解决的问题。这一问题是预先拟定好的，小组成员并不知晓。

（3）分析问题。由专家对该问题进行解释和陈述，让小组成员了解有关问题的背景等信息，使非专业人员对该问题有一个大致的理解。

（4）净化问题。小组成员就这一问题进行类比设想，尽可能多地提出解决问题的方法，专家针对该想法提出不足之处，从而选择两三个比较有利于解决问题的设想，达到净化的目的。

（5）理解问题。确定解决问题的目标，从所选择的设想中的某一部分开始分析，小组成员从新的问题出发，展开类比联想，陈述观点，进而提出解决问题的目标。

（6）类比灵活运用。确定了解决问题的关键环节，主持人要有意识地引导小组成员发挥类比设想作用，把问题从熟悉的领域转到远离问题的领域。从各位成员的类比中，选出可以用于实现解决问题的类比，对选出的类比进行分析研究，从类比的例子中找出更详细的启示。

（7）适应目标。把从类比中得到的启示，与在现实中能使用的设想结合起来，从而形成一种新颖独特的解决方法。

（8）方案的确定与改进。专家对方案进行反复地论证，并对其中的缺陷进行改进，直到取得满意的结果。

三、设问法

设问法是对事物从多角度提出问题，从问题中寻找创新思路，进而作出选择并深入开发创造性设想的一类技法。设问法主要包括检核表法、和田十二法、5W1H法。

（一）检核表法

检核表法又称"奥斯本检核表法""设问检查法""对照表法""分项检查法"等。

检核表法是指在创造过程中对照检核表中的9个方面的问题，逐项进行强制性思考，开拓思维想象的空间，从而促进人们产生新设想、新方案的方法。该法所依据的主要原理是创造始于问题的原理，也就是问题引导、启发创新、创造的原理。

1. 检核表法的优点

检核表法是一种具有较强启发创新思维的方法，因为它强制人去思考，有利于突破不愿提问题或不善于提问题的心理障碍。通过较全面的、系统地的思考，能够顺藤摸瓜式地自问自答，使创新思考的过程系统化、规范化，有利于提高发现创新的可能性，从而更有利于完成课题目标。

2. 检核表法的实施过程

检核表法主要包含9个方面的问题，如表3-3所示。

表 3-3　　　　　　　　　　　　　　　　检核表法包含的问题

序号	9个大问题	系列小问题
1	有无其他用途	现有事物有无其他新用途,稍加改进有无其他用途
2	能否借用	能否借用别的经验,能否模仿别的东西,能否引入其他创造性设想
3	能否改变	现有事物能否改变形状、制造方法、颜色、意义、音响、气味、式样等,能否做其他改变
4	能否扩大	现有事物能否扩大使用范围,延长使用寿命,能否增加使用功能,能否增加零部件,频率、强度、高度、长度、厚度、附加值,材料能否增加,能否扩张
5	能否缩小	现有事物能否缩小体积,能否减轻重量,能否浓缩,能否微型化
6	能否代用	现有事物能否用其他材料、其他原料、其他制造工艺、其他动力
7	能否重新调整	能否调换原件,能否调换其他型号,能否调换其他设计方案,能否调整顺序、速度、程序
8	能否颠倒	能否颠倒正负,能否颠倒方向,能否颠倒因果关系
9	能否组合	能否综合不同材料、原件、产品,能否综合不同学科、不同原理、不同观点,能否综合不同方法、设想、方案

实施步骤:

(1)根据创造主体明确需要解决的问题。

(2)根据需要解决的问题,参照表中列出的九大问题及其包含的小问题,运用想象力,强制性地逐个核对讨论,写出新设想。

(3)对新设想进行逐个筛选,将最有价值和创造性的设想筛选出来。

在实施过程中需要注意:

(1)要联系实际逐个分析检核课题的创新目标,不要有遗漏。

(2)尽可能地多检核几遍,会更准确地选择出所需创新、发明的方面。

(3)进行检核思考时,可以将每大类问题作为一种单独的创新方法来运用,同时可以结合运用其他方法,产生大量的新设想。

(4)检核方式可根据需要,单人检核或3~8人共同检核。集体核检也可以互相激励,产生头脑风暴,更有希望创新。

3. 检核表法案例

应用检核表法在自行车的创新思路中,如表3-4所示。

表 3-4　　　　　　　　　　　　　　　　自行车的创新思路

序号	检核问题	创新思路	创新产品
1	能否他用	将自行车改进设计,使之成为组合式多功能家用健身器	多功能保健自行车
2	能否借用	借用机动车传动原理,使之成为自助车	自助自行车
3	能否改变	改变自行车的传统形态(如采用椭圆形链轮传动),设计出形态特殊的"太空自行车"	太空自行车
4	能否扩大	扩大自行车鞍座,使之舒适,必要时还可存储物品	新型鞍座
5	能否缩小	设计各种儿童玩耍的微型自行车	儿童自行车

续 表

序号	检核问题	创新思路	创新产品
6	能否替代	采用新型材料(如复合材料、工程塑料)代替钢材,制作轻便型高强度自行车	新材料自行车
7	能否调整	设计前后轮距离可调的自行车,缩小占地空间	长度可调自行车
8	能否颠倒	传统自行车只能前进,开发设计可后退的自行车,方便使用	可后退自行车
9	能否组合	设计三轮自行车,供两人同乘	三轮自行车

(二)和田十二法

和田十二法又称"和田检核表法""和田技法""聪明十二法""儿童发明法"。和田十二法是对检核表法的改进,是我国上海创新学家许立言、张福奎与上海市和田路小学师生一起进行创新实践活动,总结出的一套引导主体在创新活动中对照十二个动词提示的问题进行思考,以便启迪思路,促使人们产生新设想、新方案的创新技法。

和田十二法依据的原理与实施过程和奥斯本的检核表法是一样的,都是依据创新始于问题的原理,或者说问题引导、启发创新的原理。其内容和操作要求如表 3-5 所示。

表 3-5 和田十二法的内容和操作要求

序号	12个动词	系列问题提示
1	加一加	可以在这件东西上添加些什么吗;需要加上更多时间或次数吗;把它加高一些,加厚一些行不行;把这件东西跟其他东西组合在一起会有什么结果?
2	减一减	可在这件东西上减去些什么吗;可以减少些时间或次数吗;把它降低一些、减轻一些行不行;可省略、取消什么吗?
3	扩一扩	使这件东西放大、扩展,会怎么样呢?
4	缩一缩	使这件东西压缩、缩小,会怎么样呢?
5	变一变	改变一下形状、颜色、音响、味道、气味,会怎样;改变一下秩序会怎么样?
6	改一改	这件东西还存在什么缺点;还有什么不足之处,需要加以改进吗;它在使用时是不是给人们带来了麻烦;有解决这些问题的办法吗?
7	联一联	某个事物(某件东西或事情)的结果,跟它的起因有什么共性关系,能从中找到解决问题的办法吗;把某些东西或事物联系起来,能帮助我们达到什么目的吗?
8	学一学	有什么事物可以让自己模仿、学习一下吗;模仿它的形状、结构有什么结果;学习它的原理、技术,又会有什么结果?
9	代一代	有什么东西能代替另一样东西;如果用别的材料、零件、方法等,行不行?
10	搬一搬	把这件东西搬到别的地方,还能有别的用处吗;这个想法、技术,搬到别的地方,也能用得上吗?
11	反一反	如果把一件东西、一个事物的正反、上下、左右、前后、横竖、里外颠倒一下,会有什么结果?
12	定一定	为了解决某一个问题或改进某一件东西,为了提高学习、工作效率和防止可能发生的事故或疏漏,需要规定些什么吗?

（三）5W1H 法

1. 5W1H 法的内容

5W1H 法是由美国陆军首创，因其 6 个检核项目的英文字头是 5 个"W"和 1 个"H"，故为 5W1H 法。通过对现有物品、产品或现行方法连续提 6 个问题，构成设想方案的制约条件，寻找新的思路，进行设计构思，从而获得对现有物品、产品或现行方法进行改进的创新方案的一种创新技法。目前，5W1H 法已广泛应用于改进工作、改善管理、技术开发、价值分析等方面。

具体指以下几个方面：

(1) why：为什么需要创新？

(2) what：创新的对象是什么？

(3) where：从什么地方着手？

(4) who：谁来承担创新任务？

(5) when：什么时候完成？

(6) how：怎样实施？

2. 5W1H 法的实施步骤

(1) 首先对一种现有物品、产品或现行方法，从以上六个角度进行检查，查看问题的合理性。

(2) 对六个方面的提问进行逐一审核，将发现的难点、疑问列出来，找出主要优缺点。

(3) 对列出的问题进行分析研究，寻找改进措施，决定设计新产品。

 [即问即答] 如何有效确定"5W1H"中的各个要素？

3. 5W1H 法的拓展

在 5W1H 的基础之上，有些研究者又增加了"how much"（何去，达到怎样的水平）与"which"（几何）两个方面，构成了我们所熟悉的 6W2H 法。我国著名教育家陶行知先生把 6W2H 法这种提问模式叫作教人聪明的"八大贤人"。

四、类比法

类比法就是将两个或两个以上的事物进行比较，找出它们之间的相同或相似之处的一种发明技法。类比法是根植于世界的统一性这个基础上的，事物之间存在着相似性和相关性，提供了从一类对象推到另一类对象的可能性。

（一）直接类比法

直接类比是从自然界或者从已有的发明成果中，寻找与发明对象相类似的现象或东西，通过直接类比，从中得到启示，获得发明创新的技法。如谷物的扬场机是直接类比人工扬场方式而来的；医学上用的"叩诊法"，是直接类比酒店里的叩击酒桶发出的声音来判断酒的多少而来的；小发明"转动书架"也是类比转椅与书架的相似之处后设计出来的。

(二)间接类比法

间接类比法是指将不同的事物放在一起进行比较,从而产生新设想的创新方法。当人们寻找解决问题的方法时,如果找不到同类事物进行对比,就可以运用间接类比法。间接类比法的应用使更多的事物进入了人们的思考领域,它可以帮助人们开拓思路,产生新的创造力。

运用间接类比法的重要意义在于某一理论或事物的某一特征能够在更大的范围内发挥作用。如物理学中的惯性原理运用在乐器演奏中,可以使演奏者自如地运气,使口腔和手指的动作更加轻松、自如、流畅,演奏出更加精彩、美妙、动人的乐曲;空气中的负离子可以消除疲劳、延年益寿,对于治疗哮喘、高血压、心血管病都有很好的辅助作用。但是,自然界中的负离子只在高山、森林、海滩、湖畔处较多,为了让人们能够在日常生活中享受负离子的功能,科研人员运用间接类比的方法研制出用水冲击的方法产生负离子,后来又发明了电子冲击法。市场上销售的负离子发生器就是运用了这个原理。

(三)幻想类比法

幻想类比就是用超现实的理想、梦幻或完美的事物与要解决的问题进行类比,从中找出合理的部分,从而逐步达到发明的目的,设计出新的发明项目的创新技法。如借用科学幻想、神话传说中的大胆想象来启发思维,在许多时候是相当有效的。幻想类比只是运用幻想激发想象力,它就像帮助我们过河的垫脚石,只是一个工具,幻想并不是我们马上要实现的目标。

如孙悟空的金箍棒能变大变小,收缩自如。能否受金箍棒这些特点的启发,发明点什么呢?一位大学生进行幻想类比,结果发明了一个可以收缩的自行车把。当这种车把接触到地面时,车把外层的套筒会随着里面的弹簧收缩从而吸收掉将近50%的冲击力,减少对人体的伤害。因为人在凹凸不平的路面上骑自行车时,总是试图通过控制车把来掌握身体的平衡。这样,车把就会被转向骑车人的身体。如果骑车者恰巧在此时摔倒,外侧的车把先接触地面,而内侧的车把就会戳向骑车人的腹部。

(四)因果类比法

因果类比法是指发明者根据某一事物的因果关系,推断出另一事物的因果关系,而产生出新设想的创新技法。

两个事物的各个性质、结构、功能等属性之间,可能存在着类似的某种因果关系。因此可根据一个事物的因果关系,推测出另一事物的因果关系。如面粉添加发泡剂(小苏打),能制成松软的面包;塑料添加发泡剂可成为重量轻、隔热、隔音的泡沫塑料;日本人铃木应用因果类比在水泥中加入某种发泡剂,成为发泡水泥;河蚌经过插片植入砂子,蚌分泌出黏液将砂包住形成珍珠;在牛胆内类比河蚌的"插片法",把异物植入牛的胆囊里,一年后取出胆囊结石——牛黄;北京市小学生发明的"充气雨衣"就是类比塑料救生圈,在雨衣的下摆的边缘,装上一个塑料软管和气门嘴,吹气后雨衣就像伞一样张开了。

(五)仿生法

仿生法是指通过模拟生物的结构、功能或原理等而进行发明创造的方法。

1. 仿生法的原理

仿生法的运用以人类对生物界的不断认识为基础,在不断的发展中,生物原型已成为现代发明的源泉。如通过蝙蝠、猫头鹰仿生而来的 B2 轰炸机;由鸟巢仿生而来的北京奥林匹克体育中心及由海鸟仿生而来的香港会展中心;仿照水母耳朵的结构和功能,设计了水母耳风暴预测仪。

2. 仿生法的实施步骤

仿生法的模仿对象主要是生物,它是一种以生物为比较对象的具体的类比法。实施的步骤为:

(1) 明确发明对象的功能。

(2) 选择模仿的对象。根据自然界的生物学知识,通过类比联想,寻找与发明对象功能相似的生物体,有目的地选择模拟对象。

(3) 研究生物体的结构、功能等。

(4) 将研究所得的生物学资料,运用数学分析转化成通用的数学模型,再采用机械、电子、化学等技术手段制成可进行工程技术实验的实物模型。

蚂蚁寻食与互联网TCP协议、蚁群优化算法

五、列举法

列举法是遵照一定规则列出研究对象有关方面的各种性质,进而产生设想、诱发创造性设想的技法。

(一) 特性列举法

特性列举法也称属性列举法,是指通过对研究对象的特性,包括名词性、形容词性和动词性等进行详尽列举、分析,使人们逐项思考、探究,进而诱发创造性设想的技法。特性列举法是美国布拉斯加大学教授克劳福特(Robert Crawford)发明的一种创造技法,他认为通过对研究对象进行观察分析,尽量列举该事物的各种不同的特征或属性,然后确定应加改善的方向及如何实施,可以提高创新效率。特性列举法有利于克服惰性,产生新设想,尤其适用于在已有产品的基础上进行新产品开发和革新改造。

1. 特性列举法的实施步骤

(1) 选择一个目标比较明确的研究对象或革新课题。

(2) 详细列举出创新对象的名词性特性、形容词性特性和动词性特性。

(3) 通过对比分析产品的各种特性,提出具有独特性的方案。

(4) 通过对各种方案的评价和讨论,提出产品设想。

小练习:对水壶的特征进行分析列举,提出创新设想。

① 选择明确的目标:一把水壶。

② 列举水壶特性:

名词特性——采用名词来表达的特性。全体:水壶。部分:壶身、柄、盖、壶口、壶底、蒸汽孔。制造方法:焊接法、冲压法。

形容词特性——采用形容词来表达的特性。性质:轻、重。状态:美观、清洁。

动词特性——采用动词来表达的特性。功能:烧水、盛水、倒水、浇水。

③ 从各特性出发进行设想,提出独特性的方案。从名词特性中提问,水壶是否有改进创新的地方,从形容词特性和动词特性中提问,水壶是否有改进创新的地方?

④ 提出创新的方案。由水壶的特性出发进行创新,可以生产出什么样的水壶?

2. 特性列举法的注意事项

(1) 对研究对象进行系统分析时可有不同的方案,但必须概括事物的全部特性。
(2) 设想开发可由个人单独完成,也可集体完成,可同头脑风暴法等集体技法结合。
(3) 每次深入研究一个子系统,直至研究完整的系统。

(二) 缺点列举法

缺点列举法就是通过发现、发掘现有事物的缺点和不足,把它的具体缺点全部列举出来,然后针对这些缺点,确定创新目标,有的放矢地设想改革方案,进行创造发明的创新技法。缺点列举法的实施步骤如下:

(1) 找缺点:尽量列举各种事物的缺点,可以事先广泛调研,征集意见。
(2) 找原因:将缺点加以归类整理,找出有改进价值的缺点,并分析产生缺点的原因。
(3) 找方法:针对所列出的每一缺点,逐条分析,提出改进或创新方案,还可和检核表法综合应用达到创新目的。

缺点列举法是在原有事物基础上加以改进的创造技法,离不开原有事物的前提,适用于具体问题。

(三) 希望点列举法

希望点列举法是指发明者根据人们对某一事物所提出的各种希望进行列举分析,沿着希望的目的寻求新的创新目标的一种创新技法。

列举新的希望点,就是发现和揭示有待创造的方向和目标。将希望点化为明确的创新目标并提出完成目标的途径,是希望列举法的基本内容,只要能想出满足希望要求的新点子、新创意和新方法,就意味着新的创造的诞生。

专栏3-6 "拍立得"相机的诞生

美国拍立得公司经理埃德蒙·兰德,有一次给他的爱女拍照,小姑娘不耐烦地问:"爸爸,我什么时候才能看到照片?"这句话触动了兰德,引起了他的深思:"是啊,为什么照完相需要几个小时甚至几天才能看到照片呢?如果照相机也像电视机等产品一样,通上电,一按开关就能产生效果,那将会进一步扩大市场。"兰德决心生产一种一两分钟之内就能看到照片的新型相机。目标确立后,兰德夜以继日地工作,不到半年时间,就研制出了瞬时显像照相机,取名为"拍立得"相机,它能在60秒内洗出照片,所以又称"60秒相机"。这种相机投入市场后,受到了人们的热烈欢迎。使"拍立得"公司的销售额从1984年的150万美元猛涨到1995年的6 500万美元,10年增长40多倍。

希望点列举法的实施步骤：
(1) 激发和收集人们对世界的各种希望。
(2) 分析研究人们的希望和事物的缺点，以形成具有科学性和可能性的"希望点"。
(3) 以"希望点"为依据，改造现有的事物，创造新产品，以满足人们的希望。

六、智力激励法

(一) 智力激励法的概念和实施程序

1. 智力激励法的概念

智力激励法又叫头脑风暴法（BS法），是美国学者奥斯本于1938年首次提出的。它是一种集体开发创造性思维的方法，是指一组人员通过特殊的专题会议形式，就某一特定的问题进行互相交流、互相启迪、达到智力互激和思维共振，从而产生大量的新设想的方法。

2. 智力激励法的实施原则

(1) 延迟评判原则，使与会者思想放松，气氛活跃，这是智力激励法的关键。
(2) 以量求质的原则，这是获得高质量创造性设想的条件。
(3) 自由畅想原则，突出求异创新，这是智力激励法的宗旨。
(4) 综合改善原则，强调相互启发、相互补充和相互完善，这是智力激励法能否成功的标准。
(5) 限时限人原则，时间通常限定为30分钟到1小时，人数10人左右。

(二) 智力激励法的实施程序

智力激励法力图通过一定的讨论程序与规则来保证创造性讨论的有效性。因此，讨论程序构成了头脑风暴法能否有效实施的关键因素。

1. 准备阶段

(1) 明确议题。在会前确定目标，使与会者明白通过这次会议需要解决什么问题，同时不要限制可能的解决方案的范围。议题要明确具体，问题不可过大，且是专门化的议题，同时议题的内容必须合乎与会者的层次和关心程度。
(2) 确定人选。一般以8～12人为宜，也可略有增减（5～15人）。人员的专业构成要合理。
(3) 通知会议内容、时间、地点。会议通知一般要提前三天，通知需附上备忘录，注明会议的主题和涉及的具体内容，并列出相关的发散性问题和思路。

2. 热身活动

为使与会者尽快进入"角色"，减少会议中僵局冷场的时间，会前可做一些热身活动，如互相介绍、讲幽默故事、做智力游戏或简单的发散思维练习等。使与会者很快忘掉自己的工作和私事，形成热烈、轻松的气氛。

3. 明确问题

(1) 介绍问题。主持人向与会者介绍会议实施原则和所要解决的问题。介绍问题时要简明扼要，只提供与问题有关的必要信息，背景材料不要介绍太多，特别是不要把自己的初步设想全盘托出,避免束缚大家的思路。

(2)重新叙述问题。主持人用不同的方式来表述问题,加深与会者对问题实质的理解,使问题的重要方面不至于被遗漏。

(3)选择最富启发性的重新叙述形式。重新叙述问题之后,通常可以围绕其进行畅谈,但有时为了使会议效果更好,能优先考虑问题的最重要方面,需要在介绍问题时选择有利于开拓大家思路的叙述方式。

4. 自由畅谈

与会者突破各种思维障碍和心理约束,针对议题,精心思考,大胆设想,自由发言,从而提出大量有价值的设想。

5. 加工整理

会后对会上提出的设想由专人进行分类整理、加工完善。在会后的第二天,主持人或秘书以电话或面谈的方式收集与会人员在会后产生的新设想。

6. 评价和发展

首先拟定一些评价指标,然后对各种设想进行评价、筛选,以达到去粗取精的效果,从而获得解决问题的满意答案。

 [即问即答] 你觉得智力激励法与一般的会议、讨论方法有什么异同?

(三)智力激励法的延伸方法

1. 默写式智力激励法

默写式智力激励法又称635法,由德国创造学家荷立创立。每次会议有6人参加,每人首先备有几张设想卡片,且对每张卡片进行1、2、3编号,编号之间留有较大的空隙,方便其他人填写新的设想。会议要求每人于5分钟内在各自的卡片上写出自己的3个设想,故名"635"法,然后将卡片传给自己的右邻,每人接到左邻的卡片后,在第二个5分钟内参考别人所写的设想后再在其下写出3个设想,然后再次把自己填写的卡片传给右邻……如此多次传递,共传6次,半小时即可进行完毕,理论上可产生108个设想。

默写式智力激励法可避免由于多人争相发言而使设想遗漏的情况,还可以避免因某些参会者表达不清楚而影响智力激励的效果。

2. 卡片式智力激励法

卡片式智力激励法又可分为CBS法和NBS法两种。CBS法由日本创造开发研究所所长高桥诚根据奥斯本的智力激励法改良而成;NBS法是日本广播协会(NHK)开发的一种智力激励法。

(1)CBS法。使用CBS法时,会前明确会议主题,每次会议由3至8人参加,每人持50张名片大小的卡片,桌上另放200张备用卡片。会议时间为1个小时左右。开始10分钟为"独奏"阶段,由与会者各自在每张卡片上写一个设想。接下来的30分钟,由与会者按座位次序轮流发表自己的设想,每次只能宣读一个设想,宣读时将卡片放在桌子中间,让与会者都能看清楚。宣读后,其他人可以提出质询,同时可以将启发出来的新设想填入备用的卡片中,剩下的20分钟,让与会者相互交流和探讨各自提出的设想,从中再诱发出新的设想。

(2) NBS法。使用NBS法时,会前明确会议主题,每次会议由3至8人参加,每人必须提出5个以上的设想,并且每张卡片上只能填写一个设想。会议开始后,每人出示自己的卡片,并依次作说明。在别人宣读设想时,如果自己发生了"思维共振",产生新的设想,应立即填写在备用卡片上,等与会者发言完毕后,将所有卡片集中起来,按内容进行分类,横排在桌上,在每类卡片上加一个标题,然后再进行讨论,最后挑选出可供实施的设想。

3. 三菱式智力激励法

由于奥斯本的智力激励法严禁批评,导致难以对设想进行评价和集中,因此日本三菱树脂公司对此进行改革,创造出一种新的智力激励法——三菱式智力激励法,又称MBS法。

三菱式智力激励法的具体做法是:

(1) 会议主持人提出问题。

(2) 与会人员各自在纸上填写设想,时间为10分钟。

(3) 个人轮流发表自己的设想,每人限1~5个,由会议主持者记下每人发表的设想,其他人根据宣读者提出的设想,填写新的设想。

(4) 将所有设想写成正式提案,并进行详细说明。

(5) 相互质询,进一步修订提案。

(6) 由会议主持者将个人的提案用图解的方式写在黑板上,或者画在纸上后再贴在黑板上,让与会者进一步研究和讨论。

(7) 由专业人员对所有提案进行筛选,以获得最佳方案。

七、TRIZ法

TRIZ法,是由苏联的根里奇·阿奇舒勒发明的一种创新技法。TRIZ是俄文"Teoriya Resheniya Izobreatatelskikh Zadatch"的缩写,意思为发明问题解决理论。

根里奇·
阿奇舒勒

(一) TRIZ法的基本原则

TRIZ法引导设计者挑选能解决特定冲突的原则,其前提是要按标准工程参数确定冲突。有40条发明创造原则可供应用。如表3-6所示。

(二) TRIZ法的基本内容

创新从最通俗的意义上讲就是创造性地发现问题和创造性地解决问题的过程,TRIZ法的强大作用就在于它为人们创造性地发现问题和解决问题提供了系统的理论和方法工具。

现代TRIZ法主要包括以下几个方面的内容:

1. 创新思维方法与问题分析方法

TRIZ法中提供了如何系统分析问题的科学方法,如多屏幕法等;而对于复杂问题

表 3-6　　TRIZ 法的 40 条发明创造原则

分割原则	拆出原则	局部性质原则	不对称原则	组合原则
多功能原则	"马特廖什卡"原则	重量补偿原则	预先反作用原则	预先作用原则
"预先放枕头"原则	等势原则	"相反"原则	球形原则	动态原则
局部作用或过量作用原则	向另一维度过渡原则	机械振动原则	周期作用原则	连续有益作用原则
跃过原则	变害为利原则	反向联系原则	"中介"原则	自我服务原则
复制原则	用廉价的不持久性代替昂贵的持久性原则	代替力学原理原则	利用气动和液压结构的原则	利用软壳和薄膜原则
利用多孔材料原则	改变颜色原则	一致原则	部分剔除和再生原则	改变物体聚合态原则
相交原则	利用热膨胀原则	利用强氧化剂原则	采用惰性介质原则	利用混合材料原则

的分析，则包含了科学的问题分析建模方法——物-场分析法，它可以帮助快速确认核心问题，发现根本矛盾所在。

2. 技术系统进化法则

针对技术系统进化演变规律，在大量专利分析的基础上 TRIZ 法总结提炼出了八个基本进化法则。利用这些进化法则，可以分析确认当前产品的技术状态，并预测未来的发展趋势，开发富有竞争力的新产品。

3. 技术矛盾解决原理

不同的发明创造往往遵循共同的规律。TRIZ 法将这些共同的规律归纳成 40 个创新原则，针对具体的技术矛盾，可以基于这些创新原则、结合工程实际寻求具体的解决方案。

4. 创新问题标准解法

针对具体问题的物-场模型的不同特征，分别对应有标准的模型处理方法，包括模型的修整、转换、物质与场的添加等等。

5. 发明问题解决算法

主要针对问题情境复杂，矛盾及其相关部件不明确的技术系统。它是一个对初始问题进行一系列变形及再定义等非计算性的逻辑过程，实现对问题的逐步深入分析，问题转化，直至问题的解决。

6. 基于物理、化学、几何学等工程学原理而构建的知识库

基于物理、化学、几何学等领域的数百万项发明专利的分析结果而构建的知识库可以为技术创新提供丰富的方案来源。

本 章 小 结

1. 创新技法是创造学家根据创新思维的发展规律而总结出来的一些原理、技巧和方法。据统计,至今已提出的创新技法有340余种。
2. 本书介绍了:组合法、联想法、设问法、类比法、列举法、智力激励法、TRIZ法。
3. 通过这些创新技法的原理、实施步骤等的介绍,对组合法(基本组合法、信息交合法和形态分析法)、联想法(接近联想、相似联想、对比联想、因果联想、自由联想与强制联想)、设问法包括(奥斯本检核表法、和田十二法、5W1H法)、类比法(直接类比法、间接类比法、幻想类比法、因果类比法、仿生类比法)、列举法(特性列举法、缺点列举法、希望点列举法)有深刻的认识。
4. 创新技法的应用既能直接产生创造、创新成果,也可以启发人的创新思维,提高人们的创造力、创新能力及创造、创新成果的实现率。

 ## 复 习 思 考 题

1. 常用的创新技法有哪些?
2. 联想法包含哪几种类型?
3. 仿生法的实施步骤有哪些?

 ## 案 例 分 析

和田十二法

和田十二法,又叫"和田创新法则"(和田创新十二法),即指人们在观察、认识一个事物时,可以考虑是否可以创新。和田十二法是我国学者许立言、张福奎在奥斯本稽核问题表基础上,借用其基本原理,加以创造而提出的一种思维技法。它既是对奥斯本稽核问题表法的一种继承，又是一种大胆的创新。比如，其中的"联一联"，"定一定"等等，就是一种新发展。同时，这些技法更通俗易懂，简便易行，便于推广。

如果按文中十二个"一"的顺序进行核对和思考，就能从中得到启发，诱发人们的创造性设想。所以，和田十二法、奥斯本检核表法，都是一种打开人们创造思路、从而获得创造性设想的"思路提示法"。

讨论题：
如何在实践中运用好创新技法？

学习拓展

人物介绍：上天入海的皮卡德

著名的瑞士科学家奥古斯特·皮卡德是位研究大气平流层的专家，他设计的平流层气球，曾飞到15 690米的高空。后来，他又把兴趣转到了海洋，研究起深潜器来了。

尽管海与天是两个截然不同的世界，但海水和空气都是流体，因此，在研究深潜器时，奥古斯特·皮卡德借助平流层气球的原理来改进深潜器，与儿子杰昆斯·皮卡德设计了一只由钢制潜水球和外形似船的浮筒组成的深潜器。他们在浮筒中充满比海水轻的汽油，为深潜器提供浮力；又在潜水球中放入铁砂作为压舱物，使深潜器沉入海底。如果深潜器要浮上来，将压舱的铁砂抛入海中，即可借助浮筒的浮力升至海上。同时给深潜器配上动力，它就可以在任何深度的海洋中自由行动，替代了之前限制潜水深度的钢缆。

皮卡德父子的这一设计获得了很大成功。他们设计的另一艘深潜器"的里雅斯特号"下潜到世界上最深的洋底——10 916.8米，成为世界上潜得最深的深潜器。皮卡德父子也因此获得了"上天入海的科学家"的美名。

皮卡德这种创造方法叫作类比法。类比是将两个事物进行比较，它们可以是同类，也可以不是同类，甚至差别很大，通过比较，找出两者的相似之处；然后，据此推出他们在其他方面的类似处。该法有利于激发人的想象力，异中求同，同中见异，产生新知识，得到创造性成果。

知识链接：德尔菲法

德尔菲法作为一种群体创新技法，是通过多轮函询的方式，采纳群体智慧的方法，本质上是促成一个预定的专家系统的创新能力得到最有效结合。

德尔菲法的实施特点：①匿名性。在实施过程中，参与创新的专家互不相识，促进了不同观点的产生。②反馈性。专家从反馈回来的调查表上了解到不同意见的情况以及理由,并做出新的判断。③统计性。其中的数量、时间可以直接用数目表示,再遵循设定程序进行处理;规划决策问题可运用评分方法,使定性问题转变为定量问题;对于专家意见是否一致等,有相对成熟的统计分析方法。

德尔菲法的实施步骤:①成立主持人小组,并编制征询调查表。②由主持人小组选聘专家。③循环征询调查,也就是发送征询调查表给专家,并由专家背靠背、独立作答;专家作答完毕后将答案反馈给主持人小组。④小组对观点进行总结并得出结论,也就是小组对专家作答情况进行汇总和统计分析。如果专家意见较为一致,则停止意见征询;如果专家意见一致程度达不到预定标准,则将专家意见汇总,并将汇总意见和修改后的征询调查表再次发送给专家。专家独立作答后,再反馈给小组。以此类推,直到形成达到预定标准的"一致"意见为止。

第四章

创业概述

1. 熟悉创业的概念、基本类型和意义。
2. 了解创业与创新的关系。
3. 理解创业活动的要素与过程。
4. 掌握创业风险的基本类型与防范措施,培养创业者特质。

大疆汪滔:技术青年创造无人机神话

戴着圆框眼镜、鸭舌帽、留着小胡子,初见汪滔,很难将他和大疆公司掌门人身份联系在一起。正是在这个80后"理工男"的带领下,大疆从只有几个人的创客团队,成长为一家有3 000多名员工,客户遍布全球100多个国家,占有国际市场份额近七成的高科技公司。

"从小我就有一个关于'飞行'的梦想。"汪滔说。2005年,在香港科技大学电子及计算机工程学系就读的汪滔,把直升机自主悬停技术作为本科毕业设计课题。学校给了1.8万元港币作为课题的启动经费,但最终在做演示时,飞机却掉了下来。"毕业课题的评价仅仅是个C。"

毕业作品的失败,没有让汪滔气馁。他一个人跑到深圳,经过几个月没日没夜地钻研,终于在2006年1月做出第一台样品,得到航模爱好者的认可。2006年,汪滔在导师支持下,拉上当年一起做毕业课题的两位同学,在深圳创立大疆公司。

创业初期,公司只有五六个人,在居民区里办公。"那几年比较艰难,根本招不到优秀的人才,"大疆公司副总裁邵建伙回忆,"人来了,门一开,看是小作坊,基本上掉头就走。"面对困难,汪滔很从容。他认为,无论在哪个领域,困难都是所有创业者必须去面对的。对创业者而言,最重要的是一颗纯粹的心。"只有抱着'把事情做好的决心'坚持下去,才能在创业的道路上走得更远。"

汪滔的坚持很快就得到了回报。2008年,大疆第一款较为成熟的直升机飞行控制系统 XP3.1 面市。"当时能够采用自主悬停技术的产品非常稀缺,一个单品就能卖到 20 万,钱很好赚。"汪滔说。

创业的初步成功,并不能让汪滔满意,在他看来,过高的价格门槛会带来市场的局限。汪滔决定转型。当时,多旋翼飞行器已经开始兴起,这给汪滔带来了灵感。大疆很快把在直升机上积累的技术运用到多旋翼飞行器上。

"多旋翼市场起来之后,那时人人都在搞航拍。"汪滔说,大疆最初的核心产品是飞行控制系统。他发现,即便解决了飞机的操作难题,摄像机还是需要另外购买安装。"我们为什么不能做一个一体化的解决方案?"

2012 年,大疆推出全球首款航拍一体机"大疆精灵 Phantom1"。经由高度技术集成,大疆精灵将之前局限于航模爱好者的专业市场推广至大众消费市场,将单纯的飞行体验拓展至航拍体验后,不仅让大疆走上了高速发展的快车道,也引爆了整个无人机行业的市场需求。

固定悬停、自动返航、影像实时回传、GPS 自动导航……在接下来的几年里,大疆始终以用户的体验反馈为依据,不断实现产品的升级换代。如今,大疆的产品已经占据全球 70% 的市场份额,成为民用无人机领域当之无愧的领航者。

讨论题:
1. 汪滔是如何从一个大学生成长为一位出色的企业家的?
2. 汪滔的成功对你有何启示?

第一节 创业的概念、类型与意义

党的二十大报告第九部分"增进民生福祉,提高人民生活品质"中提到"完善促进创业带动就业的保障制度,支持和规范发展新就业形态。"创业,是伟大事业的源头,它推动产业发展、社会进步的同时,创造就业机会,促进社会稳定。

"创业",《新华词典》里将其定义为开创事业。"创",篆文从刀,仓声,是形声字。"业",篆文像古代乐器架子横木上的大板,上面刻有锯齿,以便悬挂钟、鼓等乐器。后引申为所从事的学业、事业、职业、行业、就业、产业、创业、工作等。由此可见,创业是创字当头,业为基础。这就意味着任何一项事业都是一个由无到有、由小到大、由简到繁、由旧到新的创造过程。

一、创业的概念

创业是一种创新性活动,它的本质是独立地开创并经营一种事业,使该事业得以稳健发展、快速成长的思维和行为的活动。走上创业之路,是人生的一个大转折,它是成就自己事业的过程,是自我价值和能力的体现。创业,要直接面向社会,直接对顾客负责,个人的收入直接与经营利润连在一起。其实,创业的过程就是解决一个接一个矛盾的过程。正如一位作者指出:"创业最大的好处,就是可以当自己的主人。"

学者们从不同的角度对创业进行定义：

创业是新颖的、创新的、灵活的、有活力的、有创造性的，以及能承担风险的过程，发现并把握机遇是创业的一个重要部分。

创业是包括创造价值、创建并经营一家新的营利型企业的过程，通过个人或一个群体投资组建公司，提供新产品或服务，以及有意识地创造价值的过程。

创业是创造不同价值的过程，这种价值的创造需要投入必要的时间和付出一定的努力，承担相应的金融、心理和社会风险，并能在金钱和个人成就感方面得到回报。

国际管理科学学会的教授协会对创业的定义：对新企业、小型企业和家庭企业的创建和经营。

本书观点认为，创业是一种过程，在这个过程中，个人或组织发现某种信息、资源、机会或掌握某种技术，利用或借用相应的平台或载体，将其发现的信息、资源、机会或掌握的技术，以一定的方式，转化、创造出更大的价值，并通过创新实现某种追求或目标。

创业是一系列决策和行动的综合。创业不是昙花一现，是一个需要时间的过程。它包括从创业伊始，到企业的经营管理，甚至到某一时间的退出之间的各类决策和行动。对于创业者而言，在创业过程中需贡献出时间、付出努力，承担相应的财务的、精神的、社会的、家庭的风险，并获得金钱的回报、个人的满足和独立自主。对于一个真正的创业者，创业过程不但充满了激情、艰辛、挫折、忧虑、痛苦和徘徊，而且还需要付出坚定及坚持不懈的努力，当然，渐进的成功也将带来无穷的欢乐与分享不尽的幸福。

二、创业的类型

创业类型的选择与创业动机、创业者的风险承受能力密切相关，同时也会影响创业策略的制定，因而也是探讨创业管理不可忽视的议题。

（一）按照对市场和个人的影响程度分类

克里斯琴在对106位创业者进行问卷调查后，认为创业依其对市场和个人的影响程度，可以分为四种类型。

1. 复制型创业

复制型创业即复制原有企业的经营模式，创新的成分很低。例如某人原本在餐厅里担任厨师，后来离职自行创立一家与原服务餐厅类似的新餐厅。这种类型的创业由于前期生产经营经验的累积，使得创业成功的可能性很高，所以在创业企业数量中所占比重很高。但这类创业的创新贡献率太低，缺乏创业精神的内涵，基本上只能称为"如何开办新公司"，所以不是创业管理研究的主流，很少将其作为对象进行研究。

2. 模仿型创业

模仿型创业指的是创业者看到他人创业成功后，采取模仿和学习而进行的创业活动，具有投资少，见效快，迅速进入市场等特点。这种形式的创业，对于市场虽然也很难带来新价值的创造，创新的成分也很低，但与复制型创业的不同之处在于，创业过程对于创业者而言仍然具有很大的冒险成分。例如某一纺织公司的经理辞掉工作，开设一家时下流行的网络咖啡店。这种形式的创业具有较高的不确定性，学习过程长。

3. 安定型创业

安定型创业强调的是创业精神的实现,也就是创新的活动本身,而不是新组织的创造,企业内部创业即属于这一类型。这种形式的创业,虽然为市场创造了新价值,但对创业者而言,本身并没有面临太大的改变,做的亦是比较熟悉的工作。例如某单位的研发小组在完成开发一项新产品后,继续在该企业部门开发另一项新品。

4. 冒险型创业

冒险型创业是一种难度很高、有较高的失败率,但成功所得的报酬也很惊人的创业类型。这种类型的创业,除了对创业者本身带来极大改变,提高个人前途的不确定性;对新企业的创新活动而言,也将面临很高的失败风险。这种类型的创业若想获得成功,必须在创业者能力、创业时机、创业精神发挥、创业策略研究拟定、经营模式设计、创业过程管理等各方面,都有很妥当的搭配。

(二) 按照创建企业的宗旨分类

1. 利润最大型创业

利润最大型创业是以盈利为目的,追求利润最大化的创业活动。

2. 社会型创业

社会型创业更多考虑社会效益最大化,比如养老院、孤儿院、扶持大学生创业的组织都属于社会型创业,它们不以营利为目的,获得的利润更多的是用于扩大自身规模,再投资,而非用来分红。社会型创业往往会获得更大支持。

(三) 按照创业动机分类

1. 生存型创业

生存型创业,顾名思义,就是为了生存所进行的创业活动,也叫自顾型创业。

2. 机会型创业

机会型创业是为追求商业机会而非为了解决就业温饱问题而从事的创业活动。

(四) 按照创业效果在组织层面和社会层面的产出分类

1. 成功创业

在组织层面和社会层面的产出都为正的创业属于成功创业,比如星巴克在盈利的同时开创了一种全新的休闲方式。

2. 失败创业

在组织层面和社会层面的产出都为负的创业为失败创业,如破产了的污染企业。

3. 催化剂式创业

在组织层面产出为负而社会层面产出为正的创业属于催化剂式创业,如万燕的VCD,虽然创业失败但催生出新兴产业。

4. 重新分配式创业

在组织层面产出为正而在社会层面产出为负的创业属于重新分配式创业,如某些低水平重复建设的企业。

三、创业的意义

创业推动着历史的车轮滚滚向前。创业不仅创造了人类,提高了人类自身的能力,更改变了整个世界的面貌。人们现在所拥有的一切,都是持续创业的结果。创业的兴起和发展,对人类社会的进步产生了巨大的推动作用。

(一)实现个人价值

人生总是社会的人生,人生受各种各样社会关系制约。人生的价值和意义,不是由个人评估,而是由社会关系衡量的。李开复曾说过:"我们有幸生活在中国崛起的时代,如果不做一点有价值的事情,我觉得其实太对不起自己。不是说每个人都一定轰轰烈烈,而是让自己活得有价值,让自己有更多的有价值的东西留给我们的后代,留给中国的后代。"根据美国著名心理学家马斯洛提出的人类需求层次理论,成功的创业不仅给创业者带来了物质财产需求上的满足,更带来了社会尊重和自我价值的实现。

(二)提高社会生产力

创业是科学技术的孵化器,人类每一项新的技术发明,几乎都是首先在创业过程中得到应用的。老企业由于包袱太重,往往不能首先应用最新技术武装自己。新创企业则没有负担,很容易采用新技术。在近代中国历史上,最先采用机器生产的民族工业无一例外全都是新创企业。如陈启源创办的继昌隆缫丝厂、黄佐卿创办的公和永缫丝厂和徐润创办的同文书局。后来,张謇创办大生纱厂,范旭东创办久大精盐厂,卢作孚创办民生公司,都应用机器生产。他们不但开创了中国的近代工业,为中国社会带来了新的生产力,也促进了中国社会的变革,使中国社会产生了新的生产关系,即工业无产阶级和民族资产阶级。

美国的"硅谷"是现代创业者的摇篮,那里的创新企业几乎全部都是在最新的科学技术催化下诞生的。在那里,往往一个科研成果,一项专利,一篇论文,甚至一个好的想法都可以促成一个公司的创立。名满全球的雅虎不过是创业者"顺便"从事的一个项目,却成就了一番大事业。从这里不难看出,以市场为导向的创业过程就是科技成果产业化、商品化的过程。由于创业的作用,科学技术向现实生产力的转化进程得以加快,人类获得了更先进的科技手段,极大地提高了社会生产力,增强了改造世界和改造自身的能力。

(三)推动社会经济发展

创业是创造财富的过程,是推动社会经济发展的重要力量。创业企业不断地向社会推出全新产品,据美国小企业管理局的统计,新企业创造的新产品数比老企业多250%。而美国国家经济基金会的一项研究认为,新企业每投入1美元研究与开发费用所获得的创新产品大约是老企业的4倍。而且,新企业可以在较短时间内使创新产品进入市场,平均大约需要2.2年,而老企业要花3.1年。一代又一代的创业者不断向社会推出他们的劳动成果,繁荣了经济,活跃了市场,使人类社会的生活变得更加丰富多彩。

创业企业向国家缴纳的税额是国民经济增长的重要组成部分,创业企业越多,创造的产值越高,国家经济增长的速度就越快。美国管理学大师彼得·德鲁克的研究表明,美国经济的推动力越来越多地来自创业和创新型企业。未来学家约翰·奈斯比也认为,创业是美国经济持续繁荣的基础。可见,创业是推动社会经济发展的重要力量。

(四)促进社会稳定

就业历来是关乎社会稳定与否的重要因素,只有人民安居乐业,社会才能长治久安,任何一个国家都无一例外地把解决社会就业问题当作一项关乎民生的头等大事。在提供就业机会方面,创业企业的贡献重大。因为老企业结构基本趋于稳定,主要着力于内涵发展,有些老企业甚至需要精简机构、减员增效;而有些老企业虽然追求外延发展,扩大规模,但往往采取的是企业并购、资产重组等方式,非但无法提供新的就业机会,反而会造成大量人员失业。根据英国统计局资料显示,1977年至1980年4年间,仅列入《财富》杂志500强企业就削减了300万个职位,但从1970年到1980年10年间,新办企业在美国则提供了大约2 000万个新的工作岗位。彼得·德鲁克认为,创业型就业是美国经济发展的主要动力之一,是美国就业政策成功的核心,鼓励创业是带动就业增长的主要措施。他分析了1965—1984年间美国的就业结构,发现就业机会几乎全都是创业型和创新型企业创造的。

四、创业与创新的关系

关于创业与创新的概念及内涵,前文已阐述,创业和创新并不是两个可以等同的概念,两者既存在差异,又有着联系。

(一)创业与创新的差异

按照熊彼特的观点和分析,所谓创新就是建立一种新的生产函数,把一种从来没有过的关于生产要素和生产条件的新组合引入生产体系。而创业是实现创新的过程,这个创新过程主要包括新产品、新工艺、采用新的生产原料、进入新市场以及制度创新等。换句话说,"创新"主要是通过改变函数的自变量来建立新的生产函数,而"创业"则必须通过改变函数式来建立新的生产函数。

创新泛指"创新成果被商业化的价值实现过程",而创业则特指"创建企业的过程"。前者完全可以在已有的企业组织框架内实现,不一定涉及企业组织制度的建设;而后者则必然要涉及企业组织制度的建设。尽管创业活动不可避免地涉及创新活动,但创新活动并不一定都是创业活动。

(二)创业与创新的联系

1. 创新是创业的源泉

创业者在创业过程中需具有持续旺盛的创新精神、创新意识,才能产生富有创意的想法或方案,才能不断寻求新的思路、新的方法、新的模式、新的出路,最终获得创业成功。

2. 创新的价值体现在创业中

从某种程度上讲,创新的价值就在于将潜在的知识、技术和市场机会转化为现实生产力,实现社会财富增长,造福人类社会,而实现这种转化的根本途径就是创业。创业者可能不是创新者或发明家,但必须具有能发现潜在商业机会并敢于冒险的特质;创新者也并不一定是创业者或企业家,但科技创新成果则须由创业者推向市场,使其潜在价值市场化,创新成果才能转化为现实生产力。

3. 创业推动并深化创新

创业可以推动新发明、新产品或新服务的不断涌现,创造出新的市场需求,从而进一步推动和深化科技创新,提高企业或是整个国家的创新能力,推动经济增长。

创新不等于创业,创业也不等于创新。但创新与创业并非相互独立甚至对立,而是有着不可分割的内在联系,两者的交集表现为相互交叉、渗透与集成融合。在信息化、经济全球化大环境中,这种融合更多地表现为一种动态融合,即并非只有在新企业启动或创建阶段,而是伴随整个创业和企业成长的过程。在这一过程中,创新精神、创业能力和市场意识始终是创业成功和企业持续成长的内在动力。

 [即问即答] 请了解关于本杰明·富兰克林、托马斯·爱迪生、比尔·盖茨的故事,你认为他们是创新者还是创业者呢?

第二节 创业活动

一、创业活动的要素

企业是一个由人的体系、物的体系、组织体系和社会体系构成的协作体系。所以,人的因素、物的因素、组织因素和社会因素构成了创业活动必不可少的要素。

(一) 人是创业活动的主体

在创业过程中,创业者不可避免地需要与他人发生联系,产生相互的影响。因此,一方面,创业者需要处理好企业内部的人际关系,真正发挥团队成员和企业员工的创造力和主动性,促进企业快速成长;另一方面,企业作为一个开放的系统,必然要与供应商、客户、政府和社区等外部公众发生一定的联系,创业者也应当协调好这些关系,才可能谋求企业的长足发展。

(二) 物是创业活动的条件

企业的创办过程需考虑的物质要素一般包括:资金、注册、技术引进或开发、生产设备和原材料的购买、生产手段的应用等。比如:生产手段(包括设备、工艺以及相关人员),作为介于原材料和产品之间的处理器,直接影响着企业的投入和产生过程,继而间接影响着整个企业的生存和发展。

(三) 组织是创业活动的载体

组织发挥着创业活动的决策功能,多数创业活动拥有一个创业团队来负责企业整体上的经营方向决策,相对于创业者一人所做的决策,这种共同决策方式能吸纳更多的信息,利用更加多元化的知识构架,因此也会更加科学。创业过程中必须通过分工和协作以保证各项活动有效进行,内部协调,注意对员工进行激励,以充分调动人的积极性,使组织与创业活动共同发展。因此,在企业内创建组织(包括构建组织结构及沟通体系等)是创业者必须完成的管理事务。

(四) 社会是创业的重要环境

在搜寻创业机会的同时,要注意创业项目符合社会基础才具可行性。社会环境要素与创业活动之间的关系是千丝万缕的,创业者的一切管理活动都必须考虑与社会环境要素之间的匹配。首先,社会环境规定了创业的领域,所有的创业活动都必须是具体的、现实的,有一个明确的目标和方向,以及为之生长的土壤;其次,社会环境决定了创业者面临的处境,它是动态的、不确定的,使得创业一直处于不断发展和变化的过程当中。最后,社会环境对创业活动有着决定性的作用,它能给创业活动提供各种物质和精神的条件,也能从各个方面影响创业活动的进程。

共享单车出海启示录:本土化才是制胜之道

二、创业活动的过程

创业是创建一个新企业的过程,作为一个创业者,要创建一个新的企业或发展一个新的经营方向,通常要经历四个阶段:发现和评估市场机会、撰写创业计划书、确定并获取创业所需要的各种资源、管理新创企业。

(一) 发现和评估市场机会

现代创业建立在发掘、创造和利用市场机会的基础上,识别与评估市场机会是创业过程的起点,也是创业过程中具有关键意义的一个阶段。

1. 发现创业机会

创业机会具有客观性和偶然性。机会是客观存在于市场当中,但是能否发现它、抓住它则充满了偶然。创业机会具有时效性和不稳定性,它总是随着市场的变化产生,又伴随着另一些变化消逝。创业机会具有均等性和差异性,任何机会在市场中都是客观存在的,在一定范围内某个机会被某类企业发现和利用的几率是均等的;但是发现和利用的层次和方法又存在着差异。例如,一个创业者可以在每一个公众活动场合都询问参与者,是否在使用某种产品时发现有什么不令人满意之处;另一个创业者则可能时时关注着孩子们正在吃什么样的食品,他们是否对这些食品感到满意。

虽然大多情况下并不存在正式的发现市场机会的机制,但通过某些来源往往可以有意外的收获,这些来源包括消费者、营销人员、专业协会成员或技术人员等。

创业者可以从以下情况中寻找创业机会:

(1) 现有市场机会和潜在市场机会。那些明显未被满足的市场需求称为现有市场机会,那些隐藏在现有需求背后的、未被满足的市场需求被称为潜在市场机会。

(2) 行业市场机会和边缘市场机会。行业市场机会是指某一行业内出现的市场机会,而在不同行业之间交叉结合部分出现的市场机会被称为边缘市场机会。

(3) 目前市场机会和未来市场机会。那些在目前环境变化中出现的市场机会称为目前市场机会,而通过市场研究和预测分析将在未来某一时期内出现的市场机会称为未来市场机会。

(4) 全面市场机会和局部市场机会。全面市场机会是指在大范围市场出现的未满足的需求,而局部市场机会则是在一个局部范围或细分市场出现的未满足的需求。

专栏 4-1　拼多多,下沉市场的破局和发展

2015 年 9 月,拼多多上线。此时,淘宝和京东的市场份额加在一起超过了 80%,当时大家都觉得电商领域没机会了,还是去做直播、短视频。但是也有不信邪的,拼多多创始人黄峥,他看到了藏在巨人阴影下的机会,那就是下沉市场。所谓下沉市场,指的是三、四、五线城市及农村地区的消费人群。

当时的电商领域正在发生着性能过剩,一方面,淘宝的产品运营在不断升级,推出各种活动和功能。对下沉市场的用户而言,2015 年智能手机刚进入他们的生活,用得还不熟练,一些相对复杂的功能对他们而言是过度的,尤其是一些促销,想看懂规则,你得先复习一遍初中数学。另一方面,淘宝商品的升级,2015 年淘宝开始打假,曾经有过一秒删除 24 万个商家的英勇事迹,而且开始与各种大品牌合作,商品价格也提了上来。这对下沉市场用户而言,也是性能过度。他们中的很多人对品牌没有要求,只要能用就行,但是对价格比较敏感。所以,淘宝和京东越来越高端的背后,形成了一个空白的下沉市场。随着智能手机的普及,这部分市场潜力无限。这就是《创新者的窘境》这本书里的低端颠覆逻辑,新企业不和巨头正面冲突,而去占领低端市场。这就是拼多多看到的机会。他以这部分人群为目标客户群,迅速占领市场,增长速度可谓势如破竹。

思考题: 拼多多是如何识别到"下沉市场"的创业机会的?

2. 评估创业机会

在发现市场机会后,对市场机会进行客观的评估,以理性的方式来决定下一步的行动,是一名优秀创业者所必须具备的能力。一般来说,市场机会评估有如下步骤:

(1) 对市场的了解与把握。企业要生存,要在市场中占据一定的地位,要保持一定的市场优势,就必须把握市场的消费形态、市场特征等。特别是在产品研究方面,及时了解消费者和市场的反应,需要经常进行与产品有关的各种调查研究为产品技术与销售服务注入新的元素。

对市场的了解与把握分六个方面:①市场定位、②市场结构、③市场规模、④市场渗透力、⑤市场占有率、⑥产品的成本结构。

(2) 对竞争者的了解与分析。许多创业者都会犯这样的错误,认为自己的创意或者技术是独一无二的,因此就不存在竞争,进而忽略了竞争分析的重要性。事实上,除了极少数的垄断行业,世界上不存在没有竞争的生意。竞争者暂时没有出现,不代表以后不会出现。对来自竞争者的威胁做出客观、准确的评估是非常重要的。

对竞争对手的了解及应对策略分为六个层次。

①能够找出谁是竞争对手,②描述竞争对手的状况,③分析竞争对手的状况,④掌

握竞争对手的方向,⑤洞悉竞争对手的战略意图,⑥引导竞争对手的行动和战略。

(二)撰写创业计划书

创业计划书,又称商业计划书,是吸引投资者并获得资金的一个基础性文件,为了达到融资的目的或者其他的发展目标,在前期经过对项目调研、项目分析、盈利模式设计后搜集与整理的有关资料,全面展示公司或项目的目前状况、未来发展潜力以及投入产出计划的书面材料。

撰写创业计划书务必明确6个C:

1. 概念(concept)

概念指在计划书里,让读者可很快地知道要销售什么产品或提供何种服务。

2. 顾客(customer)

明确了目标产品后,接下来是要明确顾客。顾客的范围在哪里要明确,例如认为所有的女人都是顾客,那五十岁以上的女人呢?五岁以下的也是客户吗?适合的年龄层一定要界定清楚。

3. 竞争者(competitor)

明确与竞争者有关的信息,例如目标产品有没有人卖过?如果有人卖过是在哪里?有没有其他的产品可以取代?跟这些竞争者的关系是直接的还是间接的?

4. 能力(capability)

明确自己所具备的能力,要做的事情自己会不会、懂不懂?例如开餐馆,如果师傅不做了找不到人,自己会不会炒菜?如果没有这个能力,至少合伙人要会做,再不然也要有鉴赏的能力,不然最好不要做。

5. 资本(capital)

资本可以是现金也可以是资产,是可以换成现金的东西。那么资本在哪里?有多少?自有的部分有多少?可以借贷的有多少等问题要很清楚。

6. 经营(continuation)

当事业做得不错时,将来的计划是什么?

任何时候只要掌握这6个C,就可以随时检查,随时修正,避免遗漏。

创业计划书是说服自己,更是说服投资者的重要文件。不仅如此,创业计划书也将使创业者深入地分析目标市场的各种影响因素,并能够得到基本客观的认识和评价。使创业者在创业之前,能够对整个创业过程进行有效的把握,对市场机会的变化有所预警,从而降低进入新领域所面临的各种风险,提高创业成功的可能性。

(三)确定并获取创业所需要的各种资源

创业企业需要对创业资源区别对待,对于创业十分关键的资源要严格地控制使用,使其发挥最大价值。而且对于创业企业来说,掌握尽可能多的资源有益无害。当然还有一个问题,那就是如何在适当的时机获得适当的所需资源。创业者应有效地组织交易,以最低的成本获取所需的资源。

(四)管理新创企业

从企业发展的生命周期来说,新创企业需要经过初创期、早期成长期、快速成长期和成熟期。在不同的阶段,企业的工作重心有所不同。因此创业者需要根据企业成长时期的不同来采取不同的管理方式和方法,以有效地控制企业成长,保持企业的健康发展。例如,在初创时期和早期成长期,创业者直接影响着创业企业的命运,在这一时期,集权的管理方式灵活而富有效率,而到快速成长期和成熟期,分权的管理方式才能使企业获得稳步的发展。

这四个阶段有着明确的次序,但各个阶段相互之间并不是完全隔绝的,并不是一定要在前一阶段全部完成之后才进入下一个阶段。

三、创业过程经典模型

杰克·韦尔奇(Jack Welch)曾说:"无论何时,机会和变革都是并存的。面对市场动荡不安的变化,一个企业应该振作精神而非无所适从,这是至关重要的。"创业过程是商业机会、创业者和资源等多种要素不断匹配和平衡的结果。蒂蒙斯模型和威克姆模型是创业过程中的两种典型模型,它们揭示了这一动态过程。

(一)蒂蒙斯(Timmons)创业过程模型

蒂蒙斯于 1999 年在他所著的 *New Venture Creation* 一书中提出一个创业管理模式,他认为成功的创业活动,必须能将机会、创业团队和资源三者做出最适当的搭配,并且要能随着事业发展而做出动态的平衡。创业流程由机会所驱动,只有在组成创业团队后取得必要的资源,创业计划方能顺利开展。

如图 4-1 所示,蒂蒙斯的创业过程模型的特点是三个核心要素构成一个倒立的三角形,创业团队位于三角形的底部。在创业初期,商业机会较大而资源较为缺乏,三角形将向左边倾斜;随着企业的发展,企业拥有更多的资源,但这时原有的商业机会可能变得相对有限,这就导致三角形逐渐向右边倾斜,呈现另一种不均衡。创业领导者需要不断探求更大的商业机会,进行资源的合理运用,使企业发展保持合适的平衡。这三者的不断调整,最终实现了动态均衡,这就是新创企业发展的实际过程。蒂蒙斯模型始终坚持三要素间的动态性、连续性和互动性。

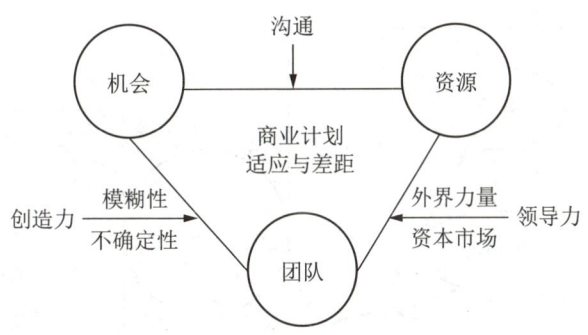

图 4-1 蒂蒙斯的创业过程模型

该模型含义如下:

1. 创业过程是由机会驱动、团队领导和资源保证的

创业过程始于机会,而不是金钱、战略、网络、团队或商业计划。开始创业时,商业

机会要比团队的才干和能力以及适宜的资源重要得多。创业团队的作用就是利用其创造力在模糊、不确定的环境中发现机会,并利用资本市场等外界力量组织和整合资源,领导企业来实现机会的价值。在这个过程中,资源与机会经历着一个"适应—差距—适应"的动态过程。商业计划是沟通机会、团队和资源这三个要素的质量和相互之间匹配和平衡状态的语言和规则。

2. 创业过程依赖于机会、创业团队和资源三要素的匹配和平衡

处于模型底部的创业团队必须掌握这种匹配与平衡,并借此推动创业的过程。创业团队要做的工作包括:对商业机会的理性分析和把握、对风险的认识和规避、对资源的合理利用和配置、对工作团队适应性的分析和认识等。如果一个创业者能确定这些答案,及时作出必要调整,弥补差距和改进匹配问题,吸纳有利于完成这些工作的关键人才,那么创业成功的可能性就会大大增加。从本质上说,创业者的作用就是管理和重新确定风险和回报的平衡。

3. 创业过程是一开始就进行着持续寻求平衡的行为组合

尽管这三个部分很难保持完全匹配,但只要持续地追求一种动态的平衡,企业就能保持持久的发展。当用平衡的观念展望公司未来时,创业者必须思量:目前的团队足够大吗?以一定增幅成长会面临资源不足的危机吗?这些问题关乎企业能否持续发展。保持平衡的法子不可能唾手可得,如短期内耗费太多的资源,错误地确定了机会等。总之,创业团队必须在推进业务的过程中,在模糊和不确定的创业环境中有创造力地捕捉机会、整合资源和构建战略,发挥领导力。

(二) 威克姆(Wickham)创业过程模型

威克姆在其名篇 *Strategic Entrepreneurship* 一文中提出了基于学习过程的创业模型。威克姆创业过程模型的特点主要是,将创业者作为调节各个要素关系的重心,经过对机会的确认,管理资源并带领团队实施创业活动,在这个过程中组织不断加强学习,使创业者能够根据机会来集中所需资源,使组织适应机会的变化,进而实现创业成功,该模型如图 4-2 所示。

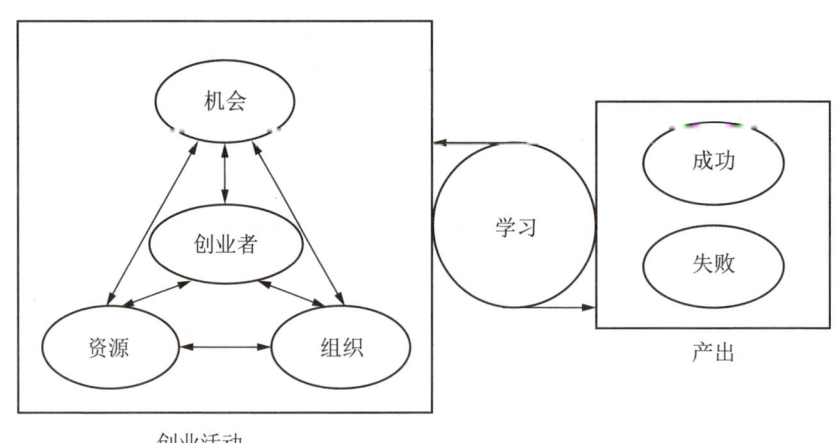

图 4-2 威科姆的创业过程模型

该模型含义如下:

1. 创业活动包括创业者、机会、组织和资源四个要素

创业者处于创业活动的中心,在创业过程中起着关键的推动和领导作用。创业者在创业活动中的职能体现在与其他三个要素之间的关系上:发现和确认创业机会,整合和组织创业资源,创立和领导创业组织。这四要素互相联系。

2. 创业者的本质任务就是有效地处理机会、资源和组织之间的关系

机会、资源和组织三者之间的关系为:资本、人力、技术等资源要集中用于机会的利用上,并且要注意资源的成本和风险;资源的集合形成组织,包括组织的资本机构、组织机构、程度和制度,以及组织文化;组织的资产、结构、程序和文化等形成一个有机的整体,来适应所开发的机会,为此组织需要根据机会的变化而不断地调整。因此,创业活动包括以下三个方面:使组织不断适应所开发的机会;集合资源以形成组织;将资源用于追逐商业机会。在这三种关系中,创业者起着关键的作用。

3. 创业过程是一个不断学习的过程,创业型组织是一个学习型组织

这就要求组织对机会和挑战做出及时反应的同时,还要根据这种反应的结果来调整和修正未来的反应,即组织的资产、结构、程序和文化等要随着组织的发展而不断改进,组织在不断的成功与失败中得到学习与锻炼,从而得以完善和壮大。

创业过程是一个动态而整体的过程。之所以认为创业是动态的过程,是因为创业组织随时间而不断演进;之所以认为它是整体的过程,是因为创业组织演化的过程受到相关因素构成的一个系统的影响。

第三节　创业风险

创业是一种高风险的活动,尤其是在创业初期,企业更是处于高风险期。处于孵化阶段的新创企业弱小无力,来自各方面的风险压力使它面临着生与死的严峻考验。

一、创业风险的概念

风险是某一特定危险情况发生的可能性和后果的组合。企业的风险就是造成企业的资产和盈利潜力发生损失的可能性,这里的资产不仅包括有形资产(存货、设备、现金、存款、票据等),也包含无形资产(信誉、品牌价值、知识产权等)和人力资产(企业员工)等。

对创业风险的界定,目前学术界还没有统一的观点,大多数国内外学者从所研究的领域或角度来界定,而并没有将其一般的概念提炼出来。本书的观点认为,创业风险是指创业活动中,由于创业主体与创业机会的复杂性、创业环境的不确定性、创业资源的有限性等因素导致创业活动偏离预期目标的可能性及其后果。

二、创业风险的类型

按照风险来源的不同,创业风险可分为外部风险和内部风险。

(一) 外部风险

外部风险是指创业企业外部环境的变化给企业带来不确定因素而形成的风险。企业的外部环境是复杂多变的,特别是对创业企业来说,国家政策、法律规章、居民消费水平、科技发展、投资环境等诸多因素都会对其成长和发展产生重大的影响。

1. 经济环境

全球化的背景下,任何企业的发展都必须依托所在国家和地区的经济环境,国际经济环境的发展和变化对企业产生越来越大的影响。经济景气情况,直接影响到某一地区的投资规模和需求量的变化。若经济发展情况不景气,则会导致原有发展规划和投资计划的削减,从而加大投资的商业风险,增加企业筹集和运作资金的难度。

2. 政策法规

对于国家鼓励扶持的产业,政策法规相对宽松和有利,开发相应产品有可能得到支持,投放市场的阻力也会较小,市场前景好,创业风险比较低。政府政策的改变,尤其是调整性政策出台,则可能导致某些项目的商业风险加大。

3. 竞争环境

如何面对竞争是每个企业都要随时考虑的事,而对新创企业更是如此。如果创业者选择的行业是一个竞争非常激烈的领域,那么在创业之初极有可能受到同行的强烈排挤。考虑好如何应对来自同行的残酷竞争是创业企业生存的必要准备。

4. 信用风险

成功的科研成果商业化、产业化离不开有效的信用保证机构支撑,组成信用保证机构的各个转化过程中的参与者是否有能力履行其职责,是否愿意并且能够按照法律文件的规定在需要时履行其所承担的对转化项目的信用保证责任,就构成转化过程所面临的信用风险。

蓝海战略

(二) 内部风险

内部风险是指创业企业内部人员、资源等要素发生的变化,或者创业企业管理层能力和水平的差异所形成的不确定因素,形成风险。一般地说,由于创业企业处于刚刚起步尚未成熟的阶段,其内部不稳定,一直处于变化之中,管理团队面临的问题繁多且经验不足,因而内部风险是比较大的。具体包括以下几个方面:

1. 项目风险

创业活动如果缺乏前期市场调研和论证,只是凭创业者的兴趣和想象来决定投资方向,甚至仅凭一时心血来潮做决定,将可能导致项目选择无法适应市场需求。

2. 技术风险

技术风险是创业投资中最为突出的一种风险,科研成果转化中的新产品、新技术的基本特点,就是尚未经过市场和生产过程的检验。因此,技术究竟是否可行,在预期与实践之间可能会出现偏差,形成风险。例如,20 世纪 80 年代密纹唱片音响系统刚问世,市场上又出现了数字式磁带放音机,使前者面临巨大的技术风险。

专栏4-2　盲目追逐风口的悟空单车

悟空单车曾是重庆战国科技有限公司旗下的产品。2016年,共享单车市场在一线城市发酵,但重庆市场没有丝毫动静。2016年12月,悟空共享单车启动"合伙人计划",在全国范围寻求投资合伙人,认筹当日悟空单车获百万元投资。2017年1月7日,成本200元左右的几百辆第一代悟空单车在重庆大学城正式落地,成为第一个在重庆运营的共享单车品牌。悟空单车曾计划至2017年6月在10座城市投放30万辆单车、在同年12月累计投放300万辆单车,入驻100座城市。然而在悟空单车运营仅仅几天后,ofo宣布正式登陆重庆市场,将在2017年5月前投入2万辆单车。2017年4月上旬,仅仅历时三个月,悟空单车停止运营,6月13日,正式宣布退出共享单车市场。悟空单车的"90后"创始人雷厚义表示,在ofo和摩拜等企业已经占据大部分市场份额的情况下,悟空单车难以形成规模,在烧完个人资金后,又没有人愿意投资,悟空单车只能停止运营。如果不具备先发优势,盲目追逐风口的创业项目风险是巨大。

思考题: 选择一个项目进行创业前,应当对现有市场的哪些方面做市场调研和论证?

专栏4-3　新技术创业失败的教训

小王与开发出计算机远程控制全色护栏灯的朋友合伙创办了一家公司,拟进行产品的推广。刚刚制作出样机,就有客户找上门来,客户看到计算机模拟演示效果后,便签订了一个很大的工程订单,由于客户要求的工期较紧,小王直接开始大批量生产,投入工程安装。然而投入使用后由于抗干扰性能不过关,最终导致客户退货,公司遭受了巨大的经济损失。小王选择的是新应用技术创业项目,在产品投入市场之前,产品的可靠性、技术的成熟度是应进行重点考查的。如果小王能先进行充分的产品可靠性试验,做出产品质量检测报告,或提供给部分客户试用产品,做出客户使用反馈报告,那么他就能够正确地做出是否可以投入市场的决定,有效地规避技术风险带来的经济损失。

思考题: 利用新应用技术进行创业时,应对哪些方面做出充分的考查和论证?

3. 财务风险

财务风险是指企业在经营、生产过程中资金运行盈利的不确定性。企业的盈利取决于产品的产量、成本、销售价格和收益之间的关系,有赖于科学的管理,合理、有效地使用资金。如若不然,必会造成成本过高,利润下降,甚至导致亏损倒闭。

4. 管理风险

创业者可能在技术上出类拔萃,但营销、沟通、管理方面的能力可能存在不足。如:现代企业越来越重视团队的力量,一旦创业团队的核心成员在某些问题上产生分歧,意见不能达到统一时,极有可能会对企业造成强烈的冲击。创业企业管理水平的高低,决定了投资项目收入支出的大小,也决定了该项目抗商业风险的能力。

三、风险防范措施

虽然创业过程中的各种风险是难以预测且不可避免的,但经过科学分析,完全可以针对各类不同风险的特点制定不同的防范措施,并选择恰当的时机实施,从而将风险发生的概率,或风险造成的损失降至最低水平,甚至可以变风险为机会,获取创业的成功和企业长期、稳定的生存。

(一)针对外部风险的防范措施

1. 应对宏观经济环境及政策法规带来的风险

(1)把握时机。一个国家或地区的经济发展和市场变化都有其规律性,这就是经济周期。创业企业可以在下降阶段或是萧条阶段开始创意和研发,在周期的上升阶段,投资形势好,市场需求大,商业风险相对较小,可以降低成本,提高收益。

(2)重视环境和市场的选择。对企业的选址和市场开拓的规划,创业企业都应谨慎对待。不仅要注重行业发展特点,还应对企业预选地区的政策、文化以及自然环境进行综合考虑,特别是产业运作和资源条件要求比较高的企业更应如此。

(3)了解相关政策法规。创业企业在选取项目时就应充分了解国家及地方对相关产业的政策法规及发展动向,选择政策法规给予支持发展的行业。当然,关于公司的组建、运营以及市场的各类法律和规范,更应透彻了解,掌握最新动态,善于利用发展机会。

2. 应对竞争风险

(1)密切注视同领域的动态。关注项目的动态,选取开始时无竞争或竞争较小的产品,以加大成功的机会。

(2)选择高技术壁垒项目。选取高技术壁垒,可以有效地延长其他企业跟进的时间,在此期间,创业企业可以确保收回投资、完成利益返回并且占据较大市场份额。

(3)控制技术专利。对某个拥有专利权的技术进行创业投资,在很大程度上排除了同类竞争项目出现的可能性,降低了投资成本和投资的商业风险。

3. 应对信用危机

我国信用机制仍处于不断健全和完善的阶段,所以创业者要提高警惕,对投资方、技术持有者、管理和技术开发人员、供应方等各方人员或组织的资信状况、技术和资金能力的表现等都要了解清楚。通过细致有效的合同,利用法律工具保护自己的正当权益。

(二)针对内部风险的防范措施

1. 应对项目风险

(1)有效的市场调查。创业者在创业初期一定要做好市场调研,在了解市场的基础上创业。不仅包括项目创意的市场调查,还应贯穿产品研发和试制过程的始终,指导产品的开发和改进。

(2) 挖掘新领域。新技术、新产品不仅是适应顾客需求,满足顾客需要,还应能够发掘并引起新的市场需求,动态地改变消费者的偏好。

(3) 合理确定创业项目的规模。一般来说,除了项目选择要有一定的创新性,还要考虑创业项目的规模。如大学生创业者资金实力较弱,获取资源的能力不强,选择启动资金不多、人手配备要求不高、小规模经营起步的项目比较适宜。

2. 应对技术风险

(1) 保护专利、知识产权。创业企业选取项目时尽量选取申请专利或专有技术的项目。新技术作为创业企业的无形资产,可以估价入股。因而,寻求专利或是知识产权拥有的保护是不容忽视的重要环节。

(2) 保护技术。除了专利的保护,在新技术或新产品推向市场之前,还应考虑加入技术成分的保护。如他人无法通过成分检测破解你的化学配方,在机器的核心电路部分设置加密芯片,软件内核加有自己的监控毁灭程序等等。

(3) 追求领先。不论是创意的评价还是技术的评估,都要在完全充分的信息范围中进行。

(4) 及时反应。选准一个创意后,从它的实际研发开始到新产品的试制投产都要以最高的效率争分夺秒地进行。同时还要考虑新产品可能的替代产品和新技术转化的可能性,保证更快、更及时地满足不断变化的市场需求。

专栏4-4　斯坦门茨的故事:画一条线价值一万美元

知识界流传着这么一个故事。20世纪20年代,美国福特公司正处于高速发展时期,每一辆刚刚下线的福特汽车都有许多人等着购买。突然,福特公司一台大型电机出了毛病,公司调来大批检修工人反复检修3个月,仍一筹莫展。这时有人提议去请电机专家斯坦门茨帮助。斯坦门茨经过检查,最后在电机的一个部位用粉笔画了一道线,说:"请在画线处把线圈减去16圈。"公司照办了,故障果然排除了,生产立刻恢复了。福特公司经理问斯坦门茨要多少酬金,斯坦门茨说:"不多,只需要1万美元。"在当时1万美元无疑是天价,公司的人都吓呆了。斯坦门茨看大家困惑不解,转身开了个账单:画一条线,1美元;知道在哪儿画线,9 999美元。在知识经济时代,通过创业可以将个人知识价值得以最大实现,因此自有知识产权成为了创业企业主要的利润来源。为确保创业企业在竞争中获得竞争优势,就必须加强对自有知识产权的保护,因为一旦这种知识为竞争对手掌握,其创造价值的能力就会大大降低。因此,技术型创业企业在技术管理上必须对自有知识产权进行有力保护。

思考题: 在创业过程中,为什么要注重对自有知识产权的保护?

3. 应对财务风险

(1) 留意价格波动趋势,研究利率及其相关因素的变化。创业企业运行过程中应特别注意利率水平及其变化的一些基本因素,如通货膨胀、金融政策、财经政策、税收政策等。

(2) 利用现代财务分析工具。企业需要做现金流量分析、现金流量预测,以及制定完善的现金管理。现金流量预测是现金管理前期工作,也是现金管理的基础。现金流量预测应贯彻稳健原则。成长中的新企业必须能够预测公司12个月后的现金需求量为多少,何时需要,目的是什么。应该用最先进的财务分析工具对公司财务状况进行控制。

(3) 适时调整财务结构。公司在发展过程中应适时改变财务结构。公司在迅速成长时,现有的资本结构常常会成为企业成长的障碍。事实证明:如果销售额增长30%～50%,新企业的成长速度就会大于其资本结构的成长速度。

(4) 进行资金规划。公司在每个年度都要进行资金规划,资金规划对大多数新企业来说是求生存的必要工具。如果正在成长中的新企业能事先合理地为资金需求及资金结构做好三年计划,等到将来需要资金时,不论资金的种类、时间及需求的方式,通常都不会发生太大的困难。

(5) 制定财务制度。制定出一套财务制度,只有这样才能对应收款项、存货、制造成本、管理成本、服务、配销等进行有效的控制。其中任何一项失去控制,其他各项都会受到影响。公司必须随时根据实际情况制定并调整自己的财务制度,并保证它的严格执行。

4. 应对管理风险

(1) 借用外脑。可以与风险投资公司或孵化器公司合作,邀请有经验的人士参与经营管理;也可以聘用各方面专业人才的加盟。

(2) 明晰战略规划。制定符合本创业企业的战略规划和发展年度计划,依据环境的变化适时调整营销策略。通过明晰的战略规划统一企业愿景与目标,提高创业团队凝聚力。

(3) 做好团队沟通。创业团队的核心成员要确保畅通的沟通机制,在意见分歧时能通过及时有效的沟通,达成共识。

(4) 培养团队精神。要有意识地培养团队整体的协作、合作意识,塑造共同努力迈向目标的企业文化。

(5) 控制人员的流失。由于创业企业很容易遇到各方面的风险和阻力,所以常常要面对技术、管理和销售服务人员的流失问题,因此应制定适宜的人才战略,尤其在技术型创业企业中,要通过科学的激励机制,控制技术骨干人才的流失。

(6) 完善公司治理结构。对于股东人选,创业者容易犯错,把不合适的人拉进创始团队中做股东。应当区分一个人到底是员工、股东、还是朋友,只有对企业长期发展有所帮助的才能成为股东。要建立和通过现代企业制度,把创业团队成员角色、权力安排和分配清楚。股东之间要有事先的股东协议,尤其是决策的规则、退出的机制等。

各种风险之间存在着较高的相关性,在创业的不同时间和空间可能会交叉重叠出现。因此在进行风险因素分析时,还要考虑其相关性。一方面,提前采取措施,预防这种连锁反应的发生;另一方面,切实处理好管理中的各种潜伏问题,加强团队建设,使整个组织能在危机到来时,能快速调整状态,防止反应链的连续破坏。

本章小结

1. 企业的创立是一项复杂并具有风险的活动,因此需在具备一定的创业环境、创业机会,以及创业者坚强意志、一定创业资源的前提条件下,按照法律规定,以个人独资企业、合伙企业、有限责任公司等方式申请创立企业。

2. 企业创立的过程中,需要做好团队组建、资本筹集、工艺确定、设备配备、人员选配、名称与场所确定、制度制定等前期工作,然后按照法律规定进行登记注册。

3. 新创企业在建立之初要设计符合组织自身条件的组织结构,并制定人力资源规划,制定正确的财务计划。企业在创业之初就要选择明确的目标市场,准确识别市场真实需求,评估消费者偏好,把握和预测市场动态,制定针对性的市场营销策略,逐步取得市场认同。

 复习思考题

1. 创业与创新的关系是怎样的?
2. 创业活动的过程是什么?
3. 创业过程中应当注意的风险有哪些?

 案例分析

大可乐手机的昙花一现

大可乐(Dakele)手机曾是北京云辰科技有限公司旗下的安卓智能手机品牌,公司是一家以互联网手机和移动互联网为方向的技术型创业公司,以"在手机上实现极致互联网体验"为目标做互联网手机,定位为向年轻移动互联网用户提供大屏幕手机,主要采用线上渠道销售,2012年9月27日大可乐官方网站正式上线,11月5日正式发布大可乐手机。

虽为小众品牌，但大可乐手机与同等配置知名品牌手机相比，具有极好的价格优势，因此迅速吸引了年轻用户群体。2012年12月25日，在苏宁易购圣诞节"百万商品0元购"活动中，大可乐手机超过三星、苹果，成为当日的销售冠军。2014年9月3日，北京国家会议中心，大可乐联合阿里YunOS、中国移动发布了全球首款大数据4G手机——"大可乐＊春"，699元的售价再次击穿了品牌4G手机的价格底线，圈了一批忠实用户。在2014年12月9日进行的京东众筹中，采用"一次众筹终身免费换新"的口号，大可乐手机3在京东众筹打造出25分钟，1 600多万人民币的京东众筹纪录。

大可乐手机迅速走红、销量大增的同时，一些问题也伴随而至。如产品质量问题，很多用户反映了屏幕破裂、按键失灵、经常死机、黑屏、电池电压不稳定等问题，手机返修率不断增加，要求更换新机的用户也越来越多。又如用户的反馈不被重视，用户到官网论坛发帖子，希望大可乐可以改进产品质量，而论坛管理人员将这些言论强行删除，并对发起人和参与人员禁言，后踢除出论坛，再次申请也不予以通过。大可乐的这种行为，让很多忠实用户伤心。再如资金问题，众筹活动吸引足够的关注之后，由于没有过硬的技术团队，手机质量问题无法很好解决，大可乐手机3的产销量未见大增，导致未能乘势吸引资本入驻。2015年3月9日，大可乐手机创始人在微博发布《关于暂停大可乐手机业务的公告》，称公司因资金链断裂，正式宣布大可乐手机创业失败。

讨论题：

1. 请你对Dakele手机在创新能力、品牌建设、渠道推广、质量把控以及服务能力等方面进行评论。

2. 请你识别出Dakele手机创业中的外部风险和内部风险，总结Dakele手机创业失败的原因。

3. 针对Dakele手机当时面临的创业风险，谈谈你的化解风险思路。

 学习拓展

硅谷的第一公民

肖克利的维基百科页面上有这么一句话："20世纪50~60年代，他在推动晶体管商业化的同时，造就了加利福尼亚州今天电子工业密布的硅谷地区。"那么他究竟是怎样造就硅谷的呢？

威廉·肖克利是晶体管的发明人，并由此获得了1956年度的诺贝尔物理学奖。1955年，肖克利在硅谷创业，成立了肖克利实验室股份有限公司，并招揽到了八位才

学 习 拓 展

华横溢的年轻人才,其中包括发明了摩尔定律和创办Intel的戈登·摩尔。起初公司看起来前途无量,员工们个个意气风发,可是肖克利完全不通人情世故、不懂管理,八名主要员工于1957年集体离开了公司。就是这八个人,不仅被肖克利指责为"叛徒",也成为了硅谷最重要的火种。八人中的诺伊斯与摩尔于1957年创办了具有传奇色彩的仙童半导体公司,发明了集成电路,改变了整个世界。也正是仙童公司,才最终让硅谷成为了硅谷。虽然肖克利最初的创业失败了,仙童公司最终也曲终人散,但是经过一系列的变迁和连锁创业,由它的创始人、员工的再创业,公司衍生出了一大批半导体产业的创业企业,这其中包括极大地推动了整个IT产业发展的Intel、AMD、美国国家半导体公司等。几乎可以说,作为第三次工业革命标志之一的信息技术革命就是由这样一个创业开始引爆的。

第五章

创业机会

学习目标

1. 了解创业机会的来源和创业机会的影响因素。
2. 熟悉创业环境分析方法和创业机会分析方法。
3. 掌握创业机会的识别技巧和创业机会评估方法。
4. 掌握创业机会的筛选原则。

引导案例

互联网+医院——微医

  2010年,微医的前身"挂号网"成立,很快成长为中国最大的在线预约挂号平台。2015年,微医创建了中国首家互联网医院——乌镇互联网医院,开启"互联网+医疗健康"新业态。也是在这一年,公司的品牌正式从"挂号网"改为"微医"。2017年和2018年,微医相继设立了第一个互联网医院服务中心,建立中国首家专注于慢病管理的互联网医院——微医泰山慢病互联网医院。2020年,天津微医互联网医院牵头协同266家基层医疗机构成立紧密型医联体——天津市基层数字健共体,提供包括数字慢病管理服务在内的数字医疗服务。微医投入了巨大资源埋头"铺管道",搭建了一整套的数字医疗基础设施"网络"。通过建立完善的运营、管理、服务、安全技术等体系,微医深度实现了与各区域内医疗机构的互联互通,持续整合优质医疗服务能力,并逐步打通了医保支付,也开始赋能商业健康险。正是基于十余年积淀,微医才得以为用户提供专业、全流程的医疗服务和健康维护服务。

  从乌镇出发,微医已成长为中国最大的数字医疗服务平台。2022年,微医已在全国落地33家互联网医院,其中19家打通了医保在线支付;此外,其已连接全国8 000多家医院,其中包括95%以上的三甲医院,平台注册医生逾30万名。微医的互联网医院平台还是中国最早打通医保支付体系的互联网医院平台,也是中国第一家开通医保覆盖的市级数字化慢病管理服务的平台,并在多个城市快速复制落地,为居民提供在线复诊、慢病管理、送药到家、医保在线支付等服务。

可以期待,微医作为互联网医疗明星企业,继续借助资本市场的力量和优势,在广阔的数字医疗赛道中将进一步巩固市场地位,并牢牢把握新的市场机遇,在更长远的未来,让每个人都有机会生活得更健康。

讨论题:

你如何看待微医的创业机会?

第一节　创业机会概述

随着社会的发展和进步,企业的各种环境要素日益复杂,企业面临巨大的竞争压力和动态复杂的环境变化,迫使企业必须寻求创新以获得长足的发展,以创新为本质的创业已经成为企业生存发展的内涵。创业是在动态竞争前提下的机会驱动过程,是创业者在面对大量不确定性因素时分析、评估机会并进行选择的投资决策行动。

一、创业机会的概念、特征和分类

(一)创业机会的概念

熊彼特认为,创业机会是通过把资源创造性地结合起来,迎合市场需求(或兴趣、愿望)并传递价值的可能性。萨拉斯认为创业机会是通过创业来实现资源增值的一种可能性,由新的创意、促进实现有价值目标的信念和达到这种目标的行动等三方面组成。蒂蒙斯认为一个创业机会的特征是"具有吸引力强、持久、适时的特性,它根植于可以为客户或最终用户创造或增加价值的产品或服务中"。从机会的产出角度出发,柯兹纳认为,机会代表着一种通过资源整合、满足市场需求以实现市场价值的可能性。Hulber等认为机会实际上是一种亟待满足的市场需求,这种潜在的市场需求如此旺盛,因而对于创业者来说,实现该需求的商业活动相当有利可图。Ardichvili 等认为,从获取预期消费者的角度来看,机会事实上意味着创业者探寻到的潜在价值。Eckhardt 和 Shane 把创业机会定义为一种情境,其中新产品/服务、原材料、市场组织方法能够以创新的方式来重新整合。刘萌芽等人将创业机会定义为通过各种创新满足市场需求并对创业者和社会均有利的机会,创业是实现创业机会的过程——可能创办新企业也可能是老企业寻求新的增长点或公司再造。曹之然研究认为,创业机会是利于创建能够通过整合资源提供满足某一市场需求的产品或服务以创造价值的新企业或新业务的时空环境。

创业机会是一种满足未满足的有效需要的可能性,该需要可能是已经表现出来的,也可能是潜在的,是一种能够为消费者或客户创造价值或增加价值的可能性,它可以是市场需求和企业家精神的一个交集,是企业家所能识别的有效需求。

(二)创业机会的特征

1. 吸引力

吸引力是指能为消费者带来需求的满足,使消费者愿意支付相应费用来购买产品或服务,蒂蒙斯认为吸引力特征是它能很吸引顾客解决一项重大问题,或者满足了某项重大需求或愿望,因此某些人愿意多支付一些费用。

2. 持久性

谢恩和维卡塔拉曼认为,识别具有潜在价值的机会,在实际商业方面具有可开发性,能够潜在地产生可持续利润的机会,以及确认在实际利用或者开发该机会的过程中所包含的活动。于慧认为,创业机会具有持久性,创业机会是否符合未来趋势,至少要看20年。特定商业机会有其存在的时间跨度,其市场规模将随时间跨度增加而增加。

3. 实时性

任何好的创业机会都应该具有时代性,对时间会提出相应的要求,脱离了适当的时空,其机会将不复存在。蒂蒙斯认为,好的商业机会必须在机会之窗存在期间被实施,其中的机会之窗就是指商业想法推广到市场上去所花的时间,即时机。

4. 为客户创造价值

创业机会应该具有经济价值,即所生产的产品或服务能给客户带来价值,满足其需求。如果一项产品或服务不能给顾客带来价值,那么其一定不是好的创业机会。

(三)创业机会的分类

1. 市场机会

对经济市场的动态掌握和敏锐分析,通常可以发现许多创业机会。在现有的市场中发现创业机会,往往是创业者最先做出的选择。这主要是因为现有市场是现实存在的,创业者能够通过自己的行动真实地感知和识别,从而使创业者有对市场真实的感受,减少创业行动的盲目性。同时,对现有市场的深入分析和认识,有助于创业者降低对创业机会和信息的搜寻成本。进而减少创业的风险,增加成功概率。

2. 技术机会

科技进步是人类社会不可逆转的趋势,往往伴随着创业机会的不断涌现。科技进步包括技术的变革,技术的重新组合等,它们都可能给创业者带来某种商业机会。

3. 政策机会

政府的法律和政策是人们发生经济行为的指针,创业者更是要顺应法律和政策的动向,去找寻和把握创业的机会。尤其是在社会处于转型或变革之际,政府在产业发展等方面的法律或政策出现调整变化,实际上就是对产品或服务的范围和结构进行新的调整。这时候,往往容易产生新的创业机会。

二、创业机会的来源

我国学者刘常勇指出创业机会来源有四方面:现有产品和服务的设计改良;追随新趋势潮流(如电子商务与互联网);时机合适;通过系统研究来发现机会。本书将创业机会的来源分为:创新理念、问题引发、科技发展、市场变革、政策导向和支持五类。

(一)创新理念

关注和寻找创新思维中提出的新理念,能发现和挖掘出好的创业机会。创新思维具有新颖性和创造性,它可能是可以推广的,也可能是无法正常展现、推广的,还可能是目前无法判断的。因此,生产、生活中的创新思维可以成为创业的方向,通过研究判断其是否可以转化为现实生产力,从而找到创业的大好机会。

字节跳动公司旗下拥有多个知名 APP,如抖音、今日头条等。它的创新思维在于将 AI 技术与内容平台结合起来,为用户提供更加个性化和高质量的内容服务。字节跳动通过其自主研发算法,为用户提供了与其兴趣相关的内容推荐。同时,它也不断推出新的功能和产品,如短视频、直播、小程序、互动游戏等,为用户提供更加丰富和多元的体验。由于其创新思维和文化的支持,字节跳动成为中国科技行业的领军企业之一,为中国科技产业的发展作出了巨大的贡献。

(二) 问题引发

虽然人们的生活丰富多彩,但仔细留意和观察生活,仍能发现许多的问题,可能与提高人们的生活质量,或人们生活安全保障等有关的问题,就充满着创业的机会。

如 1997 年成立于美国旧金山的 X-It 用品公司,安德鲁·伊夫是哈佛商学院的毕业生,由于经常发现自己寝室里的火警装置无故失灵,总感到不安。他想购买一部合适的救生梯,但发现市场上的现货大都太笨重,而且无法支撑他 215 磅的体重。于是他联系校友迪贝拉丁诺,用 3 个月的时间,做出一架轻便、小巧、结实的铝制救生梯。从而他有了创业理念:制作并销售家用安全用品,如可以折成仅相当于一只 2 升汽水瓶大小的救生梯和轻重仅相当于一罐普通摩丝的灭火器,使用简单,储存方便。公司最高领导层:安德鲁·伊夫,时年 31 岁,首席执行官兼创办人;阿尔杜·迪贝拉丁诺,时年 30 岁,首席技师兼创办人;凯文·道奇,时年 29 岁,财务总监。现已经拥有数目可观的零售商业网络,在各大超市中随处可见 X-It 的安全用品。

(三) 科技发展

科学技术的发展日新月异,紧跟科技发展的步伐,借用科技成果,一定能获得很好的创业机会。比如:新材料的生产、新材料在各方面的运用拓展等。

专栏 5-1　石墨烯的发展和应用

石墨烯是由单层碳原子排列而成的二维材料,具有优异的电导率、热传导率、力学性能和光学性能。石墨烯是目前世界上已知的最薄、最坚硬、导电性最好的纳米材料,几乎完全透明,具有很大的应用前景,可以应用到储能、医疗、电子等各个领域。

石墨烯复合材料有望取代传统的碳纤维,用于制造更加轻型的飞机和航天器等。具体到光学领域,石墨烯目前的应用方向包括柔性透明电极、光伏器件、光源、光探测器、超快激光器、光频转换器及太赫兹器件等。更值得一提的是,石墨烯可以用来做柔性触摸屏、触控屏。

思考题:石墨烯的发展和应用给您什么启示?

(四）市场变革

市场就像一张大网,市场主体(个人或企业)就是网上的一个个接点,市场主体的交易把接点相互联系。分工带来专业化优势,同时也带来了市场知识的分散化,使得许多交易在市场上得不到实现,这恰如网上的断点,每个断点之间的一系列联结就是企业家活动的机会。由于市场交易的断点与价格机制缺陷创造了很多创业机会,也成就了许多企业。

成立于1904年的英国劳斯莱斯汽车公司,着手制造和销售显示尊贵的汽车,刻意采用更早而且已过时的制造方法,让一名技术娴熟的机械工制造每一辆汽车,并用手工工具完成装配,为了确保没有贫穷的人购买他们的车,他们把车的价格标得和一艘小游艇一样高。19世纪20年代,汽车在美国已经不再是有钱人的玩具,福特做出的反应是设计一辆能够大量生产的汽车。另一位美国人杜兰特却把市场结构的变化视作把汽车公司组合成一家具有专业管理的大型公司的良机,杜兰特预计将会出现一个巨大的全球市场,而这家未来的公司将满足市场各个层次的需要,1905年他创立了通用汽车公司。全球汽车工业市场在1960年到1980年发生了一次大变化,汽车工业开始了全球化,出现了汽车公司新的创业机会。

产业的融合也为企业带来新的市场机会。随着通信与IT行业基于技术的融合,英特尔公司在微处理技术优势的基础上开始投放大量的资源到通信产业。

(五）政策导向和支持

创业机会与当地政府的政策导向和支持情况有很大的联系,各地可能会在创业资金、创业税收、创业技术支持、人力资源支持等方面有相关的政策保障,把握住这类创业的机会,有利于创业成功。

专栏 5-2　小鹏汽车的创业

对于中国而言,新能源汽车这个名词从诞生以来就一直被放在了国家战略的高度。自2008年开始,为了扶持新能源汽车产业这个国家战略中的核心项目,国家给予新能源汽车行业补贴已经十余年。

小鹏汽车是一家致力于推广电动汽车的高科技企业,在公司成立初期,我国的电动汽车市场还不够成熟,电动汽车的发展还面临着巨大的挑战和困难。小鹏汽车在政策和市场的双重推动下,不断创新和发展,推出了多款高质量的电动汽车。小鹏汽车依托强大的中国新能源汽车产业链,拥有了超越特斯拉的核心参数,用了十余年时间全力支持新能源汽车产业链的发展,研发推出了领先全球续航里程的小鹏P7。2022年,小鹏汽车新推出的"自动泊车"这一创新点,更是让大家直呼小鹏汽车是"中国的特斯拉"。

思考题:小鹏汽车创业成功的因素有哪些?

第二节 创业机会识别

创业机会识别是创业的开端,也是创业的前提。创业机会识别一直是创业领域的关键问题之一,围绕创业机会,有些基本的问题是所有想创业的人都关心的。理论界与实践界都一直试图回答:为什么是有些人而不是另外的人看到一个机会?这些看到了机会的创业者有什么独特之处?根据目前的创业机会研究理论,机会识别是一个跨学科的复杂现象,吸引了众多学者从经济学、心理学、社会学、人类学和管理学等角度开展了大量研究。

一、创业环境分析

(一)创业环境因素

人类的一切活动都受其所处环境的影响,创业机会也受其环境的影响,所以了解环境对创业机会的把握至关重要。

创业环境因素可分为外部环境因素和内部环境因素,外部环境因素主要有宏观环境因素、中观环境因素和微观环境因素。

1. 外部环境因素

(1)宏观环境因素。主要指政治、经济、技术和文化环境因素。

① 政治环境因素。政治环境因素主要包括政治和法律环境因素,政治环境是指制约和影响创业机会的各种政治要素及其运行所形成的环境,主要包括:国家政治制度、政治性团体、党和国家的方针政策、社会的政治气氛、政府有关部门的经济政策等。法律环境是指与创业机会有关的社会法律系统。政府对市场规则的制定也是值得创业者重视的一个方面。

② 经济环境因素。经济环境因素主要包括四个方面:社会经济结构、经济发展水平、经济体制和宏观经济政策。社会经济结构通常是指一个国家的产业结构、分配结构、消费结构、技术结构以及所有制结构,其中产业结构最为关键。经济发展水平指一个国家或地区经济发展的规模、速度和达到的水平。经济体制规定了国家与企业、企业与企业、企业与各个部门的关系,并通过一定的管理手段和方法,调控和影响社会经济活动的范围、内容和方式。宏观经济政策是指国家制定的在一定时期的经济发展目标,以及为达到目标而制定的战略。

③ 技术环境因素。技术环境因素是指社会环境中的科技要素、科技水平等的总和。技术的进步非常迅速,技术是变化最为剧烈的宏观环境因素。创业者应该对所涉及行业的技术变化趋势有所了解和把握,针对可能产生影响的新技术发展准备应急计划,有利于企业的发展。

④ 文化环境因素。文化环境因素主要指一个国家或地区的社会组织、社会结构、宗教信仰、社会风俗、历史传统、生活方式、教育水平等。包括社会阶层的形成与变动、

人口结构与人口流动、社会权力结构、人们的生活与工作方式等因素。

(2) 中观环境因素。中观环境因素是联系宏观环境因素和微观环境因素的媒介,创业机会的中观环境因素主要是机会所在的行业环境因素和机会所处的地理环境因素。

① 行业环境因素。创业机会的行业环境因素主要有:行业的竞争状态、行业的生命周期、行业的社会经济现状、行业内部各企业的状况等。

② 地理环境因素。创业机会与其所在的地区是至关重要的,不同的地理环境其原材料,产成品的运输、销售、劳动力素质以及社会负担,生产组织,信息收集,科技开发能力等有不同,这些是影响创业机会的重要因素。

(3) 微观环境因素。微观环境是指与创业机会直接关联的人、财、物、供、产、销、技术、信息、时间等客观环境。也是决定创业机会的基本环境。

2. 内部环境因素

内部环境因素是指企业自身影响发展的环境因素。对内部环境因素进行分析,可提高企业持续竞争优势,其主要作用的内部环境因素包括企业资源、能力和核心竞争力三方面。

(1) 企业资源因素。体现了企业经营中过程投入的生产要素,包括有形和无形的资源。

(2) 能力因素。能力是指利用企业资源进行生产运营的技能、水平的总和,体现在具体个人或群体身上的潜在、动态、无形的可以胜任工作或活动的主观能动条件,是企业利用员工进行长期信息与知识开发、转移、交换或分享而形成的有形和无形资源的内在联系。

(3) 核心竞争力因素。核心竞争力是本企业特有的,其他企业不能在短时间内模仿习得的能力,核心竞争力是使企业成为一个独特组织的本质所在,通过建立核心竞争力,企业可以长期持续地为其产品或服务增加独特价值,并获得自身独特的竞争优势。

(二) 创业环境分析方法

创业环境因素对创业机会影响巨大,因此学会对创业的环境分析有利于识别和把握创业机会。

1. GEM 模型

(1) GEM 模型简介。

GEM(globe entrepreneurship monitor)意为全球创业观察,由英国伦敦商学院和美国百森学院共同开发构建,旨在研究全球创业活动态势和变化、发掘国家创业活动的驱动力、创业与经济增长之间的作用机制和评估国家创业政策的研究项目,该项目在国际的创业研究和教育上享有盛誉。

该项目的设计始于1997年,于1999年第1次实施,有美国、德国、意大利、英国、日本、法国、以色列、丹麦和芬兰共9个国家参加。2000年,GEM的参与国家和地区发展到20个。截至2021年,全球共有100多个国家和地区参加了GEM(全球创业监测)项目,GEM项目早已成为反映全球创业活动态势变化和特征的研究项目。

GEM研究的主要目标可以归纳为:衡量国家间创业活动水平的差异;探索经济增

长与创业活动之间存在的系统关系;揭示决定更高水平创业活动的因素;提出能促进国家创业活动水平的政策。

(2) GEM 模型的内涵。

创业活动及效率是国家经济活力的源泉,创业活动对经济增长的贡献是长期的和潜在的,它不像已有的企业对经济增长的贡献那么直接和可度量。GEM 提出了新的国家经济增长模型,在这个模型中,促进经济增长的条件分成一般环境条件和创业环境条件,前者是现有大中小型企业发展的基础和环境,后者是创业活动的基础和环境。

① 一般环境条件包括:对外贸易开放程度、政府国际地位、金融市场有效性、技术研发程度、基础设施、管理技能和劳动力市场灵活性、制度的无歧视性及法律地位 8 个方面。

② 创业环境条件包括:金融支持、政府支持、政府项目、教育和培训、研究开发转移、商业环境和专业基础、国内市场开放程度、实体基础设施可得性、文化及社会规范 9 个方面。

GEM 数据来源于问卷调查、专家访谈、地方经济社会方面数据。GEM 的最大价值在于着眼于两套促进经济增长机制的互补关系。

(3) GEM 创业环境分析。

① 金融支持。金融支持指的是新成立企业和成长型企业获得金融支持和资源的可得性,包括拨款和补贴。这一维度也考察金融支持的质量和可利用程度,包括权益资本、债务资本;财政部门对创业的理解。

② 政府政策。政府政策指的是地区和城市政府政策及其实施情况,涉及税收和政府规章制度等方面,包括对创业活动和成长企业的规定、就业的规定、税收的规定、企业组织形式的规定等。

③ 政府项目。政府项目指的是各级政府对新创企业和成长型企业可以提供的政府政策支持的具体化,包括政府对创业项目的直接资金和政策支持,以及为创业提供服务和支撑等辅助措施。

④ 教育与培训。教育培训是创业活动得以开展的必要条件,通过各种可利用的教育方式来培养创业者的创业意识、创业思维、创业技能,使受教育者具有一定的"创业能力",教育与培训伴随创业者的创业及其企业发展的全过程。

⑤ 研究与开发转移。研究开发的转移是商业化的过程,反映创业者运用相关技术的能力,抓住和利用商业机会的能力。技术转移是技术走向产品化和规模化的关键一环,是调动人、财、物各种要素使技术、信息、新构思有机融合的过程。

⑥ 商业环境和专业基础设施。主要包括创业企业获得资源的多寡;创业企业能够得到的服务支持;创业企业接受这些服务和资源的能力。

⑦ 市场开放程度。市场开放程度指商业贸易规定的稳定和不变程度,开放的市场应具有足够的透明度,政府建立市场公开体制的政策,市场结构相对全面、稳定,所有市场活动参与者在公开、公平的市场中竞争。

⑧ 实体基础设施的可得性。有形基础设施状况指可利用的有形资源的质量和获得的难易度,还包括原材料和自然资源的质量和获得难易度。实体基础设施是创业活动的载体,创业企业的效率与有形基础设施的完善程度和获得成本高低密切相关。

⑨ 文化和社会规范。文化和社会规范对个人创业的态度潜移默化地影响着人们的思维与行动,对创业者的创业选择有很大的影响,一个提倡独立、创造、创新的文化规范有利于一个国家或地区创业活动的活跃。

2. 五种竞争力模型

也称波特模型,是美国学者迈克尔·波特(Michael E.Porter)针对行业竞争提出的分析模型,公司环境最关键的部分是公司投入竞争的一个或几个行业的环境,五项竞争力的来源:新进入者、替代品、行业竞争对手、供应商、客户。

竞争法则可以用五种竞争力来具体分析,如图5-1所示,这五种竞争力包括:新进入者的威胁、客户的议价能力、替代品或服务的威胁、供货商的议价能力及现有企业间的竞争。

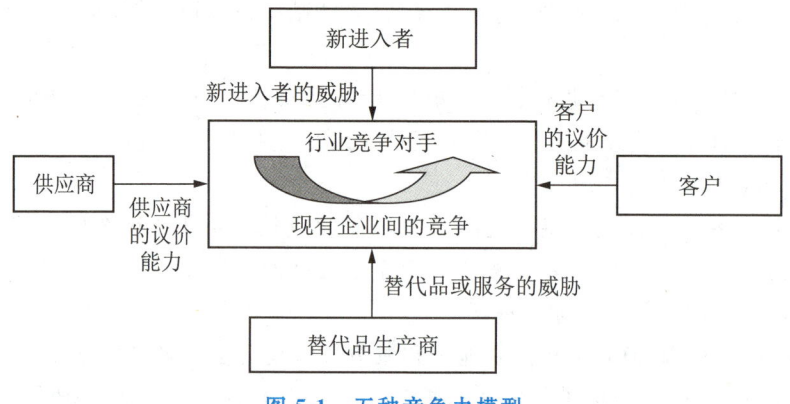

图 5-1 五种竞争力模型

(1) 新进入者的威胁。新竞争者的加入必然会打破市场平衡,引发现有竞争者的竞争反应,也就不可避免地需要调入新的资源用于竞争,因此使收益降低。创业面临的新进入者要考虑这些可能的竞争对手的产品、服务的特性等情况。

(2) 替代品或服务的威胁。市场上可替代你的产品和服务的存在意味着你的产品和服务的价格将会受到限制。创业要充分分析你提供的技术、产品、服务等可替代的程度,这将决定创业成功的可能和创业带来的效益情况。

(3) 客户的议价能力。如果客户拥有议价能力,他们一定会利用它。这会减少你的利润,其结果是影响收益率。

(4) 供货商的议价能力。与客户相反,供货商会设法提高价格,其结果同样会影响你的收益率。

(5) 现有企业间的竞争。竞争会导致对市场营销、研究与开发的投入或降价,结果同样会减少你的利润。针对现有竞争者的规模、技术、资金、人员、信息等情况进行分析,有利于创业的选择。

3. 行业生命周期理论

行业生命周期分为萌芽期、成长期、成熟期和衰退期四个阶段。识别行业生命周期所处阶段的主要指标有:市场增长率、需求增长率、产品品种、竞争者数量、进入壁垒及退出壁垒、技术变革、用户购买行为等。以下是行业生命周期各阶段的特征。

（1）萌芽期。这一时期的市场增长率较高，需求增长较快，技术变动较大，行业中的用户主要致力于开辟新用户、占领市场，但此时技术上有很大的不确定性，在产品、市场、服务等策略上有很大的余地，对行业特点、行业竞争状况、用户特点等方面的信息掌握不多，企业进入壁垒较低。

（2）成长期。这一时期的市场增长率很高，需求高速增长，技术渐趋定型，行业特点、行业竞争状况及用户特点已比较明朗，企业进入壁垒提高，产品品种及竞争者数量增多。

（3）成熟期。这一时期的市场增长率不高，需求增长率不高，技术上已经成熟，行业特点、行业竞争状况及用户特点非常清楚和稳定，买方市场形成，行业盈利能力下降，新产品和产品的新用途开发更为困难，行业进入壁垒很高。

（4）衰退期。这一时期的市场增长率下降，需求下降，产品品种及竞争者数目减少。从衰退的原因来看，可能有四种类型的衰退，它们分别是：①资源型衰退。即由于生产所依赖的资源的枯竭所导致的衰退。②效率型衰退。即由于效率低下的比较劣势而引起的行业衰退。③收入低弹性衰退。即因需求-收入弹性较低而衰退的行业。④聚集过度性衰退。即因经济过度聚集的弊端所引起的行业衰退。

二、创业机会识别的角度、模型和影响因素

（一）识别角度

对以往创业机会识别研究的仔细梳理，可以发现它们都不同程度地揭示了信息或知识与创业机会识别之间的内在关联。创业机会可以从以下四个角度进行识别。

1. 从经济学的角度

以 Kirzner 为代表的奥地利学派从经济学角度来看机会识别，尤其关注机会的来源，他们认为"市场是拥有不同信息的人组合而成的，特异性的信息和不均衡信息使部分人看到了他人看不到的东西——机会"，认为创业机会是一系列的市场不完全。因为市场参与者是基于信念、偏好、直觉，以及准确或不准确的信息来进行决策的，他们对可能的市场出现的价格以及将来可能产生的新的市场有不同的推断。

Kraekhardt 认为机会识别是对开发有利可图新业务可能性的感知，是从创意中筛选合适机会的过程。这一过程包括：①判断该机会是否在广泛意义上属于有利的商业机会；②考察对于特定的创业者来说，这一机会是否有价值。

Casson 指出"市场过程的实质是每个个体都坚持自己的信念，这些信念通过询价来传递，而询价在传递信息的同时，也意在于误导他人"。因此，由于缺乏完全信息，人们必须彼此猜测对方的信念、偏好、价值观等等。由于这些猜测并不总是正确，这一市场过程就导致一些资源被错误地分配到不同的市场，从而产生了一系列的创业机会。

2. 从认知科学的角度

以 Baron 为首的学者从认知科学的角度研究机会识别问题，尤其关注机会识别的内容和诱发机制，提出个体的认知结构（知识结构）和认知信息加工风格是影响机会识别的关键；他们认为创业机会识别是面对多样化的刺激和事件，创业者对商机存在与否的一种模式知觉。

Harper 等学者引入了行为主义的研究成果,将机会识别理解为是个体有意识地系统搜集、处理并识别信息的过程。

Boisot 在知识资产的基础上提出了创业研究的知识基础观,将机会识别的过程看作是知识的动态演化过程。

3. 从创业机会属性和创业主体特性角度

Shane 和 Venkataraman 指出,解释如何发现和开发创业机会是创业研究领域应当关注的关键问题。他们认为主要可以从两方面发现和开发机会,即机会本身的属性和创业者的个人特性。

Hills 和 Lumpkin 认为机会识别是指创建新企业以及创业者通过他们的行动取得成功的可能性。Ardichvili 和 Cardozo 认为创业机会识别是在某个重要时刻点上,在深入追踪某个特定机会,还是放弃这个机会之前所做的决策。

4. 从创业过程的角度

Eckhart 和 Shane 认为创业机会源泉的研究,是研究如何来发现、评估和开发创业机会的过程。

本书的观点认为创业机会识别是对创业机会的发现、开发、评估和筛选的过程。不论学者们对创业机会的认识和观点如何,创业机会识别作为创业活动的初始阶段和核心环节,对于新创企业的发展至关重要,是新创企业创造价值的基础。

专栏 5-3　李维斯和牛仔裤的故事

牛仔裤的发明人美国的李维斯,当初跟着一大批人去西部淘金,途中一条大河拦住了去路,许多人感到愤怒,但李维斯却说:"棒极了!"他设法租了一条船给想过河的人摆渡,结果赚了不少钱。不久摆渡的生意被人抢走了,李维斯又说:"棒极了!"因为采矿出汗多,饮用水很紧张,于是别人采矿他卖水,又赚了不少钱。后来卖水的生意又被抢走了,李维斯又说:"棒极了!"因为采矿时工人跪在地上,裤子的膝盖部分特别容易磨破,而矿区里却有许多被人抛弃的帆布帐篷,李维斯就把这些旧帐篷收集起来洗干净,做成裤子,销量很好,"牛仔裤"就是这样诞生的。李维斯将问题当作机会,最终实现了致富梦想,得益于他有一种乐观、开朗的积极心态。

思考题: 李维斯是如何识别创业机会的?

(二) 识别模型

1. 信息过程模型

钟义信教授提出的经典信息过程模型,如图 5-2 所示,正好也是人类通过自身的感知觉器官(感觉器官、神经系统、思维器官、效应器官)认识世界和改造世界这一活动的信息模型。

信息运动包括:本体论信息产生、信息获取、信息传递、信息认知、信息再生以及信息施效。其中,本体论信息产生的过程就是外部世界事物运动的过程。信息获取包括信息感知和信息识别等环节。信息感知是信息获取的首要环节,旨在感知事物的运动状态及其变化方式。信息识别是在信息感知的基础上,对所感知的信息做出判断;所感

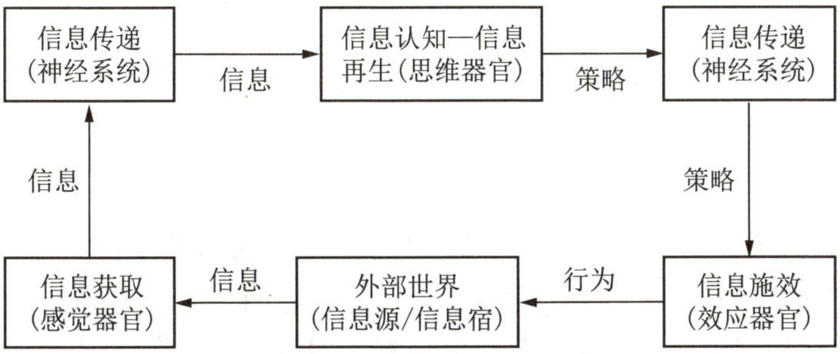

```
信息传递           信息认知—信息        信息传递
(神经系统)  →信息→  再生(思维器官)  →策略→  (神经系统)
   ↑                                        ↓
  信息                                      策略
   │                                        ↓
信息获取   ←信息←   外部世界       →行为→   信息施效
(感觉器官)          (信息源/信息宿)          (效应器官)
```

图 5-2 信息过程模型

知的信息是所希望的信息还是不需要的信息;如果是所需要的信息,究竟是属于哪一类信息。信息传递的任务一般包括信息发送处理、传输处理和接收处理等环节,既包含信息在空间上的传递,也包含信息在时间上的传递。信息认知就是通过各种信息处理手段,对信息进行"去粗取精,去伪存真,由表及里,由此及彼"的加工,从大量的原始信息现象中抽象出具有普遍意义的科学本质,成为可供人们使用的知识。信息再生则是利用已有的信息知识产生解决实际问题的策略的过程,是整个信息过程模型的核心。信息施效是信息过程模型的最后一个环节,它是信息发挥效用的子过程,也是整个信息过程的最终目的。

需要指出的是,信息过程模型中的信息状态分为本体论信息、第一类认识论信息和第二类认识论信息。本体论信息是纯客观信息,不受主观因素的影响,是外部世界运动状态以及变化方式的自我表述;第一类认识论信息是认知主体所表述或感知的外部世界运动状态以及变化方式的形式、含义和价值;第二类认识论信息则是认知主体在第一类认识论信息的基础上产生的解决外部世界问题的策略信息。

根据信息过程模型,创业机会识别的过程实质上就是创业信息运动过程,即本体论层次的市场信息到第一类认识论层次的市场信息,再到第二类认识论层次的创业策略信息。

2. 创业机会识别过程模型

创业机会是一个有序的系统过程,可将创业机会识别过程分为发现、开发、评估和筛选四个环节,而且这四个环节是在创业环境和创业者的交互作用下展开的,如图 5-3 所示。

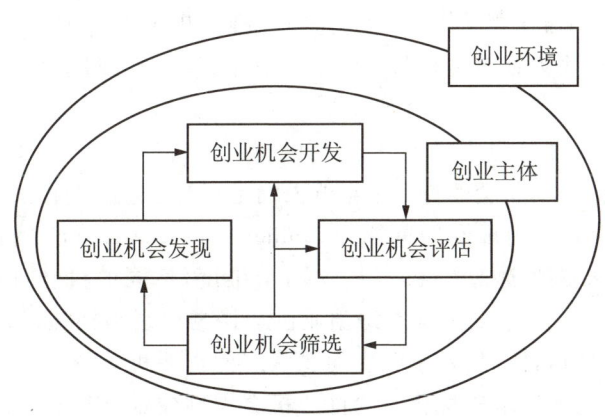

图 5-3 创业机会识别过程模型

创业机会的过程是一个循序渐进的过程,创业机会源于环境,与此同时创业机会又作用于环境,并对环境产生影响,最终通过创业主体与创业环境的相互作用而形成动态平衡的过程。

(三)影响因素

影响创业机会识别的因素非常多,从创业机会识别过程模型可看出,主要由创业环境、创业主体特性和创业机会自身属性决定,而它们之间又相互影响和相互作用。创业环境因素的影响参见第二章和本章第一节的相关内容。下面介绍创业主体特性和创业机会自身属性对创业机会识别的影响。

1. 创业主体特性与创业机会识别

(1)警觉性。Krizner 分析了警觉性对于机会识别的影响。雷和卡多佐认为,对信息高度警觉先于任何一种机会识别,他们称这一状态为创业意识,将创业意识定义为"对有关事物、时间和环境内行为模式信息的关注与警觉倾向"。夏皮罗、瑟斯、海雷其和其他研究者认为,个人特征和环境互相作用,会产生提升创业意识的条件。Kaish 和 Gilal 也通过实证检验发现,创业者比一般的经理人更加渴望信息,更倾向于为其花更多的时间,搜索方式也有所不同。偶然发现创业机会往往是警觉性的体察。

(2)个人特质。一些学者研究关注企业家的个人特质和它们对于成功创业的作用。有研究表明两项个人特质的确与成功的机会感知有关,即乐观精神和创新与机会识别有较强的关系,成功的企业家可以发现其他人看不到的机会,同时面对问题积极乐观。风险偏好型的人更容易觉察和把握机会。

(3)经验。人们倾向于注意与他们已知信息相关的信息,创业者更加关注与他们已经拥有的信息、知识相关的机会。如,特殊兴趣领域的知识,多年从事某一特定工作所积累的知识。企业家在某一行业或领域内工作多年之后会将特殊兴趣领域知识和工作领域积累的知识合二为一,从而为企业家带来识别新机会、新市场或解决顾客问题的新途径。

(4)社会关系网络。个人社会关系网络的深度和广度影响着机会识别,这已是不争的事实。通常情况下,建立了大量社会与专家联系网络的人,会比那些拥有少量网络的人容易得到更多机会。德·科林提出了机会感知的社会认知框架,认为企业家借助于与广泛人际网络积极的相互作用,通过进行三种认知活动(信息搜集、交谈思考、资源评价)来开发机会。个人社会关系网络包括企业家核心交流圈子、活动域、合伙人及弱关系网络。

2. 创业机会自身属性与创业机会识别

机会有其自然属性,机会的特征是影响人们是否对之进行选择的基本因素。Alexander Ardichvili 等人利用价值创造能力(value creation capability)和价值诉求(value sought)两个维度来描绘创业机会,根据这两个维度,不同的机会可以被划分成四个类型,如表 5-1 所示。处于梦想状态的创业机会最难识别和把握;处于企业形成状态的创业机会最易识别和把握;处于解决问题状态的创业机会较易识别,但创造价值的能力还没有明确;处于技术转移状态的创业机会识别较难,因为进行的价值搜索还没确定。

表 5-1 创业机会分类

价值创造能力	价值诉求	
	未确定	已确定
不能界定	梦想	解决问题
已界定	技术转移	企业形成

三、市场识别的方法

（一）趋势观察法

趋势观察法是社会经济统计研究的一种基本方法。社会经济现象的发展是在诸多因素错综复杂的作用下形成的。总体内的各个单位，由于各自的具体条件不同，既受到共同起作用因素的支配，也受着某些特殊的、暂时的因素的影响，使得它们的数量变化带有一定程度的偶然性和随机性。因此，统计不能任意抽取个别或少数单位进行观察，而要调查研究总体的足够多数单位，消除偶然性，才能揭示市场现象的特征和规律性。此方法可运用于创业机会的识别，通过趋势观察来发现未来市场的走势，进而提前布局赢得创业机会。

（二）问题导向法

现实生活中很多的创业机会都是因为问题的出现而产生的，问题往往伴随着机会，问题即是机会。当人们在解决问题过程中，能发现问题存在的原因，并采取相应的解决方法。在此过程中，创业机会就容易被挖掘。知名的思科公司就是从解决不同局域网电脑互相通信的问题而成立并不断成长为伟大的企业。

（三）市场信息收集与研究法

创业者必须要先进行市场研究。从广义来讲，市场研究包括收集有关产品的市场信息以确定潜在的市场规模，进而确定创业计划市场方面的可行性。创业机会信息的收集是使创意变为现实的创业机会的基础工作。首先，根据创意明确研究的目的或目标。其次，从已有数据或第二手资料中收集信息。最后，从第一手资料收集信息，第一手资料即通过观察、访谈、试验或问卷等形式收集的资料。

（四）环境分析法

创业环境在创业过程中扮演非常重要的角色。因此，创业者可以从技术环境分析、市场环境分析和政策环境分析去识别创业机会。

（五）功能分析法

创业机会的识别和设计创新是密不可分的。具体到产品中，设计的创新包括以下内容：形式的创新、材料的创新、结构的创新，以及功能的创新等。具体功能分析方法包括：

（1）功能扩展法，即对现有产品的功能进行一定程度的相关扩展。

（2）功能联想法，即对产品功能进行相关的联想，进而从产品语义的角度对产品进行创造性的设计。

（3）功能组合法，即功能的合理配置性和结构的节约性。

（4）功能削减法，即对相应的功能进行删减，以符合绿色设计理念或使功能更加精细化。

（5）功能定义法，即打破原有对产品的命名也就是要打破产品在人们头脑中的固有形象。

总之，创业机会识别有科学性也有艺术性。创业者必须依靠直觉，使之成为一门艺术，必须依靠有目的的行动和分析技能，使之成为一门科学。

第三节 创业机会的评价与筛选

创业是有效识别、开发和利用创业机会的过程，把握好创业机会是关键，可通过创业机会评价来加以判断怎样的创业机会是必须加以开发和利用的。所以，创业机会评价是创业活动的重要组成部分。不是每个创业机会都会给创业者带来益处，每个创业机会都存在一定的风险。因此，创业者在利用创业机会之前要对创业机会进行科学的分析与评价，经过评价后的机会方案，可以根据自身具体的要求加以选择，并进一步利用实施。

一、创业机会评价方法

评价很重要，评价指标是关键。创业机会评价是一个复杂的、全面的、系统的对创业机会进行判断的过程，当前主流的评价方式有两种，一是定性评价，二是定量评价。定性评价的主要代表有蒂蒙斯、朗格内克、史蒂文森等学者。定量评价主要方法有西屋电气法、哈南分压计法等。

 专栏 5-4 胡润富豪榜的来源

胡润，1970 年出生在卢森堡，就读于英国杜伦大学，专业学的是中文，1990 年到中国留学，后来就留在安达信会计师事务所上海分部工作，成为一名会计师。但是，胡润遇到了一件麻烦事，每次休假回到英国，大家都会很好奇地问他，中国什么样？这个问题看似简单，不过还真是难回答，关键是没有标准，偌大一个中国，五千年历史，十几亿人口，向大家介绍什么呢？胡润为了这个事特别烦恼，一个在中国留学、中国工作的人，怎么连这么个简单的问题都回答不了。每次回国，胡润都要受这种刺激。1999 年，当时正好是中华人民共和国成立 50 周年，我给你介绍 50 个中国特别成功的人，不就可以让你知道新中国成立 50 年来的变化吗？基于这样的想法，胡润后来推出了富豪榜。

思考题：胡润富豪榜的评价指标有哪些？

（一）蒂蒙斯创业机会评价方法

蒂蒙斯在 *New Venture Creation:entrepreneur ship for the 21th century* 中提出了 8 个一级指标、55 个二级指标的创业机会评价指标体系，涵括了其他理论所涉及的指标体系，是最全面的创业机会评价的指标体系，可以作为创业机会评价指标库。这 8 个一级指标包括：行业和市场、经济性、收获条件、竞争优势、管理团队、致命缺陷问题、个人标准、理想与现实的战略差异。对每个指标的吸引力分为最高潜力和最低潜力，并对最高潜力和最低潜力进行描述。

1. 行业和市场

市场容易识别，可以带来持续收入。顾客可以接受产品或服务，愿意为此付费。产品的附加价值高。产品对市场的影响力高。将要开发的产品生命长久。项目所在的行业是新兴行业，竞争不完善。市场规模大，销售潜力达到 1 千万到 10 亿。市场成长率在 30%～50%甚至更高。现有厂商的生产能力几乎完全饱和。在五年内能占据市场的领导地位，达到 20%以上。拥有低成本的供货商，具有成本优势。

2. 经济性

达到盈亏平衡点所需要的时间在 1.5 年到 2 年。盈亏平衡点不会逐渐提高。投资回报率在 25%以上。项目对资金的要求不是很大，能够获得融资。销售额的年增长率高于 15%。有良好的现金流，能占到销售额的 20%～30%甚至更高。能持续获得毛利，毛利率要达到 40%以上。能持续获得税后利润，税后利润率要超过 10%。资产集中程度低。运营资金不多，需求量是逐渐增加的。研究开发工作对资金的要求不高。

3. 收获条件

项目带来的附加价值具有较高的战略意义。存在现有的或可预料的退出方式。资本市场环境有利，可以实现资本的流动。

4. 竞争优势

固定成本和可变成本低。对成本、价格和销售的控制较高。已经获得或可以获得对专利所有权的保护。竞争对手尚未觉醒，竞争较弱。拥有专利或具有某种独占性。拥有发展良好的网络关系，容易获得合同。拥有杰出的关键人员和管理团队。

5. 管理团队

创业者团队是一个优秀管理者的组合。行业和技术经验达到了本行业内的最高水平。管理团队的正直廉洁程度能达到最高水准。管理团队知道自己缺乏哪方面的知识。

6. 致命缺陷问题

不存在任何致命缺陷问题。

7. 个人标准

个人目标与创业活动相符合。创业者可以做到在有限的风险下实现成功。创业者能接受薪水减少等损失。创业者渴望进行创业这种生活方式，而不只是为了赚大钱。创业者可以承受适当的风险。创业者在压力下状态依然良好。

8. 理想与现实的战略差异

理想与现实情况相吻合。管理团队已经是最好的。在客户服务管理方面有很好的服务理念。所创办的事业顺应时代潮流。所采取的技术具有突破性,不存在许多替代品或竞争对手。具备灵活的适应能力,能快速地进行取舍。始终在寻找新的机会。定价与市场领先者几乎持平。能够获得销售渠道,或已经拥有现成的网络。能够允许失败。

该指标体系涉及的项目比较多,在实际运用过程中可作为参考选项库,结合使用对象、创业机会所属行业特征及机会属性等进行重新分类、梳理简化,提高使用效能。此外,蒂蒙斯创业机会评价体系只是一套评价标准,在进行创业机会评价实践时,还需要科学的步骤和专业的评价方法才能操作。

(二)中国学者的创业机会评价

1. 创业机会的市场与效益评价法

创业机会的市场与效益评价法是由我国学者刘常勇教授提出的,其创业机会评价框架是从市场评价和效益评价两个维度进行。

(1)市场评价。包括:①是否具有市场定位,专注于具体顾客需求,能为顾客带来新的价值。②依据波特的五力模型进行创业机会的市场结构评价。③分析创业机会所面临市场的规模大小。④评价创业机会的市场渗透力。⑤预测可能取得的市场占有率。⑥分析产品成本结构。

(2)效益评价。包括:①税后利润至少高于5%。②达到盈亏平衡的时间应该低于2年。③投资回报率应高于25%。④资本需求量较低。⑤毛利率应该高于40%。⑥能否创造新企业在市场上的战略价值。⑦资本市场的活跃程度。⑧退出和收获回报的难易程度。

2. 创业机会的三层次评价法

林嵩在《创业机会识别研究》提出的创业机会评价指标,弥补现有研究中创业机会识别指标之不足。一方面,林嵩承认创业机会需要从不同侧面予以综合评价,另一方面,这些不同侧面的机会特征存在主次之分,其重要程度存在较大差异。这就是说,在机会识别时需要把重点放在某些更为重要的指标上,对其正确识别评价后,再结合其他方面的特征做出整体判断。在林嵩的模型中,创业机会可以从三个层次进行分析和评价。

林嵩将创业机会从三个层次进行分析和评价,即:创业机会的支持要素;创业机会的核心特征;创业机会的成长预期。创业机会的三层次评价体系如图 5-4 所示。

图 5-4　创业机会的三层次评价体系

(1)创业机会支持要素。是创业者或者创业团队能够有效开发创业机会的支持条件。创业机会的支持要素主要包括:创业团队,创业资源,商业模式。

(2)创业机会核心特征。创业机会的核心特征属于创业机会的自然属性,主要包括两个方面:产品特征(机会自身的内在属性)和市场特征(外部市场的发展状况)。

(3)创业机会成长预期。是创业机会评价指标的第三个层次,成长预期是创业者对于创业机会潜在价值的最终判断。这种预期盈利是创业机会的核心特征与支持特征相结合之后的盈利性预期,包括各项财务指标。

3. 创业机会识别过程综合模型

基于过程的观点,林嵩建立了一个创业机会识别过程综合模型,该模型如图5-5所示。在这一模型中,创业者需要遵循一定的顺序识别和评价创业机会,这一顺序取决于创业机会的三个层次特征的功能差异:创业机会的核心特征与创业成长关系最为密切,创业机会的核心特征决定了创业成长的方向。创业机会的支持要素,在一定程度上也影响创业成长,但是这种关系并不是一种直接的导向关系,而是一种支持关系。创业机会的成长预期,是创业成长的预期结果。

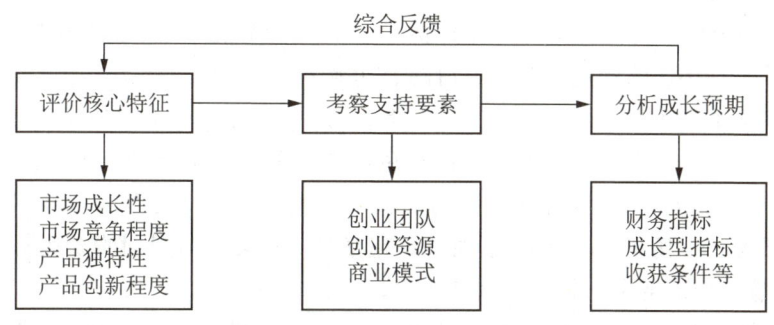

图5-5 创业机会识别过程综合模型

首先对创业机会的核心特征作出评价,根据核心特征选择合适的成长规划。此时,应当结合创业者拥有的支持要素,判断成长规划的可行性,如果可行,再进一步估算其未来发展状况,如果能够实现良好的成长预期,则选择该创业机会,否则就予以放弃。可以看出,采用过程论的观点,对创业机会识别活动的描述性更强,因而对于实践中的创业者更具实践指导意义。

二、创业机会筛选

对于创业投资者来说,市场机会的甄别类似于投资项目的评估,这对投资能否取得收益无疑是十分重要的,帮助创业者从另一角度来分析其创意是否具有继续发展成为一个企业的实际价值。事实上,大约有60%~70%的创业计划在其最初阶段就被否决,就是因为这些计划不能满足创业投资者的这些评价准则,根据这些准则可评判一个创意的市场前景是否具有较大的潜力。

(一)筛选指标

多年来,一些在企业和特定的市场中有经验的人使用一些经验法则对市场机会进行筛选。例如,20世纪80年代中期,有一家销售额约10亿美元的美国公司分析了美国从1975—1984年间60家新创办的计算机公司的有关经营数据,他们认为,可以用一个主要的指标,即雇员的人均销售额来衡量新公司经营是否良好以及其创业起步是否成功。他们还给出了这一指标的临界值应为 7.5 万美元,低于这一数值说明公司经营不良,如果雇员人均年销售额少于 5 万美元则标志着公司出现了严重的问题。

创业机会筛选指标有:产业和市场、经济结构与获利能力、竞争优势、管理问题等。

1. 产业和市场

一个具有较大潜力的产业应该能够生产出满足客户需求的产品,这种产品应能令客户感到具有较大的价值。主要考虑该产业的成长性、资源来源、污染、政策支持、技术水平等。成长性好、资源利用受限小、污染小、政策支持的产业容易创业成功,技术水平高的产业进入壁垒较高。

确定产品或服务的市场定位,其产品或服务能够满足消费者的需求,或能够满足某些重要客户的需要,能够为客户提供高附加值和高增值的收益。主要考虑市场结构、市场规模、市场份额等。

(1)市场结构中销售者和购买者的数目、产品的差异化程度、市场需求对价格变化的敏感度等都直接影响创业机会选择后的成功概率。

(2)市场规模巨大而且还在发展中的市场,只要占有一个不大的份额就可以拥有相当大的销售量。如在美国一个总销售额超过 1 亿美元的市场是有吸引力的,在这样一个市场上,占有大约 5% 甚至更小的份额就可能取得很大的销售额,并且对竞争对手并不构成威胁。市场规模非常庞大,可能该市场处于产业生命周期的成熟期,市场竞争性高,意味着较低的毛利和较低的获利能力。

(3)市场份额体现市场的集中程度和竞争程度,如果一个新创企业在未来能够占有 20% 的市场份额,表明这个企业的潜力是十分巨大的,因为较高的市场份额将为一家公司创造非常高的价值,否则该公司的价值可能比其账面价值高不了多少。对于大多数寻求一家具有较高潜力公司的投资者来说,只占有一个市场不到 5% 份额的企业是没有吸引力的。

2. 经济结构与获利能力

经济就是要低成本,包括低成本的供应商、规模经济效应、技术和管理低成本等。对于风险投资者来说,如果创业计划显示市场中只有少量产品出售而且产品单位成本都很高时,就很难有吸引力,而销售成本较低的公司就可能有吸引力的市场机会。

效益包括经济和社会效益,这里说的效益主要是指经济效益。毛利是高效益的重要指标之一,单位产品的毛利是单位销售价格减去所有直接的、可变的单位成本。对于创业机会来说,高额和持久地获取毛利的潜力是十分重要的。一般地,超过 40%~50% 的毛利率将提供一个极大的内在缓冲器,比 20% 或更低的毛利率更容许企业有较多错误和从错误中学习的余地。高额和持久的毛利还意味着一家企业可以较早达到收支相抵,这种情况发生在开始两年内对企业是十分有利的。

投资收益潜力是创业必须考虑的关键因素,高而持久的毛利率和高而持久的税后利润通常产生高额的每股收益和股东权益收益,从而使得这家公司有较高的市场价格。假定以一般风险程度衡量,每年低于 15%~20% 的投资收益潜力是没有吸引力的。

以战略价值为基础的新企业是具有吸引力的,某些技术具有重大的战略价值,它们往往是一家公司的核心技术。例如,对于施乐公司具有极大战略价值的一项产品技术,在20世纪80年代中期是由一家销售额仅为约1 000万美元而且前一年刚刚亏损150万美元的小公司所拥有的,而为了这项战略性技术,施乐公司以5 600万美元购买了这家公司。

3. 竞争优势

竞争力强的企业其产品在市场的销售增长率一定高,同时市场占有率同样较高,对于新进创业企业来说很难在规模效益上取胜,更多的应该考虑技术、管理的竞争优势,对没有或很少有人关注的领域进行选择,可能更具竞争力。

4. 管理问题

企业管理队伍对于机会的吸引力是非常重要的,管理团队成员应该具有互补性和一致性的技能,以及在同样的技术、市场和服务领域里被证明具有赚钱和赔钱的经验。能够对价格、成本和销售渠道等实施强有力的控制,这种控制的可能性与市场竞争有关,如果市场上不存在拥有较强实力的竞争对手,控制的强度就可能较大。例如,一个对其产品的原材料来源或者销售渠道拥有独占性控制的新企业,即使它在其他领域较为薄弱,它也能够取得较大的市场优势。对风险投资基金考虑在一定时候的基金抽回,资金的退出主要有收购或出售、公开发行股票等。

(二)创业机会选择

创业机会的有效把握是创业成功的关键一步,在对创业机会进行科学的评价后,我们根据创业机会筛选的产业原则、市场原则、经济原则、效益原则、竞争原则和管理原则,对创业机会方案进行综合评估,选择在市场、获利能力、竞争优势、管理团队各方面都具有自身特色的方案实施创业。

有两个小故事,说明了创业机会选择的浅显道理。

一个故事是:有两个人去闯荡东京,发现东京街头上到处卖水。一个感言,东京这个鬼地方,连水都要买。另一个感言,东京这个地方真好,连水都可以卖钱。

另一个故事是:两个业务员到非洲去卖鞋,发现非洲人都不穿鞋。一个业务员说,非洲人不穿鞋子,这里没市场。而另外一个业务员则说,不对,非洲人都没鞋子穿,这里的市场一片大好。

本 章 小 结

1. 创业机会是一种满足未满足的有效需要的可能性,是企业家所能识别的有效需求。

2. 创业机会受其所处环境的影响,创业环境分析的GEM模型,用于衡量国家间创业活动水平的差异;探索经济增长与创业活动之间存在的系统关系;揭示决定更高水平创业活动的因素;提出能促进国家创业活动水平的政策。

3. 五项竞争力模型，分析潜在入侵者、替代品、现有企业间的竞争、供应商、买方的能力。

4. 创业机会来源于创新思维中提出的理念、人们生活中的实际问题、科技发展带来的变化、市场变化带来的机会、政策导向和支持等。

5. 影响创业机会识别的因素有创业环境、创业主体特性和创业机会自身属性。

6. 常用创业机会评价方法有：蒂蒙斯创业机会评价、创业机会的市场与效益评价法、创业机会的三层次评价法。

7. 创业机会筛选要注意产业原则、市场原则、经济原则、效益原则、竞争原则和管理原则。

复习思考题

1. 创业机会有哪些特征？
2. 如何识别创业机会？
3. 创业机会的评价方法有哪些？

案例分析

创业真经——没钱也能创出大事业

很多人都想创业，但他们似乎又有一个不创业的理由：我没有钱，我要是有钱的话……似乎只要有钱，他就一定能创业成功。可是马云的创业经历告诉我们：没钱，同样可以创业，同样可以创出一番伟大的事业。马云有过二次创业经历，创业开始时都没什么钱。

第一次：创办海博翻译社

马云之所以要办翻译社，主要是基于三个方面的考虑：一是当时杭州很多的外贸公司，需要大量专职或兼职的外语翻译人才；二是他自己这方面的订单太多，实在忙不过来；三是当时杭州还没有一家专业的翻译机构。

很多人总是有想法，却很少会有行动。但是马云一有想法，然后就是马上行动。当时是1992年，马云是杭州电子工业学院的青年教师，28岁，工作4年，每个月的工资还不到100元。他找了几个合作伙伴一起创业，风风火火地成立了杭州第一家专业的翻译机构——海博翻译社。

整整三年没有盈利,到1995年,翻译社开始实现盈利,现已经成为杭州最大的专业翻译机构。

第二次:创办中国黄页

1995年初,马云参观了西雅图一个朋友的网络公司,亲眼见识了互联网的神奇,他马上意识到互联网在未来的巨大发展前景,于是决定回国做互联网。创建了中国第一家网站——中国黄页。

这次创业,马云仍然没有什么钱,所有的家当也只有6 000元。于是,马云变卖了海博翻译社的办公家具,跟亲戚朋友四处借钱,这才凑够了80 000元。再加上两个朋友的投资,一共才10万元。

第三次:创办阿里巴巴

阿里巴巴无疑是中国互联网史上的一次奇迹,这次奇迹是由马云和他的团队创造的。阿里巴巴创业开始,钱也不多,50万元,是18个人东拼西凑凑起来的。马云喊出了这样的宣言:"我们要建成世界上最大的电子商务公司,要进入全球网站排名前十位!"

8年后的2007年11月6日,阿里巴巴在香港联交所上市,市值200亿美元,成为中国市值最大的互联网公司。马云和他的创业团队,由此缔造了中国互联网史上最大的奇迹。

讨论题:

1. 马云三次没钱的创业经历给您什么启示?
2. 创业的关键是什么?
3. 创业机会的选择靠的是什么?

 学习拓展

数字背景下的创业机会

党的二十大报告指出,加快建设网络强国、数字中国,促进数字经济和实体经济深度融合。以云计算、大数据、移动互联网、物联网、人工智能等为代表的数字技术已成为改变社会生活和经济发展模式的新动力,其在计算机、数控技术、通信设备、数字仪表、电子产品等方面有着广泛应用。

元宇宙创业是创业领域的前沿话题,元宇宙创业是技术集成应用下的创业活动,它可以与不同领域融合,创造性地产出各类元宇宙沉浸式虚拟现实的体验场景。对于创业者而言,他们可以根据现实世界中的用户需求和虚拟世界中的直接反馈建立丰富的数字信息,并在实体产品开发之前,先在虚拟世界中测试产品。典型的例子如宝马里达工厂,其是宝马集团第一家从一开始就完全在虚拟环境中进行规划和模拟的工厂,从工厂规划、建筑设计、生产线布局到设备调试,全部在强大的 Epic Games 虚幻引擎 3D 创作平台创建数字孪生模型并进行模拟,构建了真正的元宇宙工厂。

此外,当现实世界中的资源不可得性、时空边界性以及环境不确定性等导致了一些创业活动难以发生时,我们可以通过在虚拟世界中数字原生出适配的虚拟资源,再以物理孪生化的方式在现实世界建模,虚拟世界资源转向满足现实世界需求,从而促进现实世界中创业的发生。例如,借助与线上、线下的知名 IP 联动,RTFKT 依靠耐克的生产能力将虚拟鞋转变为实体运动鞋,使用区块链和 AR 技术重塑时尚产品的设计和制造,打破了数字藏品在虚拟与现实之间的边界。

创业者还可以利用元宇宙技术搭建不受时空限制、可重复体验、具有高度沉浸感和交互性的场景,开发现实世界无法复制的体验类活动。典型的例子如 Next Earth 和 SEE Turtles 合作开发的生态保护游戏,通过让参与者沉浸式体验动物灭绝后的世界,唤醒其潜在的环保意识。

第六章

商业模式

学习目标

1. 了解商业模式的概念和特点。
2. 理解商业模式的主要内容、创新原则。
3. 掌握商业模式的类型与设计要素。

引导案例

时代变了,商业模式就必须改变

在 2005 年提出"人单合一"这一颇具哲学意味的商业模式后,张瑞敏不断思考和自我颠覆,其中"人"是指员工、"单"则指的是用户的需求。在张瑞敏看来,从来没有成功的企业,只有时代的企业,"为什么颠覆传统的商业模式,因为时代变了,商业模式也必须做出改变"。如何让一家年营收超 2 000 亿元的大企业随着时代的发展保持活力不断创新,这是张瑞敏一直在思考的问题。在张瑞敏看来,过去是传统的工业革命时代,企业追求规模化制造和名牌效应。有了规模,知名品牌企业就有更高的利润和溢价能力;而现在,则是互联网时代,"你要么拥有互联网,要么被互联网拥有",互联网颠覆了传统工业时代的单边市场,变成双边或者多边市场,以平台化为核心。至于未来,张瑞敏预测将是物联网时代。"物联网时代有别于互联网时代,商业重点是情景感知和个性化定制的体验,而终身用户是模式的核心"。张瑞敏认为,物联网时代将会催生出基于物联网范式的商业模式,这种新的模式必将取代传统的商业模式。为了让海尔实现真正意义上的颠覆,张瑞敏大刀阔斧裁掉了 1 万多名集团中层,打破部门和行政边界,将海尔重塑为一个大的创业生态平台,所有的员工与创业者都在一个生态圈中。管理层不再是发布命令的人,而是为小微和创业者提供各种资源。"我们做的是把部门取消掉,所有的部门变成一个小微,跟用户是零距离的。希望能利用两千五百多年前中国非常智慧的哲学思想,让我们的管理模式(海尔)在物联网的时代始终能走在世界前列"。

讨论题:

海尔是如何创新商业模式的?

第一节 商业模式概述

一、商业模式相关概念

(一)商业的起源与概念

商业兴起于先商时期,形成初期是使用以物换物的方式进行的社会活动,后来发展成为以货币为媒介进行交换从而实现商品流通的经济活动。商业是一个历史范畴,它是由第三次社会大分工出现的不从事生产而只从事商品买卖的商人阶段发展来的。商业源于原始社会以物换物的交换行为,它的本质是交换,而且是基于人们对价值的认识的等价交换。一言以蔽之,商业是以货币为媒介进行交换从而实现商品流通的商业经济活动。商业有广义与狭义之分,广义的商业是指所有以营利为目的的事业,而狭义的商业则是指专门从事商品交换活动的营利性事业。

(二)模式的基本概念

模式是指事物的标准样式或者参照性指导方略。

(1)标准样式。模式是指事物的标准样式,它的指涉范围甚广,标志了物件之间隐藏的规律关系,而这些物件并不必然是图像、图案,也可以是数字、抽象的关系,甚至思维的方式,模式强调的是形式上的规律,而非只是实质上的规律或前人积累的经验的抽象和升华。简单地说,模式就是从不断重复出现的事件中发现和抽象出的规律,类似于解决问题的经验的总结,只要是一再重复出现的事物,就可能存在某种模式。

(2)参照性指导方略。模式有不同的领域,建筑领域有建筑模式,软件设计领域也有其设计模式。当一个领域逐渐成熟的时候,自然会出现很多模式。模式是一种参照性指导方略。组织模式可以在一个良好的指导下,按照既定思路快速做出一个优良的设计方案,得到解决问题的最佳办法,高效完成任务,达到事半功倍的效果。

(三)商业模式的概念

何谓商业模式?鉴于不同的研究视角,国内外专家学者针对商业模式给出了不同的定义。

(1)国外学者关于商业模式的定义。德鲁克认为商业模式是一种关于组织(或公司)的经营理论。蒂蒙斯认为商业模式是产品、服务和信息流的一个体系架构,包括说明各种不同的参与者以及他们的角色、潜在利益和企业收入的来源。Boulton 认为商业模式是把有形的和无形的资产结合起来创造价值。Magretta 认为商业模式是在描写企业的每个部分如何匹配起来进而组成的一个系统,是为了帮助顾客创造价值所进行的活动。商业模式是用以说明企业如何运用一组故事的概念,它必须回答管理者关心的一些基本问题:谁是顾客?顾客的价值何在?如何在这个领域中获得收入?如何以适合的成本为顾客提供价值? Voelpeletal 认为商业模式表现为一定业务领域中的顾客核心价值主张和价值网络配置,包括企业的战略能力和价值网络其他成员(战略联盟及合作者)的能力,以及对这些能力的领导和管理,以持续不断地改造自己来满足包括股东在内的各种利益相关者的多重目的。Seddon认为商业模式是对一组活动在组织中的配置,这些单位通过企业内部和外部的活动在特定的产品-市场上创造价值。

(2) 国内学者关于商业模式的定义。袁新龙认为商业模式可以概括为一个系统,它由不同部分、各部分之间的联系及其互动机制组成,它是指企业能为客户提供价值,同时企业和其他参与者又能分享利益的有机体系;它包括产品及服务流、信息流和资金流的结构,包括对不同商业参与者及其角色的描述,还包括不同商业参与者收益及其分配的划分。罗珉认为商业模式是一个组织在明确外部假设条件、外部资源和能力的前提下,用于整合组织本身、顾客、供应链伙伴、员工、股东或利益相关者来获取超额利润的一种战略创新意图和可实现的结构体系以及制度安排的集合。

综上所述,本书认为商业模式是简化了的商业逻辑,是企业为了最大化企业价值而构建的企业与其利益相关者的交易结构,把能使企业运行的内外各要素整合起来,形成高效率的、具有独特核心竞争力的运行系统,并通过提供产品和服务,达成目标的组织设计的整体解决方案。

(四) 商业模式的基本原理

(1) 商业模式描述了企业创造价值、传递价值和获取价值的过程,是指可持续的盈利模式。

(2) 商业模式就是企业围绕客户价值开展的各项价值活动的总称,是企业各种战略运用的结合体和组合表现形态,它关注的是如何通过有效的战略组合进行价值创新和商业模式的构成系统运营,从而构建企业的核心竞争力,建立竞争优势。

(3) 商业模式描述了企业创造营业收入与利润的手段与方法并将组成要素归结为员工与顾客的选择、产品与服务的提供、将产品与服务推到市场、为员工与顾客提供效用、吸收与留住员工与顾客、定义工作内容、响应环境与社会的持续发展、资源配置以及获取利润等。

(4) 商业模式说明了公司通过什么途径或方式来盈利,是利益相关者的交易结构,是价值环节的生态组合。

二、商业模式的基本元素与要素观

(一) 商业模式的基本元素

有学者认为商业模式是一个非常宽泛的概念,通常所说跟商业模式有关的说法很多,包括运营模式、盈利模式、B2B模式、B2C模式、"鼠标加水泥"模式、广告收益模式等不一而足。商业模式是一种简化的商业逻辑,依然需要用一些基本元素来描述这种逻辑。

(1) 价值主张(value proposition):公司通过其产品和服务所能向消费者提供的价值。价值主张确认公司对消费者的实用意义。

(2) 消费者目标群体(target customer segment):公司所瞄准的消费者群体。定义消费者群体的过程也被称为市场划分。

(3) 分销渠道(distribution channel):公司用来接触消费者的各种途径。分销渠道阐述了公司如何开拓市场,它涉及公司的市场和分销策略。

(4) 客户关系(customer relationship):公司同其消费者群体之间所建立的联系。

(5) 价值配置(value configuration):资源和活动的配置。

(6) 核心能力(core competence):公司执行其商业模式所需的能力和资格。

(7) 合作伙伴网络(partner network):公司同其他公司之间为有效地提供价值并实现其商业化而形成合作关系网络。描述了公司的商业联盟范围。

(8) 成本结构(cost structure):所使用的工具和方法的货币描述。

(9) 收入模型(revenue model):公司通过各种收入流来创造财富的途径。

也有学者认为企业经营也有"道、法、术、器"四个层面,商业模式就是"道",是商道的最高境界。如果企业总是在"法、术、器"里找出路的话,就会像爬山一样,总在山脚和山腰打转转,很难直达山巅;而企业只有以商业模式——"商道"的高度,从上往下看时,才会豁然发现,通往山巅的捷径随处可见。企业的出路在于认知的高度,高度决定思路,思路决定出路。

(二) 商业模式的要素观

1. 四要素观

Clayton M. Christensen 的理解包括四个要素:客户价值主张、盈利模式、关键资源和关键流程。通俗一点来说就是以下四点:第一,你能给客户带来什么价值?第二,给客户带来价值之后你怎么赚钱?第三,你有什么资源和能力能同时带来客户价值和公司盈利?第四,你如何能同时带来客户价值和公司盈利?

2. 六要素观

北京大学魏炜教授与清华大学朱武祥教授在全国率先推出"商业模式六要素模型",该模型包括定位、业务系统、关键资源能力、盈利模式、自由现金流结构和企业价值六个方面,六个方面相互影响,构成有机的商业模式体系。

三、商业模式的特征

虽然各种理论对商业模式的定义还无法达成共识,但对商业模式具有的下述特性的认识较为一致。学者们普遍认为,成功的商业模式具有如下特征。

(一) 整体性

商业模式是一个整体的、系统的概念,而不仅仅是单一的组成因素。如收入模式(广告收入、注册费、服务费)、向客户提供的价值(在价格上竞争、在质量上竞争)、组织架构(自成体系的业务单元、整合的网络能力)等,这些都是商业模式的重要组成部分,但并非全部。

(二) 内在联系性

商业模式的组成部分之间必须有内在联系,这个内在联系把各组成部分有机地关联起来,使它们互相支持,共同作用,形成一个良性的循环。

(三) 有效性

商业模式的有效性,一方面是指能够较好地识别并满足客户需求,做到令客户满意,不断挖掘并提升客户的价值。另一方面,商业模式的有效性还指通过模式的运行能够提高自身和合作伙伴的价值,创造良好的经济效益,同时,也包含具有超越竞争者的、体现在竞争全过程的竞争优势,即商业模式应能够有效地平衡企业、客户、合作伙伴和竞争者之间的关系,既要关注客户,又要企业盈利,还要比竞争对手更好地满足市场需求。

(四) 差异性

商业模式的差异性是指现有模式不同于原有模式的特点,不容易被竞争对手复制,保持差异。这要求商业模式本身必须具有相对于竞争者而言较为独特的价值取向以及不易被其他竞争对手在短时间内复制和超越的创新特性。

(五) 适应性

商业模式的适应性是指其满足变化多端的客户需求,应对宏观环境变化以及市场竞争环境的能力。商业模式是一个动态的概念,今天的模式也许明天被演变成不适用的,甚至成为阻碍企业正常发展的障碍。好的商业模式必须始终保持必要的灵活性和应变能力,具有动态匹配的鲜明特征。

(六) 可持续性

企业的商业模式不仅要能够难以被其他竞争对手在短时间内复制和超越,还应能够保持一定的持续性。商业模式的相对稳定性对维持竞争优势十分重要,频繁调整和更新不仅会增加企业成本,还易造成顾客和组织的混乱。这就要求商业模式的设计具备一定的前瞻性,同时还要进行反复矫正。

(七) 生命周期特性

任何商业模式都有其适合的环境和生存土壤,都会有一个形成、成长、成熟和衰退的过程。商业模式的重要性越来越得到人们的重视,对商业模式的理论研究不断深入。在各种观点中,越来越多的学者倾向于用系统的观点全面研究商业模式。但商业模式的理论研究起步比较晚,对商业模式的概念、构成要素等尚未有权威的、统一的界定,相信随着商业模式应用的日益广泛、深入,关于商业模式的研究也会不断跃上新台阶。

四、商业模式的作用

(一) 学者观点

Zott 和 Amit 从新颖主题、效率主题与战略之间的匹配出发,研究二者如何影响企业绩效。另一些学者从商业模式构成要素出发,发现不同要素对于企业绩效与成长的影响。如 Landry 等人发现顾客价值定位、市场细分、利润形成机制、价值网络定位的变化对于技术转移组织成长产生重要影响。还有学者将商业模式整体作为变量,分析其与其他变量之间的关系来解开理论命题,在业界流传着很多依靠独特的商业模式而大获成功的故事,那么商业模式的功能到底是什么呢?

Paul Timmers 认为商业模式要指明各参与者及其角色、潜在利益和收入来源。

Afuah 和 Tucci 认为,商业模式必须明确向顾客提供什么样的价值,向哪些客户提供价值,如何为提供的价值定价,如何提供价值以及如何在提供的价值中保持优势。

Joan Magretta 认为商业模式应该解决以下问题:谁是客户?客户的价值是什么?如何在这种模式中赚钱?将这种价值以合适的成本交付给客户的根本经济逻辑是什么?

Ches brough 和 Rosen bloom 则认为商业模式是连接技术开发和经济价值创造的媒介。他们认为商业模式的功能包括:明确价值主张;确定市场分割;定义价值链结构;估计成本结构和利润潜力;描述其在价值网络中的位置;阐明竞争战略。商业模式调和价值创造过程的构造,如 Futterer 等人通过研究商业模式和企业家行为之间的相互影响机制,进而说明其对于投资绩效的影响。

专栏 6-1　新鞋老路的携程模式

产业的缝隙处,很多时候就是空白地带,不仅仅是新老经济之间,在新经济与新经济之间,在两个传统产业之间,都有很多机会,前提是能找到有确切的结合点。大家可能有过这样的经验,在机场候机的时候,总会收到免费发放的携程网卡,这时候,你也许会注意到携程网上网下结合紧密。携程从根本上说又是一个纳斯达克故事,但是总体的设计比较清晰,所以发展也比较平稳,可以说是有预谋地使用了风险基金。携程最初是学习新浪、搜狐做网站的,后来,携程先是收购了当时最大的酒店预订中心——现代运通;随后又切入机票预订领域,并购机票代理公司北京海岸;之后又将华程西南旅行社收入囊中,正式进军自助游市场。在携程高层领导者的设想中,携程并不是家网站,而是高科技武装的旅行服务公司,是传统行业的整合者。2000年,携程的员工不足 100 人,后来涨到 1 500 多人,营业额的成倍增长更是让传统旅游公司难以望其项背。钻研学术的人喜欢寻找边缘学科,因为那是容易出成果的地方。做产业的也一样,携程的故事之所以那么顺当,是因为它没有单纯地处于新经济中,避过了那些年的互联网泡沫。同时,它也没有成为一个一般的旅行社,从渠道角度,它寻找到了新老经济的结合点。携程旅行网作为中间商,就是通过获取中间的利润的方式来获取利润的。而许多企业通过携程网这个信息平台,建立了旅游需求方和酒店、旅行社和航空铁路等供给方的双方数据库。携程网一边笼络庞大的会员客户群体,一边向酒店和航空公司获取更低的折扣,自己获取中间的佣金。这即是携程旅行网的盈利模式。

(二) 本书观点

商业模式的作用是在原有的或新环境条件下,发现新的市场机会、细分市场和瞄准组织结构及生产服务流程中存在的低效部位,吸收和整合企业可以使用的内外部资源,通过各种创新加以挖掘和利用,从而为投资者和包括客户、合作伙伴在内的利益相关者创造更多的价值。具体体现在:

(1) 有利于超越自我局限,促进商业合作,建立战略联盟,积聚战略资源。

(2) 有利于扬长避短,培育核心能力,构筑模仿壁垒,赢得竞争优势。

(3) 有利于整合产品和服务价值链,对企业理念、要素和流程进行系统集成。

(4) 有利于企业战略的动态组合。
(5) 有利于发现顾客的体验和个性差异,满足客户的真实需求。
(6) 有利于通过产品和服务的创新给客户创造最大价值。

第二节 商业模式选择

一、商业模式的本质

当今企业之间的竞争,不是产品之间的竞争,而是商业模式之间的竞争。商业模式本质上是利益相关者聚合资源和能力、解决商业问题、从而创造和分享新价值的交易结构。

商业模式的核心逻辑包含三个部分:创造价值、传递价值、获取价值。即企业创造了什么价值、通过什么方式把价值传递出去、如何将传递出去的价值回收回来;最终让企业再生产,形成一个良性循环,这样企业才能够维持好的运作。

创造价值:企业归根结底就是社会的一个职能部门,满足消费者就是提供基于客户需求的解决方案,这是企业存在的根本理由,这是创造价值部分。

传递价值:到底通过什么方式、哪些资源配置,把价值交付出去,交付给社会、交付给用户、交付给消费者。

获取价值:交付之后,用户、社会、消费者,通过现金的方式或者其他方式,交付到企业,这时候企业才能够有更多的资金去进行再生产,创造更多的价值。这样就形成了创造价值、传递价值、获取价值的正向循环,企业才能够得以生存。

创造价值是基于客户需求,提供解决方案;传递价值是通过资源配置,活动安排来交付价值;获取价值是通过一定的盈利模式来持续获取利润。

对于一个企业而言,核心业务流程通常包括以下几个方面:
① 项目投资流程,高效率地形成资产。
② 产品开发流程,保证公司的产品具有竞争力。
③ 市场销售流程,保证公司多拿订单,实现更大规模的销售。
④ 产品交付流程,为客户更省、更快、更好地交付产品。交付流程往往还会细分为生产制造流程、供应链流程等。
⑤ 客户服务流程,与客户保持良性互动,维护良好客户关系。

以上流程需要依靠一系列组织能力予以支撑,而这些组织能力则来自不同的部门,部门是专业分工的产物,部门的工作构成流程的环节。环节是流程的组成部分,服务于流程的总体目标。

二、商业模式的类型

(一)新兴商业模式

尽管学者对商业模式本质的认识不尽相同,但商业模式无法脱离商业活动获利的本质，因此从商业活动的本质看，商业模式就是企业获取利润的方式，而企业"做生意的方式"千差万别而导致商业模式形态各异。美国著名的商业模式研究学者 Osterwalder 和 Pigneur 概括出五种商业模式新类型：非绑定商业模式、长尾商业模式、多边平台商业模式、免费式商业模式和开放式商业模式。

1. 非绑定商业模式

企业有三种不同的业务类型：客户关系型、产品创新型和基础设施型。每种不同的类型都包含三种不同的驱动因素：经济驱动因素、竞争驱动因素、文化驱动因素。所以企业应关注以下三种价值信条：产品领先、亲近客户、卓越运营。为避免冲突或不利的权衡妥协，三种业务类型"分离"成为独立的实体但又可同存于一家公司，如私人银行业、移动通信业等的商业模式。

2. 长尾商业模式

长尾商业模式是指市场定位于"多样少量"的模式，并把这种量少样多的产品称为"利基产品"，长尾模式能够存在的前提是低库存成本、强大的平台和买家容易寻找和获得。典型的行业如图书出版业，典型的企业如 eBay。

3. 多边平台商业模式

多边平台商业模式是指将两个或更多有明显区别但又相互依赖的客户群体汇集在一起，通过促进各方客户群体互动来创造价值。如何激发网络效应、增加入驻平台的用户数量是多边平台模型运行的关键，其典型企业如 Amazon、阿里巴巴等。

4. 免费式商业模式

免费式商业模式是指至少向一个庞大的客户细分群体提供持续的免费服务，并据此吸引付费用户，且通过付费用户补贴免费用户的一种商业模式。作为一种营销手段，免费的本质就是交叉补贴，免费式商业模式的特点是至少有一个客户细分群体持续从免费的产品或服务中受益，比如腾讯 QQ、微信、360 等优秀企业都是利用免费模式快速崛起的。

5. 开放式商业模式

开放式商业模式是指通过与外部伙伴系统性合作来创造和捕捉价值。可以分为"由外到内"和"由内及外"两种式样，前者是指将外部的创意引入公司内部，如宝洁公司将内部研发外部化，通过互联网平台，将自己研发中的难题呈现给全球的科学家，成功地开发了解决方案可获得宝洁公司的现金奖励的方案。后者是指将企业内部闲置的创意和资产提供给外部伙伴，如葛兰素史克建立对外开放的专利池，把公司弃用的开发疑难杂症的相关知识产权放在专利池，以供外部的研究者使用，以促进对疑难杂症的研究，产生更多的价值。

应该看到，五种式样都是对新兴商业模式的描述，在互联网经济时代得到广泛应用的主要有三种：长尾商业模式、多边平台商业模式和免费商业模式。基于互联网的平台商业模式风起云涌已然成势，如电子商务领域的阿里巴巴、京东等；旅游服务领域的携程、去哪儿网、途牛；婚恋交友领域的世纪佳缘、珍爱网、百合网等，但国内有诸多学者质疑将免费界定为一种商业模式的恰当性。

专栏 6-2　国家政策推动线上线下融合消费双向提速

国务院办公厅关于以新业态新模式引领新型消费加快发展的意见,国办发〔2020〕32号第五条明确指出支持互联网平台企业向线下延伸拓展,加快传统线下业态数字化改造和转型升级,发展个性化定制、柔性化生产,推动线上线下消费高效融合、大中小企业协同联动、上下游全链条一体发展。引导实体企业更多开发数字化产品和服务,鼓励实体商业通过直播电子商务、社交营销开启"云逛街"等新模式。加快推广农产品"生鲜电子商务+冷链宅配""中央厨房+食材冷链配送"等服务新模式。组织开展形式多样的网络促销活动,促进品牌消费、品质消费。

(二)常见的商业盈利模式

1. 广告盈利

广告盈利需要在特定的网页、服务、APP或者其他产品中创建广告。有策略地把广告投放在高流量的渠道。广告的常见计费模式有以下三种。

(1) CPM(cost per thousand impression,按千次展示收费):只要曝光就收费,不管点击、下载或注册等后续流程此种类型适合想要扩大知名度做品牌广告的广告主。早期门户网站的展示类广告以及开屏广告一般都采用这种模式。

(2) CPC(cost per click,按点击收费):在这种计费模式下,不管展示了多少次,只要用户不产生点击,广告主是不需要付费的,只有用户点击时才开始计费。这种形式是对广告主比较友好的方法,因为首先加大了媒介作弊的难度,其次可以检测每个平台的流量质量。目前这种形式常见于竞价排名广告以及信息流广告。

(3) CPA(cost per action,按用户行动收费):行动包括安装(install)、购买(purchase)、注册等形式,具体是指哪种行动需要在广告洽谈的时候,广告主和流量主协商好,只有用户产生了协商好的行动,广告主才付费。

广告盈利的优势:通过广告获取收益是最简单的盈利模式之一,这也是为什么有许多公司把广告作为一种收入来源。

广告盈利的劣势:只有获得上百万数量的用户,才能支撑起一家依靠广告收入的公司。而且大部分人很讨厌广告,这就导致广告的点击率很低,进一步降低广告收入。

2. 合作盈利

合作盈利是另一种常见的基于网页的盈利模式,通过相关产品的推广链接,从产品销售中收取佣金。常见的有五种合作方式:项目与项目的合作,项目与人的合作,项目与技术的合作,项目与资金的合作,项目与社会资源的合作。

合作盈利的优势:分担风险,增强竞争力,通常比基于广告的盈利模式收益更高。

合作盈利的劣势:盈利水平受限于所在的行业规模,产品类型以及受众。

3. 交易型盈利

交易型盈利是以网络作为传统商品的展示和销售渠道,依靠大量的销售商品实现盈利,利润来自销售价格与产品成本之间的差额。

交易型盈利的优势:客户更容易被这种交易型的体验所吸引,因为简单明了,而且选择面更广。

交易型盈利的劣势：因为交易型盈利模式的这种特点，许多公司都采用了这种模式，竞争更激烈，价格战更严重，采用这种模式的公司能赚的钱也会变少。

4. 订阅盈利

订阅盈利是指向客户提供需要长期付费的产品或服务，通常是按月或者按年收费。订阅模式是让用户能有规律地享受产品或服务。用户提前付费或定期付费，企业能获得持续稳定的现金流，用户也能通过该模式节省时间或金钱，从传统的报纸订阅，到互联网早期的 RRS 服务（一种通过订阅实时推送内容的技术），再到自媒体关注（微博、今日头条、优酷等），通过将周期缩短并且利用隐性收入模式，互联网将原先单纯的销售产品或服务转变为通过用户之间的链接提高对产品的黏性，最终实现盈利。这种模式依赖于大量的客户，所以保持高的客户留存率非常关键。

订阅模式的优势：有利于企业获得持续稳定的现金流，有利于顾客节省时间和资金，有利于顾客接受新产品，甚至客户疏于取消订阅而受益。

订阅模式的劣势：此种模式依赖于大量客户，客户的开发与保留至关重要。

5. 网络销售

网络销售属于交易型盈利模式的一个分支，客户直接为产品或服务付费，需要先通过网页搜索或者推式营销（outbound marketing）登录公司网站，通过互联网进行交易。主要适合如服装、化妆品、珠宝饰品、食品、日化用品、玩具、家居类、母婴、文体书籍、家电数码、保健等快消品，网络卖汽车等大宗商品。网络销售迅速，客户量大，不受距离限制，市场庞大，适合于各种产品，包括软件、硬件甚至订阅服务。网络销售依赖于互联网，客户对产品了解不够深入，与关系型营销不能兼容，不太适用于高价商品，如房地产、家电、汽车等。

网络销售的优势：

（1）迅速高效。网络销售可以在全天候、全球范围内进行，购物体验便捷，订单处理速度较快。客户量大。互联网覆盖面广，能够吸引大量潜在客户，扩大市场份额。不受地理限制：客户可以随时随地访问您的网站，不再受制于地理位置，从而扩展了潜在市场。

（2）低成本。相对于传统实体店面，网络销售通常可以减少租金、人员等运营成本。

（3）有利于数据分析。通过网络销售，您可以获得大量的用户数据，从而更好地了解客户需求，进行精准的市场定位和推销策略。

网络销售的劣势：

（1）对产品了解不深。由于客户无法亲自接触产品，可能导致产品了解不够深入，可能会影响购买决策。

（2）关系型营销受限。网络销售通常缺乏面对面的互动，因此不太适用于建立深度的关系型营销。

（3）不适用于高价或咨询型商品。对于需要复杂解释、咨询或是高价商品（如房地产、汽车等），网络销售可能不太适用。

6. 直销

直销主要分为两类,一是电话销售,客户打电话下订单或者销售代表给潜在顾客打电话推销;二是外部销售,即进行面对面的推销。"直销模式"就是通过去掉中间商,降低产品的流通环节成本,并满足顾客利益最大化需求的一种效率高的营销方式。直销模式与涉及多位买家的关系销售周期、企业销售周期或者复杂销售周期配合得很好。直销模式往往需要招聘销售团队,这往往意味着它不适用于低价产品。

直销模式的优势:

(1) 减少中间环节。直销模式消除了中间商和经销商,从而减少了产品流通环节,降低了成本。

(2) 更直接的客户联系。直销模式使制造商或服务提供商可以更直接地与最终消费者互动,了解他们的需求和反馈。

(3) 更高的利润潜力。由于中间环节较少,企业有机会获得更高的利润。

直销模式的劣势:

(1) 人力成本高。直销模式通常需要招聘和培训销售代表,这可能涉及额外的成本和努力。

(2) 不适合低价产品。由于直销模式需要投入较多的人力资源,它往往不适用于低价的快速消费品。

(3) 过于依赖销售代表。直销模式的成功很大程度上依赖于销售代表的能力和专业素质。

7. 渠道销售

渠道销售又称间接销售,是由代理或经销商销售产品的模式。合作盈利模式与这种销售模式是很好的搭配,尤其适用于虚拟产品的销售。间接渠道指生产者通过流通领域的中间环节把商品销售给消费者的渠道。渠道销售的基本模式为:生产者—中间商—消费者。间接渠道是社会分工的结果,通过专业化分工使得商品的销售工作简单化;中间商的介入,分担了生产者的经营风险;借助于中间环节,可增加商品销售的覆盖面,有利于扩大商品市场占有率。但中间环节太多,会增加商品的经营成本。间接渠道包括经销商、代理商、批发商、零售商等。

渠道销售的优势:对于增量销售能够产生增量利润的公司来说,渠道销售是一个理想的选择。

渠道销售的劣势:这种模式不适合产品还在进行早期市场宣传阶段,也不适合与合作伙伴的产品有竞争的情况。

8. 零售销售

零售销售需要实体店铺来为客户提供实体产品。零售销售模式需要商店的货架空间,最适合需要直接抵达客户的产品。零售销售遵循"制造→流转→消费者→售后跟进"这样一个完整的流程。

零售销售的优势:零售销售是为已有客户群提供交易和免费产品以促进品牌认知度的很好方式。

零售销售的劣势:零售销售路线对于早期阶段公司或者提供数字产品(比如软件和

APP)的公司来说不是理想的方式。

9. 产品免费服务收费

相比其他模式,这种模式比较独特,产品是免费的,客户需要在安装、定制化、培训或其他附加服务方面付费。免费版只提供基础数据,而收费版则提供专业服务。免费加收费模式的精髓就是提供差别化服务,一方面赚人气,另一方面赚钱,一般这个模式遵循5%定律,也就是5%的付费用户,构成了一个网站全部的收入来源。

产品免费服务收费的优势:这一模式有利于建立客户信任并提升品牌知名度,免费提供任何资源的公司都可以获得一定的人气。

产品免费服务收费的劣势:采用这种模式意味着产品是作为营销成本,基本上运营的是服务业务。此外,这种模式从长期来看未必是公司急速扩张的最好方式,后期需增加盈利模式。

10. 免费增值

免费增值是指基础服务免费,用户为高级特性、功能、扩展内容付费。这种模式通过向用户提供免费内容或者补贴价格,来实现两个目的:一是向用户销售另一种利润更高的产品;二是向第三方(比如广告商)销售用户数据。

免费增值的优势:为用户提供了免费的东西,这对于让他们体验你的产品或服务来说是很好的,同时还有机会刺激他们在使用之后为其他的更高级的东西付费。

免费增值的劣势:这种模式需要投入相当的时间和金钱获得用户,还要付出更多的精力把免费用户转为付费用户。

一般来说调查研究是选择与确定商业模式的重要方法,也是确定公司适宜的商业模式的必经阶段,应该掌握足够多的信息来帮助自己选择能够促进公司不断成长的模式。

第三节 商业模式设计与创新

一、商业模式设计

(一)商业模式设计概述

1. 商业模式设计的价值

商业模式是一个企业创造价值的核心逻辑,价值的内涵不仅仅是创造利润,还包括为客户、员工、合作伙伴、股东提供的价值,在此基础上形成的企业竞争力与持续发展力。商业模式设计有利于将战略、策略、战术、完整地融合,进而持续盈利和获得竞争优势,因此商业模式就是战略的应用工具。商业模式的核心就是通过销售、运营、资本实现资源的有效整合。

2. 商业模式设计的要素

商业模式设计的核心是资源有效整合,它包含五个要素:盈利、自我保护、能自启动、可调整、财务退出策略。从这五个要素去思考商业模式经营的销售模式—运营模式—资本模式,如何将这三种经营模式有效地形成一个闭环是需要去深挖和理解的。比如,企业产品如何让顾客重复购买?企业核心竞争力在哪里?如何将企业的核心竞争力优势发挥到最大?企业商业模式盈利周期大概是多长?如果现有的商业模式效果不佳是否可以随时调整?如何为顾客提供最大程度的价值创新?

3. 商业模式的运作流程

商业模式设计要考虑执行的可行性,常见的商业模式运作流程是:资金→物→资金→进入下一个循环。在企业已经非常重视商业模式创新的今天,决策层必须清醒地认识到,好的商业模式并不意味着最终的成功,这取决于它是否恰好拥有一个与之匹配的、能够驾驭它的创业家和创业家团队。战略规划是解决企业发展问题,商业模式是解决企业生存问题。

(二)商业模式设计的过程

1. 确定盈利点

好的商业模式能够满足顾客需求与实现客户价值,进而实现盈利。因此,价值创新、满足顾客尚待满足的需求,是商业模式设计的灵魂所在。而价值整合和促进客户价值增值是商业模式设计的核心。因此,在商业模式设计的过程中,需要将客户价值、盈利模型以及战略三要素综合考量。

2. 整合组织内外价值链

(1)基于价值体系的商业模式设计。价值体系主要包括企业内部的价值链和所在的价值网络。基于价值链的创新主要是企业围绕顾客的需求,优化企业内部的资源配置,最大限度地满足顾客的需求,以及最大限度地降低企业的成本。为了实现企业内部化,同时伴随企业的虚拟化进程。创业企业常见的主要路径:第一,对价值链进行定位,将附加值高的部分留在企业之中,将附加值低的部分外排,最大限度地利用企业内部资源;第二,对价值链进行重组,围绕企业的价值目标,以对价值创造具有战略价值的部分为中心,其他部分对价值链进行重组。这种以客户需求为导向,摒弃非核心业务,专注核心产品或业务,并且以开发培育保持企业可持续发展的核心功能为目标,对价值链上的非核心能力环节与优势企业,甚至顾客、竞争对手等采取联营、联盟以及外包等新兴合作方式,附加研发快速变化的市场的经营手段,即虚拟经营模式。

(2)基于价值网络的商业模式设计路径。基于企业所在的价值网络的商业模式设计主要路径包括:一是创造独特的活动体系,构建以顾客价值为中心的价值网络;二是加强与价值网络中其他成员的联系,构建战略联盟,加强对外部环境变化的适应性以及稳定性;三是做价值网络成员联系的组织者,成为交易的中介或打造交易平台。

二、商业模式创新

商业模式就是企业市场价值的实现模式。当今企业经营环境发生了激烈的变化,主要特征是:信息化、市场化、全球化,传统的商业模式受到严重挑战,这就要求企业商业模式不断创新,以适应经营环境的深刻变化。

(一) 商业模式创新的原则

1. 坚持价值创新

商业模式创新的灵魂在于价值创新。企业经营的核心是市场价值的实现,必须借助商业模式进行价值创造、价值营销和价值提供,从而实现企业价值化。商业模式应该回答一系列的问题:向什么顾客提供价值,向顾客提供什么样的价值,怎样为顾客提供价值等。

2. 坚持轻资产运营

轻资产运营是指在资源有限的基础上科学配置各种资源,以最少投入的商业模式实现企业价值化。轻资产是知识经济时代奠定企业竞争基础的各种资产,包括企业的品牌、企业的经验、规范的流程管理、治理制度、与各方的关系资源、客户关系、人力资源等。轻资产经营的核心是知识管理,是对智力资本的良好管理。要求有效率的知识型员工组合成高绩效的工作小组,整合顾客与供应商等企业资源,利用网络技术做有效的沟通和协调,提供有价值的生产和服务。轻资产经营的行为主体是企业价值链上的所有利益共同体,它包括企业的员工、企业的供应商、企业的客户等。轻资产经营不仅要有战略规划、流程优化,更重要的是要有一种与轻资产经营相适应的企业文化,用相应的激励措施保证轻资产经营创造的价值。

3. 坚持构造企业价值网

随着竞争的不断加剧,企业联盟的建立和发展,今后的竞争不再是企业与企业之间的竞争,也不是单一线性价值链之间的竞争,企业正从独立创造价值走向合作创造价值,以多条价值链构造企业价值网。在价值网中,企业可将众多的合作商连在一起,通过有效的资源整合,构成快速、可靠、便利的系统,以适应不断变化的市场环境。

4. 坚持为广义的客户创造价值

价值创造的目的是让企业价值链上的所有利益共同体受益。广义的客户包括顾客、股东、员工、社会。这就要求商业模式能创造以下四种价值。

(1) 顾客价值。能够为顾客提供一流的产品和服务,努力为顾客创造价值。创造顾客价值是创造其他价值的基础和保障。

(2) 股东价值。为股东提供持续、稳定、高水平的价值回报。

(3) 员工价值。为员工创造良好的成长和发展空间,让员工与企业共同成长。

(4) 社会价值。努力回报社会,为社会发展做出积极贡献。

5. 坚持以客户为中心

商业模式创新必须以客户为中心,由企业本位转向客户本位,由占领市场转向占领客户,必须立足以客户为中心,为客户创造价值。从消费者的角度出发,认真考虑顾客所期望获得的利益,只有把竞争的视角深入为用户创造价值的层面,才能进入游刃有余的竞争空间。以客户为中心,就是要精心研究客户需求,要从客户角度出发,重要的不是企业能够为客户提供什么,而是客户希望得到什么。客户的期望值比产品本身更重要,提高满意度的关键是按照客户的要求,有效地满足客户对产品或服务的期望值。客户的要求是多样化的,要进行筛选,针对客户的特殊需求,实现"差别化""个性化"服务。同时企业要预测需求、引导需求,挖掘客户的潜在需求,关键在于通过前瞻的判断、适度超前的眼光、科技的手段对客户加以引导。通过研究客户、引导客户、服务客户,在市场上赢得先机,在竞争中赢得胜利。实施大客户管理,营销学中的漏斗理论表明,由于企业将管理重心置于售前和售中,造成售后服务中存在的诸多问题得不到及时有效的解决,最终会使现有客户大量流失。企业为保持销售额,必须不断补充新客户,如此不断循环。

因为争取新客户的成本显然要比留住老客户高得多,所以从客户盈利性的角度考虑是非常不经济的。对于企业而言,服务好已有的高价值大客户的重要性不言而喻。无论什么行业,大客户都具有收入贡献大和业务增长潜力大的特点,是企业的"黄金客户",必须锁定大客户,建立客户经理制。对大客户实施定人服务、顾问服务、终身服务。实施客户互动管理,以客户为中心必须深化服务,实施客户互动管理。让顾客在企业经营过程中占主导地位,将客户前置,让其参与产品或服务的设计、制作、定价等过程。通过这种方式产生的新产品才能真正满足顾客的需求,有效提高顾客的忠诚度。

6. 坚持创造新的附加值

一个产品的价格,实际上是由"产品成本+附加值"构成的。为什么同类型的产品,譬如手表,有的售价仅几十元,而有的却可以卖到数万元?其中,"附加值"起着关键作用。

如果不作任何限定,通过附加值给产品增值的方法非常之多,在实践中有以下三条主要途径。

(1) 文化附加值。随着经济生活的提高,文化消费需求上升,文化附加值日益重要。

(2) 服务附加值。新的经营环境下,产品和服务相比,服务更为重要。比如很多公司的利润将来自产品销售后的各种升级换代和维修咨询等服务,少数的利润来自产品销售本身。

(3) 附件附加值。产品本身获利小,主要的盈利点在于附件。最为典型的就是越来越多的网络游戏,玩家可以免费游玩,真正的卖点是买卖道具。业内人士认为,传统的价格战是在做减法,缩减行业的规模和市场的容量,抢竞争对手的地盘,对行业有害无益。但免费网游实际上是在做"加法",吸引了更多的玩家,创造新的需求,扩大了整个行业的规模。

专栏6-3 茶颜悦色背后的商业逻辑

"茶颜悦色"是2013年创立于长沙的茶饮品牌,商业模式颇具亮点,以独特的鲜花茶和特色饮品著称。中式古风茶饮的定位,以鲜明的中国风、传统文化元素进行差异化竞争;周边产品极富文化创意,增强用户体验;产品永久求偿权,为错误买单。概念店创新,文化创意,周边产品,顾客承诺都是茶颜悦色企业团队根据市场行情分析和市场环境分析得出的创新决策。"茶颜悦色"以特色饮品、年轻受众、自定义、线上线下融合、创新营销和店面设计为特点,成为备受欢迎的茶饮品牌。

7. 坚持以经济联盟为载体

当今科技的高速发展和产品的日益复杂化,无论企业实力多么雄厚,单独控制所有产品和所有技术的时代已一去不复返。而传统的价值链中可挖掘的潜力已越来越少,向组织内部寻找有效的生产力提高的来源也越来越难。

据统计,目前企业创造的价值曲线,1/3 源于企业内部,2/3 源于企业之间。新的商业模式不再是企业的孤军奋战,必须以联盟为载体,发展联盟经济。通过合作,聚合彼此价值链上的核心能力,创造更大的价值和形成更强的群体竞争力。企业要发展联盟经济,要做到以下三点:

(1) 强化供应链管理。

1982 年 6 月 4 日,Keith Oliver 在接受英国《金融时报》的采访时创造了"供应链管理一词",他认为供应链管理是计划、实施和控制供应链运作的过程,目的是尽可能有效地满足客户需求。它是从消费者的需求出发,经过产品设计、原材料供应、生产制造、批发、零售、售后服务等环节,到最后把产品送到最终用户的各项制造和商业活动所形成的网链结构。香港利丰集团是国际上实施供应链管理的典范。长期以来,生产商、贸易商与销售商都是从本身的角度考虑成本,很少理会整个产销流程的总成本。利丰集团在商业模式上大胆创新,公司以客户需求为中心,由"供""产"到"销"串成一"链",形成整体解决方案,协调各个环节,务求供应市场的产品快速、时宜、质优、量适、价廉、利润高。

(2) 打造企业核心竞争力。

核心竞争力是企业在市场竞争中,取得并扩大优势的决定性的力量。它的表现形式多种多样,可以是设计能力、制造能力、分销能力、运输能力、品牌或商誉。但究其本质,企业核心竞争力是企业深层次的能力结构,是企业特有的知识和资源,是企业获得竞争优势的特殊能力,是一种资源的异质性。核心竞争力必须对顾客所重视的价值有关键性的贡献,且有独特性、持久性和延展性等特征。

(3) 坚持第一时间行动。

当今社会的竞争,已不仅仅是规模经济的竞争,更是速度经济的竞争。企业必须因时、因地,因竞争对手、因顾客消费心理的变化等做出快速调整,要在变化中把握方向和机遇加快发展自己。为了达到这一目标,企业搜集市场信息时要突出"早"和"全",做应变决策时要突出"快"和"准",这样才能争取主动,抢占先机。在实践中要能灵敏地掌握信息,准确判断、正确决策、快速行动并敢冒风险。

实践证明,能够取得持续发展的企业,都是那些应变能力强,具有先发效应的企业。目前,网络即时通信工具越来越多,但是这些工具都很难撼动腾讯。因为腾讯一直注重研究用户需求,在产品、服务、经营等三方面千方百计地满足用户的需求,从语音聊天到视频聊天,从网络游戏到网上拍卖,每一次推出的新服务都切合时代的发展,抓住了用户的心,从而保持了先发优势。

8. 坚持面向需求

企业必须随市场需求而变,要紧随市场,以有限的资源获取相对的收益。准时制生产方式(just in time,简称 JIT)正是在这一背景下应运而生,它是一种应市场需求而变的"拉动式"管理体系,这一观念的确立可以促使企业按市场规律办事,要求企业在各个环节做到在准确的时间、准确的地点、提供准确的产品,达到消除浪费、节约时间、节约成本和提高物流服务质量的目的。

从顾客的角度而不是从企业或职能部门的角度来研究什么可以产生价值;按整个价值流确定供应、生产和配送产品所有等活动;创造无中断、无绕道、无等待、无回流的增值活动流;及时创造仅由顾客拉动的价值;随市而变,不断消除浪费,追求完善。注重个性化定制,这种新的生产方式全面考虑了制造运作系统控制的需求集合,包括产品品种的迅速增加、批量变小和订单的随机性增大等。其主要优点有:使企业能够提供满足客户个性化需求的产品、更好地适应市场的快速变化、有利于降低生产成本、有利于过程和产品的持续改善、有利于企业的长期生存和发展。

9. 坚持以信息网络为平台

随着互联网的迅速崛起,全球经济网络化、数字化已成为时代主旋律,网络经济正以经济全球化为背景,以现代信息技术为手段,深刻地影响着人类经济和社会的发展。新的商业模式必须重视信息网络的力量,脱离信息网络平台,企业将无竞争力可言。由于互联网技术的飞速发展,全球上网企业和用户的迅速增长,网络虚拟空间正在为世界经济提供一个全新的、倍增的利润来源。越来越多的企业日益关注于自身在网络环境的生存与发展,构造网络虚拟空间的竞争力已刻不容缓。信息社会,网络平台可以造就无数神话。企业必须具有敏锐的商业意识,抓住商机,驰骋在网络世界,同时很好地与现实相衔接。号称网络第一食品的"QQ能量枣",以"虚拟+现实"的商业模式被业界广为称道。传统食品企业绿盛公司与天畅科技公司合作,首次在网络游戏中销售真实物品,游戏玩家可以在游戏中的虚拟食品店,下单购买真实物品,通过专门配送系统,可立即送到购买者手中,买家还可选择事前信用卡付款或货到付款。这是国内首次将传统产业嵌进网游产业,形成网络内外的互动对接,在网络时代首次实现了"真实生活"与"虚拟生活"的对接。

当今,企业的竞争力与企业的信息化水平日益密切相关。传统企业管理只有与信息技术有机融合,通过企业商务电子化,强化物流、资金流、人员流及信息流的集成管理,推动企业全面的管理变革,才能不断提高运行效率和应变速度,为企业的发展带来新的增长空间。企业商务电子化是一种全新的商业模式,它将企业经营的全部商务活动,通过信息技术实行电子化、数字化运作,以大大提高效率,降低成本,缩短周期,增强竞争能力。

10. 坚持推动流程再造

信息技术的飞速发展,从根本上改变了组织收集、处理、利用信息的方式,从而推动组织形式的巨大变革。重构企业组织结构的核心是实施流程再造,原有的塔形结构正在被精良、敏捷、具有创新精神的扁平化"动态网络"结构所取代。在这种结构中,一方面计算机系统将取代中层管理和控制部门的大量职能,加强决策层与执行层的直接沟通,使中层管理减少层次,削减机构规模。另一方面,各种"工作小组"成为企业的基本活动单位,管理方式从控制型转为参与型,实现了充分授权。商业模式创新的指导原则也是基本要求。当然,在实践中应当因企制宜,灵活应用,结合实际进行创新。任何商业模式都有其适合的环境和生存的土壤。好的商业模式必须始终保持灵活性和应变能力,只有具有动态匹配商业模式的企业才能获得成功。

第六章 商业模式

我国企业的发展经历了要素驱动和投资驱动,现已进入创新驱动的发展阶段,技术创新固然重要,但必须以商业模式创新为先决条件,否则技术创新的市场价值将无法实现,商业模式的创新已成为当今中国企业竞争制胜的关键。基于当今世界经营环境的深刻变化和企业的发展趋势,商业模式创新的核心战略应该包括五个方面:以价值创新为灵魂,以占领客户为中心,以经济联盟为载体,以应变能力为关键,以信息网络为平台。

(二)商业模式创新的两个关键

商业模式创新是改变企业价值创造的基本逻辑以提升顾客价值和企业竞争力的活动。既可能包括多个商业模式构成要素的变化,也可能包括要素间关系或者动力机制的变化。当今,商业模式创新要关注以下两个方面。

1. 依托互联网

在互联网时代下,传统的价值链中以供给为导向的商业模式正在逐渐走向消亡,以需求为导向的互联网商业模式和价值创造正在出现,针对这种情况,有学者提出了互联网时代商业模式概念并对它的关键要素如社群、平台、跨界、资源聚合和产品设计进行了描述。商业模式的主要隔离机制已经由技术研发转为社群平台,互联网时代的商业逻辑——社群逻辑下的平台模式。互联网时代的商业模式追逐的是连接红利商业模式不仅仅是一个解释模型,更是一个可以指导的工具,就创新而言,商业模式的创新比产品创新和服务创新更为重要,因为它涉及整个公司的价值创造系统。真正的变革绝不局限于伟大的技术发明及其商业化,它们的成功在于把新技术和恰到好处的强大商业模式相结合。商业模式创新可以改变整个行业格局,让市场重新洗牌。

2. 以客户价值主张为核心

商业模式涉及公司的方方面面——包括战略、运营、人力资源、创新、财务等,因此创新商业模式是一个系统工程,其难度也要比单一功能的创新大。在设计或者创新商业模式时,应该以"客户价值主张"的创新为核心,以关键资源和关键流程为依托,以盈利模式为财务安全的基准线,寻求各个方面的协调发展,这样才能获得长期的成功。首先是定义何谓"客户价值主张",这个和企业的战略定位有关系。"你的核心客户是谁?""他们为什么要买你的产品?"很多人在这些问题上容易犯想当然的错误,因此在明确"客户价值主张"时,首先要问正确的问题,用户购买华为手机仅仅是需要一个功能更强大、更轻薄的手机吗?当然不是!大多数购买华为的人购买的是认同感。

如果要创新"客户价值主张",蓝海战略的价值创新曲线会是一个很好的工具。通过分解客户价值主张的各个环节,去丰富那些对消费者有差异化和诱惑力的价值主张,而削减那些不是那么重要、但却耗费成本的价值主张,就完全有可能创造出一个新的市场,同时兼顾"成本领先"和"差异化"这两个原本在竞争战略理论中并不相容的竞争优势。

以经济型航空公司为例,它们主打性价比的概念,用比同类航空公司低得多的价格,为客户提供准时的交通服务。为了追求"差异化",它们开辟了很多二三线城市的航线,为了追求"成本领先",它们去掉了非核心的餐饮服务。由于它满足了很多价格敏感客户的核心需求,同时又把成本控制在尽可能低的程度,因此开辟了一个全新的"蓝海市场"。

一家创业型公司,由于其关键资源有限,关键流程也不完整,因此在选择目标客户时一定要聚焦,价值主张一定要清晰,争取用有限的资源能够产生明确的"客户价值主张"。对于创业型公司,专业于某一个细分市场是胜算最大的竞争策略,只有当其在某一个细分领域取得绝对的领先优势之后,才能在相关领域进行拓展。

一家创业公司在设计商业模式一定要牢牢记住以下十个字:"专业、聚焦、差异化、强检验"。专业的意思是一定要秉承专业化路线;聚焦的意思则是往小里做,做"小而美"的企业;差异化的意思是要做别人不能做的事情,确定你的独特定位;强检验则是指只有为客户创造可以衡量、立竿见影的价值,才有可能给公司带来利润。

总之,创业公司应重视商业模式的选择、设计与创新。好的商业模式不是复杂得让人看不清楚,也不是高高在上难以企及,而是真正能为用户创造价值,为公司和生态创造价值,最终实现共赢。创新创业是我国未来数十年经济社会发展的主旋律之一,商业模式创新是其高端形态,也是改变产业竞争格局的重要力量。商业模式创新实践已经超越以营利为主要目的传统企业,拓展到社会企业、非政府组织和政府部门。

本 章 小 结

1. 商业模式是简化了的商业逻辑,是企业为了最大化企业价值而构建的企业与其利益相关者的交易结构,把能使企业运行的内外各要素整合起来,形成高效率的、具有独特核心竞争力的运行系统,并通过提供产品和服务,达成目标的组织设计的整体解决方案。

2. 商业模式的特征包括整体性、内在联系性、有效性、差异性、适应性、可持续性、生命周期性。商业模式的设计要素包括盈利、自我保护、能自启动、可调整、财务退出策略。

3. 商业模式设计的步骤主要包括定位、业务系统、盈利模式、关键资源能力、现金流结构、企业价值。

复习思考题

1. 商业模式包含哪些基本元素?
2. 如何设计商业模式?
3. 企业如何进行商业模式创新?

案例分析

虚拟人商业模式朝着多元化方向演进

2021年"元宇宙"概念的火热带动了虚拟人赛道逐渐升温。虚拟人作为元宇宙世界的重要组成部分，其社会认知和市场需求都呈现快速增长的势头。目前各大社交平台上形形色色的虚拟人层出不穷，并逐渐渗入我们的经济和社会生活中。根据B站公布的数据，2020年6月至2021年6月间共有32 412位虚拟主播开播，总投稿量超189万。可以说，元宇宙未至，虚拟人率先点亮公众视野。

虚拟人起源于虚拟偶像，在人们对元宇宙理想形态的想象当中，每个人都将通过自己的虚拟人身份来完成现实与虚拟的交互。从目前来看，人们将虚拟人归类为IP型和非IP型两种，前者重在社交和表演，通过拓展粉丝来实现经济变现，我们常说的虚拟偶像就属于此类。后者则代表具备一定的社会服务性功能的虚拟人物，可为人类提供业务指引、新闻播报等多样化服务，主要以虚拟管家、智能客服等形态出现。

2022年虚拟偶像带动市场规模超3 000亿元

凭借元宇宙的东风，资本毫不掩饰对虚拟人的追捧，企业也急于和元宇宙建立交集。在这种背景下，国内掀起对虚拟人的投资热潮，阿里、字节、网易等凭借自身的技术优势以及对新兴行业的前瞻性判断，都在纷纷布局"虚拟人"业务，希望能从虚拟偶像市场掘金。在技术的迭代推进和互联网巨头的加持下，虚拟人产业发展进入快车道，应用场景也在不断落地。2022年虚拟偶像带动市场规模超3 000亿元。

而在虚拟人遍地开花的背后是愈加残酷的竞争，热闹的虚拟人市场也存在良币驱逐劣币的现象。从成功出圈的虚拟偶像身上可以看到，它们的爆红并非一蹴而就，从"出生"到"成名"都离不开成功的IP打造和优质的内容支撑，其间需要耗费大量资金运作。

从IP打造来说，首先需要确定目标人群，再结合对受众群体的分析，来设计它的个性化外形和内容包装，使其同时具备一个独一无二的形象和与受众交互的功能，后期运营则非常考验背后团队对用户喜好、话题度和消费行为等多重因素的分析考量能力。某虚拟人背后团队曾透露，在推出前的半年多时间里投入成本就远超百万元，服务团队也包含150余人。从这个角度来看，培养一个成功的虚拟偶像所需要花费的金钱、技术和精力并不比真人偶像要低，但其互动性远远落后于真人偶像，所以也有不少人对虚拟偶像能否保持IP热度、生命周期能维持多久、能否跑赢真人偶像抱有疑问。长远来看，伴随着元宇宙概念的兴起与发展，虚拟人以"先驱者"的身份进入大众视野，给虚拟偶像市场提供了更多可能。

虚拟人商业模式朝着多元化方向演进

从虚拟人的商业模式来看,中信证券研究师将其概括为形象型虚拟人、内容型虚拟人、功能型虚拟人和虚拟化身四种。前两种主要通过突出人格魅力,后两种则突出实用价值。随着技术日益成熟和产业链的不断形成与丰富,虚拟人的商业模式也会朝着多元化方向演进。

如今虚拟偶像早期的流量越大,越容易获得成功。虚拟偶像的运营模式主要是自发形成。我们生活在一个UGC的时代,用户创作内容,虚拟偶像需要通过话题性来介入自媒体二次创造的环境当中,只有在自媒体中形成了一定的认知度,才会有人不断地丰富虚拟偶像的元素,比如声音库和3D动作形象。在这方面,持续的运营、抓住用户喜好、与粉丝产生一定的情感链接,才是虚拟偶像成功的关键。此外数字资产也可以与虚拟偶像的缔造碰撞出火花,比如说,在用户二次创作过程中,虚拟资产交易可以通过经济激励的方式来让更多的用户参与虚拟偶像的互动和内容丰富当中。

资本与流量希望复制类似于"洛天依""柳夜熙"这样受全民热捧的虚拟偶像,但当前大部分新造的虚拟偶像都没有激起太多的市场反响。究其原因,不外乎是在自身艺术性上投入不足,在用户心理上研究不够,塑造的大部分虚拟偶像个性较为单薄,缺乏立体性和多元化,内容输出乏力,从而缺乏现实的粉丝群体。这些虚拟偶像在尚未生成足够流量的时机仓促上马,很难缔造新的虚拟偶像神话。

虚拟人行业也存在确定性

虚拟人行业无疑拥有着无比广阔的前景和未来,但作为新兴行业,不确定性也笼罩在其左右。随着虚拟人的扎堆出现,首当其冲会带来投入与产出不匹配的问题。尽管虚拟偶像遍地开花,但真正成为"洛天依""柳夜熙"的却寥寥无几。如果虚拟人只能昙花一现地带来关注度,那么烧钱赚吆喝的质疑声也会越来越大。除此之外,不加限制的用户二创也会为虚拟偶像形象的崩塌埋下隐患,从而使他人的辛苦付之东流。尽管虚拟偶像难以像真人明星一样因负面新闻令粉丝"塌房",但是用户二创过程中的不可控因素会不会给虚拟偶像蒙上"翻车"的阴影尚未可知。目前尚未有针对虚拟人行业的具体政策安排,有关虚拟人外形和内容的版权管理和保护措施也稍显不足,因此用户二创可谓是把双刃剑,虚拟偶像在通过用户二创来提高自身知名度和丰富内容的同时,也需要警惕其所带来的风险。

与明星同台演唱、参与电商直播带货,成为现象级博主,虚拟人在网络世界大放异彩的同时,也在探索更多的生活化场景。虚拟人的兴起折射出虚拟世界与现实世界走向融合的大趋势,但目前,虚拟人背后的商业模式还处于摸索阶段,应用场景也主要局限在娱乐、播报这些场景,未来还存在较大的发展空间。总而言之,想要通过成就虚拟偶像来撬动更大的商业价值,专注于"内外兼修"才是正道。

讨论题:

你认为未来的虚拟人行业商业模式会如何发展?

学 习 拓 展

商业画布(business canvas)是一种商业模型设计工具,由 Alexander Osterwalder 于 2008 年提出。商业画布的核心是一张可视化的画布,用来描绘企业的商业模式,以便管理者和投资者更好地了解企业的运营方式和商业逻辑。商业画布包括 9 个方面,分别是客户细分、价值主张、客户关系、渠道通路、收入来源、核心资源、关键业务、重要伙伴和成本结构。这 9 大模块的填写不是随机的,而是具备一定顺序的。首先要确定目标用户群体(客户细分),然后确定目标用户的需求(价值主张),接着制定接触用户的方式和渠道(渠道通路),之后确定企业与客户保持什么的关系(客户关系);再确定企业的赚钱方式(收入来源);再接着确定实现盈利的核心资源(核心资源),有了核心资源之后制定关键业务行动(关键业务);再确定和评估企业的合作伙伴(重要伙伴);最后确定以上各环节发生的成本开支(成本结构)。其绘制顺序如图 6-1 所示:

⑧ 重要伙伴-KP	⑦ 关键业务-KA	② 价值主张-VP	③ 客户关系-CR	① 客户细分-CS
效率	⑥ 核心资源-KR		④ 渠道通路-CH	价值
⑨ 成本结构-CS			⑤ 收入来源-RS	

图 6-1 商业画布

① 客户细分-CS:customer segment
② 价值主张-VP:value proposition
③ 客户关系-CR:customer relationship
④ 渠道通路-CH:channels
⑤ 收入来源-RS:revenue streams
⑥ 核心资源-KR:key resources
⑦ 关键业务-KA:key activities
⑧ 重要伙伴-KP:key partnerships
⑨ 成本结构-CS:cost structure

 [即问即答] 商业模式画布是如何描述、评估和改变商业模式的?

第七章

创业与创业者

 学习目标

1. 了解创业者的类型与社会地位。
2. 熟悉创业者的内涵和应具备的基本能力,培养创业者特质。
3. 熟悉创业精神的内涵、特征和作用。
4. 掌握创业团队的组建和管理方法。

 引导案例

药界骄子——蔡伦创业之路

蔡伦是湖南人,多年前因为寻梦来到海南,从此在海南扎下了根。多年来,她用智慧和汗水,打造了海南制药界的先锋:海南新世通医药集团有限公司。一路走来,蔡伦认为:成功的人生,就是别人认为不可以的,你可以;别人犹豫要不要将就的,你没有将就。

1989年,蔡伦大学毕业,来到海南,开始了自己的职业生涯。她到人才交流中心,投递简历,被哈尔滨医药总公司与海南海联制药厂联办的金丽制药厂聘用。当时还有一家台北在海南的公司也想录用她,并给她750元的薪水,但蔡伦还是选择了留在每月只给她150元的金丽制药厂,因为她对药曾有过梦想,父亲因病去世时,小蔡伦多么希望有一种能够救活父亲的药。从那时起,她就有了从事药品行业的梦想。

哈药总公司是一个资深药厂,客户群大都是外商,和蔡伦打交道的都是医药方面的高端人群,无论是在管理还是在技术方面,天资聪颖的她很快就学到了不少知识,在单位的年轻人中脱颖而出。企业也知人善任,让性格外向、内心谨慎的蔡伦去做市场工作。上任不久,她不但很好地完成了既定任务,还使企业的销售额有了大幅提升。

蔡伦从药厂的一名普通员工,用十年的时间,奠定了创业基础。1999年1月,蔡伦创建了海南新世通制药有限公司,同年底创建了海南新世通医药贸易有限公司,并在公司成立的次年实现了销售额过亿元。机遇的大门总是为有准备的人而开,她有着制药方面的专业知识,而且从小便有做好药的梦想,蔡伦既然选择了做事业,就注定要在市场上大展拳脚。2004年,她将眼光放到了建设百年企业的目标上,在海口保税区,创建海南新世通医药集团,实现了企业从单一发展向多领域跨越的转变。

企业经营上的成功,只是经济层面上的成功,企业更大的成功是承担起更多社会责任。蔡伦始终坚持"企业发展、关注民生、回馈社会"的理念,在企业发展的同时,不忘国家,不忘社会,热心社会公益事业,关注民生问题,扶危助困。蔡伦投资建了海南食品药品技工学校,将那些初高中毕业后没工作的学生们集中起来,进行技能培训,培养他们社会生存的能力。该校的毕业生备受欢迎,就业率达100%,短短几年,解决了1 000余人的就业。

讨论题:
1. 蔡伦是如何从一名大学生成长为一位出色的企业家的?
2. 蔡伦的成功对你有何启示?

第一节　创业者概述

创业者是创业活动的主体,他可以是单独的个体,也可以是一个团队。创业者能够发现机会,筹措资金和其他资源,承担风险,这就需要创业者具备特定的素质和能力。

一、创业者的定义

创业者一词最早由法国经济学家康蒂龙于1755年引进经济学理论中,他把每一个从事经济行为的人,即所有承担按固定价值购买而按不固定价格出售商品的风险的人都看作是创业者。1800年,法国经济学家萨伊首次给创业者定义为将经济资源从生产率较低的区域转移到生产率较高区域的人。1934年,奥地利经济学家约瑟夫·熊彼特认为创业者为创新者。

当前,国内外学者将创业者的定义分为广义和狭义两种。广义的创业者是指在不同领域和行业内创造性地工作并取得业绩的人。因此,广义的创业者不仅仅是企业家,也可能是工程师、医生、教师、公务员、环卫工以及在非营利组织工作的人员。狭义的创业者是指组织管理生意或企业,并承担其风险的人。创业者对应的英文单词是entrepreneur,有两个基本含义:一是指企业家,即在现有企业中负责经营和决策的领导人;二是指创始人,通常理解为即将创办新企业或者是刚创办新企业的领导人。

在西方社会,人们习惯把创业者同职业经理人作为对比概念加以区分。创业者,指一种开办或经营自己企业的人,他们既是员工,又是雇主,对企业经营的成败负责。职业经理人通常不是他们所管理公司的所有者,而是被雇用来管理公司日常运作的人。

二、创业者的类型

创业者有多种类型,不同的标准对创业者有不同的划分类型。

(一)按创业主体来划分

1. 勤奋型创业者

勤奋型创业者较为常见,主要依靠自己的勤奋努力而获得成功。成功的创业者离不开勤奋。中国企业家的代表人物之一雷军通过十年奋斗,带领小米成功上市,成为世界五百强企业,离不开他身上勤奋的品质。

2. 智慧型创业者

这类创业者一般都有较高的智商,提出不同常人的思路和方法。成功不在于有无资本,而在于有无智慧。传奇人物李·艾柯卡发明了"花56美元买五六型福特车"的办法:谁购买一辆1956年型的福特汽车,只要先付20%的货款,其余部分每月付56美元,3年付清。中国优秀企业家、改革先锋、百度公司CEO李彦宏,20世纪90年代率先研究搜索引擎技术,拥有"超链分析"技术专利。2000年创立了百度公司,已经成为全球第二大独立搜索引擎和最大的中文搜索引擎。他十分注重人工智能前沿科技研究,推动人工智能、大数据等技术与各领域的深度融合,有效促进我国经济的高质量发展和智慧城市的构建。

3. 机会型创业者

机会型创业者主要是依靠自己对机遇的把握而取得成功,善于把握机会可以大大提高企业成功的概率。而机遇大多数是默无声息的,必须要有识机遇的慧眼。

4. 冒险型创业者

冒险型创业者主要依靠自己的胆略和抵御风险能力取得成功。成功的创业者往往需要冒一定的风险,从经济学角度看,风险越大,其回报的边际效应也就越高。但需强调的是,冒险不等于不理智地孤注一掷,那种不管可行性大小的盲目冒险绝不可取。中国优秀企业家方洪波,25岁从央企跳槽到美的做内刊编辑,年仅30岁就得到领导赏识,出任销售公司总经理,45岁正式接管千亿级企业美的,50岁把美的市值做到接近3 000亿。方洪波的职业生涯可谓顺风顺水,但他每一步却觉得如履薄冰,时刻提醒自己要保持理性和清醒、守住定力和初心。

(二)按创业内容划分

1. 生产型创业者

生产型创业者是通过创办企业,推出新产品的创业者。这类创业者在第一、第二产业比较多见。海尔创始人张瑞敏,曾入选美国《财富》杂志"全球最伟大50位领袖",以及"全球30位最受尊重的企业家",为了保证产品的品质,他曾怒砸冰箱,正是基于他这种对产品品质的把控,使海尔拓展到海外市场,打造出中国品牌。

2. 管理型创业者

管理型创业者是指那些综合能力较强的创业者,他们对技术型专业知识并不十分精通,但能够通过各种有效的管理手段带动企业前进。美国著名的钢铁大王安德鲁·卡耐基最初是对钢铁生产和经营知之甚少的工人,但是他看准了钢铁制造业的发展前景,于是他网罗天下英才,组成一个近50人的智囊团,并充分发挥个人的积极性,人尽其才,缔造了世界钢铁帝国。

3. 科技型创业者

科技型创业者依托高校或科研机构创办企业，在20世纪80年代后，我国为了鼓励科技成果转化为生产力，推出了一系列高等院校创办企业的激励措施。如北大方正、清华同方、联想集团，他们的前身就是原来的高校和科研院所所办的企业。

4. 金融型创业者

金融型创业者是伴随着技术创新与技术进步而产生的，实际上就是一种风险投资家。他们不仅仅向企业提供资金，更重要的是还提供专业特长和管理经验，他们不仅参与企业经营方针的制定，还参与企业营销战略的制定及资本的运营。

三、成功创业者的特质

创业对大多数人来说都是一件极具诱惑的事，但也是一件极具挑战的事情，不是人人都能成功创业，但创业也没有想象中那么困难。由于创业者创业的领域多种多样，创业的表现也大不相同，每一个创业者都有自己的特点和个性。通过对成功创业者群体的研究，发现创业者普遍具有以下特质。

（一）有追求成功的强烈欲望

心理学家麦克利兰早在20世纪50年代就开始了关于创业者心理特质的研究工作。他认为，成就需求高的人成为创业者的可能性更大。成功的创业者有高成就的需要，他们有一股强大的欲望去竞争，不断超越自己设定的目标，去追有挑战性的目标。

（二）有领导能力

成功创业者具有较强的领导能力，能够为员工勾勒出组织愿景，根据长远目标进行管理。他们无须行使正式权力，既能协调好企业内部员工的利益，又能处理好与利益相关者的关系，共同分享财富和成功。

（三）善于抓住机遇

成功创业者通常善于抓住机遇。他们把机遇作为支点，通过对机遇的把握来规划企业的发展方向，他们知道如何瞄准机遇，把握机会，做事情会分清轻重缓急。成功创业者通常是细心和善于分析的人，他们认真计划将要做什么，然后按计划行事。

（四）勤奋执着

创业者在创业伊始，通常会面临资金短缺、知名度低、竞争排挤等困扰。创业者艰苦创业、勤奋、持之以恒的精神在此时尤显重要。顺丰总裁王卫，在创业初期公司人手不够，这位"老板"亲自上阵，时而背双肩包、拖着行李箱，时而骑摩托，往返粤港两地，一时间，在顺德到香港的陆路通道上，有70％的快递件由这家公司承运。

（五）敢于承受风险

经济活动的本质在于以现有的资源，实现对未来的期望，这就意味着风险和不确定性。刚刚起步的创业者常常会遭遇诸多风险，产生一些不确定性成本，这种挫折和意外是不可避免的。然而，成功的创业者不是赌徒，不是"专注于风险"，而是"专注于机遇"。

他们将资源从生产力和产出较低的领域转移到生产力和产出较高的领域,其中必然存在着失败的风险。

(六)能够容忍失败

创业者懂得从失败中吸取教训。俗话说,成功的背后包含着许多失败。要成为成功的创业者注定要经历许多挫折和失败,输不起的人往往就是赢不了的人。害怕失败的人常常会失去在挫折和失望中获得试错性学习的机会。

(七)勇于创新

许多创业者能够在瞬息万变的市场环境中,不断推出新产品、新服务、新方法、新材料等,正是靠着创新。英特尔公司副总裁达维多提出达维多定律:一家企业要在市场中占据主导地位,那么就要做到第一个开发出新一代产品,第一个淘汰自己的产品。海尔集团的成就有目共睹,其成功的关键是海尔的不断创新,从产品创新到技术创新、从管理创新到服务创新。

专栏7-1　华为创始人任正非

1944年10月25日,任正非出生于贵州安顺地区镇宁县一个贫困山区的小村庄,靠近黄果树瀑布。任正非家中还有兄妹6人,父亲任木生是乡村中学教师,任正非小学就读于贵州边远山区的少数民族县城,高中就读于贵州省黔南州都匀市都匀一中。

1963年,任正非就读于重庆建筑工程学院(已并入重庆大学),他把电子计算机、数字技术、自动控制等专业技术自学完,他还把樊映川的高等数学习题集从头到尾做了两遍,他自学了三门外语,当时已到可以阅读大学课本的程度。

大学毕业后,任正非应征入伍,成为一名基建工程兵,入伍后参与的第一个工程就是法国公司的工程。那时法国德布尼斯·斯贝西姆公司向中国出售了一套化纤成套设备,在中国的辽宁省辽阳市。任正非在那里从这个工程开始一直到建完生产,然后才离开。

1983年,随国家整建制撤销基建工程兵,任正非复员转业至深圳南海石油后勤服务基地。

1987年,因工作不顺利,任正非转而集资21 000元人民币创立华为公司。创立初期,华为靠代理香港某公司的程控交换机获得了第一桶金。

1991年9月,华为租下了深圳宝安县蚝业村工业大厦三楼作为研制程控交换机的场所,五十多名年轻员工跟随任正非来到这栋破旧的厂房中,开始了他们充满艰险和未知的创业之路。他们把整层楼分隔为单板、电源、总测、准备四个工段,外加库房和厨房。人们在机器的高温下挥汗如雨夜以继日地作业,设计制作电路板、话务台、焊接的电路板,编写软件,调试、修改、再调试。在这样的情况下,任正非几乎每天都到现场检查生产及开发进度,开会研究面临的困难,分工协调解决各式各样的问题。遇到吃饭时间,任正非和公司领导就在大排档同大家聚餐,由其中职位最高的人自掏腰包请大家吃饭。后来,华为公司总部搬到了深圳龙岗坂田华为工业园。华为熬过了创业的艰苦岁月。

> 1992年任正非孤注一掷投入C&C08交换机的研发。1993年年末，C&C08交换机终于研发成功。其价格比国外同类产品低三分之二，为华为占领了市场。
>
> 2003年1月23日，思科正式起诉华为及华为美国分公司，理由是后者对公司的产品进行了仿制，侵犯其知识产权。面对思科的打压，任正非一边在美国聘请律师应诉，一边着手结盟思科在美国的死对头3COM公司。2003年3月，华为和当时已进入衰退期的3COM公司宣布成立合资公司"华为三康"，3COM公司的CEO专程作证华为没有侵犯思科的知识产权。最终，双方达成和解。
>
> 2011年12月，任正非在华为内部论坛发布了《一江春水向东流》这篇文章，透露了华为的人人股份制。任正非透露，设计这个制度受了父母不自私、节俭、忍耐与慈爱的影响。任正非还创立了华为的CEO轮值制度，每人轮值半年。
>
> 2018年3月22日，华为投资控股有限公司发布公告，任正非不再担任副董事长，变为董事会成员。
>
> 2020年4月10日，上海华为技术有限公司发生工商变更，华为CEO任正非退出公司董事。
>
> 2023年3月27日至3月28日，华为投资控股有限公司董事会举行换届选举。经持股员工代表会投票选举，产生了公司新一届董事会董事长及董事会成员，任正非当选新一届董事会成员。

四、创业者应具备的基本能力

创业者拥有的知识能力越多，就越有可能走向成功的彼岸。创业者一般应具备以下基本能力。

（一）战略管理能力

战略是依据企业的长期目标、行动计划和资源配置优先原则设定企业目标的方法。因为战略是为企业获取可持续竞争优势，而对外部环境中的机遇和威胁以及内部的优势和劣势做出的反应，是对企业竞争领域的确定。所以战略就是企业的生命线，战略也是企业腾飞的起跳板，一个及时、果敢、英明的战略决策是企业由蛹化蝶、由小到大、由平凡到伟大的最初推动之力，错误的战略会葬送一个企业。战略管理能力包括战略思维、战略规划和设计等，是一个创业者的核心领导能力。

（二）决策学习能力

正确决策是保证创业活动顺利进行的前提，在激烈的市场竞争中，创业者果断做出决策是必备的谋略和胆识。创业者作出决策时，要在一个目标与另一个目标之间做出取舍。能敏锐地洞察环境变动中所产生的商机和挑战，形成有价值的创意并付诸创业行动。特别是要随时了解同行业的经营状况及市场变化，了解竞争对手的情况，做到"知己知彼"，以便适时调整创业中的竞争策略，使所创之业拥有并保持竞争优势。同时，通过不断进行创新思维和创新实践，进行反思和学习，总结创新经验，吸取失败教训，及时修正偏差和错误，进一步提高决策能力，促进企业健康成长。

（三）计划管理能力

当人们要满足某种期望时，往往不计算将要付出的成本，凭感觉，有了大方案却没有小计划，干到哪里算哪里，因而付出了较大的成本使收益受损。创业者做出决策时，一定要先计划、后实施，因为世界在不断变化，环境也在不断变化，人们的观念也在变，只有科学地运用计划管理，企业才能立足长远持续发展。

（四）经营管理能力

经营管理能力是指对人员、资金以及企业内部运营的能力。它涉及人员的选择、使用、组合和优化，也涉及资金聚集、核算、分配、使用、流动。经营管理能力是一种较高层次的综合能力，是运筹性能力，它包括团队组建与管理能力、市场定位与开拓能力、企业文化设计与培育、应对突发事件能力等。其中团队组建能力十分重要。创业者既需要能够把不同专长、不同个性的人凝聚在一起，更要能够让他们在一起融洽地、愉快地工作，组成优势互补的创业团队，形成协同优势。可以说，经营管理能力是解决企业生存问题的第一要素。

（五）沟通协调能力

著名组织管理学家切斯特·巴纳德认为，沟通是把一个组织中的成员联系在一起以实现共同目标的手段。没有沟通，就没有管理，没有管理，就没有企业的成功。沟通是管理工作的灵魂，是提高工作效率，实现共同目标，满足各种需要的重要工具。管理工作中70%的错误是不善于沟通造成的。成功的管理者通常会将90%以上的工作时间用于部属之间的良性沟通。通过清晰地指导与决策节省时间与精力，减少重复劳动，提高工作效率。

（六）创新能力

创新是知识经济的主旋律，是企业化解外界风险和取得竞争优势的有效途径，创新能力是创业者能力素质的重要组成部分。它包括两方面的含义，一是大脑活动的能力，即创造性思维、创造性想象、独立性思维和捕捉灵感的能力；二是创新实践的能力，即人在创新活动中完成创新任务的具体工作的能力。创新能力是一种综合能力，与人们的知识、技能、经验、心态等有着密切的关系。具有广博的知识、扎实的专业基础知识、熟练的专业技能、丰富的实践经验、良好的心态的人容易形成创新能力，它取决于创新意识、智力、创造性思维和创造性想象等。

五、创业者的社会地位

（一）个人命运的掌握者

创业是一个痛并快乐的过程，它可以让创业者获得独立，创业者可以根据自己的喜好去做自己喜欢的事，实现自己的人生目标。有人形容打工就如同大海航行中坐在别人的船上，表面上似乎有安全感，实际上是把自己的命运放在别人手中，船如果沉了，只能跟着大伙倒霉。而驾驶着自己打造的船，情形就不一样了，一旦有故障，自己会想方设法查漏补缺，主动做好各种应对准备。即使是高级打工者，在今日的经济环境下，也没有绝对的安全性可言。

每个人都希望主宰自己的命运。创业的最大好处就是可以让自己摆脱被动局面，拥有海阔天空的选择自由。绝大多数创业者选择艰苦的创业之路，其根本原因就在于志向远大。而创业能把兴趣和生计结合在一起，因此他们宁愿丢掉金饭碗也要独立创业，建立起自己的事业王国，然后按照自己的想法决策，做自己喜欢做的事，实现自己的人生价值。

西安石油大学校友郑旭的创业过程

（二）社会财富的创造者

创业对社会经济的发展具有巨大的推动作用。美国创业管理大师拉里法雷尔说，创业精神是国家繁荣的驱动力。20 世纪 50 年代，美国每年大约产生 93 000 个新企业，20 世纪 80 年代每周大约产生 12 000 个新企业。据美国小企业管理局统计，新企业创造新产品数量比大企业多 250%，创业经济是新经济的增长点，创业者是"美国的新英雄"，当今美国超过 95% 的财富是创业创造出来的。武汉光谷、张江高科技园区、北京中关村等地的创业实践表明，创业可以提供广泛的就业机会，创造相当部分的国民财富，实现社会贡献的最大化。创业是经济发展的"发动机"，是技术创新的"孵化器"，是社会就业的"增容器"。

金钱是衡量创业成败的有效标准，但是赚钱不是创业经商的唯一目的，更重要的是体现自身价值和社会价值。财富具有双重属性：个人属性与社会属性。个人有权支配它，但是当把财富用于投资企业时，它将为社会创造更多的财富。一个人、一个企业不能孤立存在，价值的体现就是在国家、企业与个人的利益取舍上。创业，最主要的使命就是为他人和社会创造价值、创造财富。彼得·德鲁克曾说，创业者来到世上并非仅仅为了追求他自己和公司的狭隘利益，他的使命是追求社会利益。创业者不仅是生产要素的组织者、商品和服务的供给者，更是社会财富的创造者。

（三）历史发展的推动者

历史发展的变革时代往往是创业者辈出的时代，创业者是变革时代的经济英雄，是世界经济叱咤风云的一代天骄。

计算机技术深刻地改变了人类社会，在 20 世纪 70 年代很多人还不知道电脑为何物。史蒂芬·沃兹尼亚克看到计算机在大学、实验室和公司使用时，就想到每张办公桌和每个家庭都应有计算机，于是创立了苹果公司，苹果公司成了个人和商用电脑领域的领头羊。受苹果公司的启示，比尔·盖茨认识到计算机软件的重要性，创建了世界上第一家微电脑软件公司。微软公司没有高大的厂房、堆积如山的原料和产品库房，只有软盘和软件知识、程序、信息。微软的崛起创造了商业史上的奇迹，宣告了新经济时代的到来。

进入 21 世纪以来，一批人工智能领域的创业者推动了社会的进步。在医疗行业中，人工智能可以帮助医生诊断病情，制定治疗方案；在交通运输行业中，无人驾驶汽车技术可以提高车辆行驶的安全性和效率；在金融行业中，人工智能可以帮助银行控制风险，提高客户服务质量。

第二节 创业精神

一、创业精神的概念

创业精神来源于英文单词"entrepreneurship",我国最早译作"企业家精神"。经济学家约瑟夫·熊彼特将创业精神看作是一股"创造性的破坏力量",创业者采用的新组合使旧产业遭到淘汰,原有的经营方式被新的、更好的方式所摧毁。管理大师彼得·德鲁克认为:创业精神是一种行为,而不是个人性格特征,它有其理论与概念的基础,而不是依靠直觉。台湾中山大学管理学院刘常勇教授认为创业精神的本质是一种创新活动的行为过程,即创业者通过创新的手段,将资源更有效地利用,为市场创造出新的价值。

本书认为创业精神是指在创业者的主观世界中,那些具有开创性的思想、观念、个性、意志、作风和品质等。创业精神包括三个层面的内涵:哲学层次的创业思想和创业观念,是人们对于创业的理性认识;心理学层次的创业个性和创业意志,是人们创业的心理基础;行为学层次的创业作风和创业品质,是人们创业的行为模式。

二、创业精神的特征

(一)高度的综合性

创业精神由多种精神特质综合作用而成。如创新精神、进取精神、拼搏精神、合作精神等都是形成创业精神的特质精神。

(二)三维整体性

无论是创业精神的产生、形成和内化,还是创业精神的外显、展现和外化,都是由多层面所构成的整体,缺少其中任何一个层面,都无法构成创业精神。

(三)超越历史的先进性

创业精神最终体现的就是开创前无古人的事业,所以创业精神本身就必然具备超越历史的先进性,想前人之不敢想、做前人之不敢做。

(四)鲜明的时代性

不同时代的人面对不同的物质生活和精神生活条件,其创业精神的物质基础和精神营养也就各不相同,具体内涵也不同。

三、创业精神的作用

创业精神类似一种能够持续创新成长的生命力,一般可区分为个体的创业精神及组织的创业精神。所谓个体的创业精神是指以个人力量,在个人愿景引导下从事创新活动，进而创造一个新企业。而组织的创业精神则是指在一个组织内部，以群体力量追求共同愿景，从事组织创新活动，进而创造组织的新面貌。创业精神是对创业者在创业过程中独特行为的高度凝练，创业精神的五大要素是激情、积极性、适应性、领导力和雄心壮志。创业精神对创业实践有重要意义，是创业理想产生的原动力，是创业成功的重要保证。创业精神能够在人的主观意志中起重要作用，让人们突破传统的约束，让人们在遇到困难时不断突破自我，找到更好的解决方法，让人不断振奋，发展达到巅峰，从而实现创业梦想，实现个人的自身价值。创业精神有助于形成积极奋进的社会风气，激励人才辈出，促进人才流动。

专栏 7-2　企业家曹德旺

　　曹德旺，福耀玻璃集团创始人、董事长。2009年5月，曹德旺登顶企业界奥斯卡之称的"安永全球企业家大奖"，是首位华人获得者。2018年9月，曹德旺入选"世界最具影响力十大华商人物"。2018年10月24日，入选中央统战部、全国工商联《改革开放40年百名杰出民营企业家名单》。

　　很多人认识曹德旺，或许并不是因为福耀玻璃，而是他的另一个身份"中国首善"。从1983年第一次捐款至今，曹德旺累计个人捐款已达110亿元。穷则独善其身，达则兼济天下，这是曹德旺做慈善的原则。

　　曹德旺，1946年5月出生于福建福州福清。14岁就被迫辍学的曹德旺，在街头卖过烟丝、贩过水果、拉过板车、修过自行车，不仅如此他还当过水库工地炊事员、修理员、知青连农技员等。1983年曹德旺承包了福建福州福清高山镇的一家乡镇企业高山异形玻璃厂，开始了真正的福耀玻璃之路。福耀公司以"为中国人做一片自己的玻璃"作为发展目标，在1985年成为第一个进入汽车玻璃行业的中国企业，并彻底改变了中国汽车玻璃市场由国外品牌垄断的历史。如今，福耀公司生产的汽车玻璃占中国汽车玻璃市场70%的市场份额，同时挺进了竞争激烈的海外市场，成为世界第二大汽车玻璃厂商。

　　作为一名商界领袖，在这二十多年的企业家生涯中，他认为自己的成功，最大的经验就是做事如同做人，不论做人做事还是做产品，都要始终"以诚为本"。从创建福耀以来便将这种思想、这种精神带到了企业中来，带到了每位福耀员工的精神上来，始终把客户的利益放在第一位，提供优质的产品和优质的服务，不走私，不偷税，不投机取巧。"方向决定结果。追求的目标端正了，就决定了你的进步"。曹德旺说，"回忆起我这些年的发展，我觉得一个企业家要把事情做好，一定要热爱自己的国家，这种热爱不仅会给自己带来财富，而且还会成为做事业的动力"。

　　一个优秀企业的成长，离不开优秀的企业家。新时代"企业家精神"具体表现在"爱国情怀、勇于创新、诚信守法、承担社会责任和拓展国际视野"。

第三节　创业团队

近20年来,企业之间的竞争激烈,企业面临的外部环境更加复杂多变,越来越多的新创企业采取团队创业的模式。国内外有关研究表明,60%以上的创业活动都是以团队形式开展的。有关调查发现,70%以上的创业成功的企业,都有多名创始人。团队创业的比例越来越大,如何创建优秀的创业团队也是未来创业者面临的最大挑战。

一、创业团队组建

(一)创业团队的概念

什么是团队?美国的教育家韦伯斯特认为,人们在一起可以做出单独一个人所不能做出的事业;智慧+双手+力量结合在一起,几乎是万能的。阿里巴巴的马云认为,团队就是不让另外一个人失败,不让团队的任何一个人失败。管理学家斯蒂芬·P.罗宾斯认为,团队就是由两个或者两个以上的,相互作用,相互依赖的个体,为了特定目标而按照一定规则结合在一起的组织。那什么是创业团队呢?创业团队是由两个或两个以上具有才能互补的创业者组成,责任与风险共担,创业收益共享,为了实现共同的创业目标而形成的利益共同体。创业团队是团队而不是普通群体。创业团队有共同的价值观、统一的目标和标准;创业团队成员负有共同的责任;创业团队成员的才能互补而且所有成员愿为共同的目标做出奉献。

(二)成功创业团队的特征

一个好汉三个帮,一个人不管有多么优秀,都不可能具备创业所有的知识、经验和技能。一个成功的创业者,必须知道如何建立一个高效的创业团队。那么一个成功的创业团队应该具备以下基本特征。

1. 领导者富有魅力

一个创业团队能否有效地发挥团队精神,直接影响到创业能否成功,而这又在于创业团队是否有富有魅力的领导者,即是否有领导力强、成熟自信、不断带来精神动力且大家共同认可的领袖。在创业时期,团队的领导者往往担任的是教练和后盾的角色,他们对整个团队提供指导和支持;他们发挥人格魅力,像一块吸铁石一样将人心聚拢,让团队成员时刻充满创业激情和创造力。

2. 团队具有凝聚力

创业团队是一体的,创业成败是整体而非个人,团队中的每个成员都应将团队利益置于个人利益之上,并且充分认识到,个人利益是建立在团队利益基础上的,团队中没有个人英雄主义,每一位成员的价值,表现为其对团队整体价值的贡献。团队成员能够同甘共苦,经营成果能够公平合理地分享,团队就会形成强大的凝聚力与一体感。

3. 成员技术能力互补

团队是人力资源的核心,建立优势互补的团队是创业的关键。既有战略眼光的"领袖"又有耐心的"总管",既有"主内"的人才又有"主外"的人才,技术与市场两方面的人才,都不可偏废。技术与能力的互补也有助于强化团队成员间彼此的合作。

4. 成员相互信任

近年来中关村每年的企业倒闭率在25%左右,其中很重要的一个原因就是创业团队内部不团结。团队成员在创业过程中是相互作用、相互影响的,没有信任和合作是进展不下去的,团队成员要彼此相信各自的品格、个性和工作能力。信任是一种非常脆弱的心理状态,一旦产生裂痕就很难缝合,因此要建立和维护创业团队成员之间的信任。一是要增强信任,团队成员都对集体忠诚,彼此以诚相待,公平相处;二是要防止出现不信任,团队应拥有高效解决内部冲突问题的机制与方法,出现误会和猜疑时要及时沟通,避免矛盾越积越多而不可收拾。

5. 成员股权分配合理

团队成员的股权分配不一定要均等,但一定要合理、透明与公平。通常创始人与主要贡献者会拥有比较多的股权,但只要与他们所创造价值、贡献相匹配,就是一种合理的股权分配。同时,还需要有一套公平弹性的利益分配机制。

(三)创业团队组建的原则

1. 互补原则

创业者之所以寻求团队合作,其目的就在于弥补创业目标与自身能力间的差距,发挥出"1+1>2"的协同效应。

2. 精简高效原则

为了减少创业期的运作成本,最大比例地分享成果,创业团队人员应在保证企业高效运作的前提下尽量精简人数。

3. 动态开放原则

应注意保持团队的动态性和开放性,使真正完美匹配的人员能被吸纳到创业团队中来。

(四)创业团队组建的程序

1. 评估人才需求,选择创业伙伴

当创业者选择好创业项目并决定要创业后,就需要根据创业项目和创业者个人的实际情况来选择创业合作伙伴。创业者要对个人自身的优势、劣势以及现有的资源进行评估分析,为选择相似或者互补的团队成员和补充性的资源提供重要参考依据。同时,创业者要认真准备一份周详的创业计划书。创业计划书有助于吸引创业合作伙伴,使他们了解创业项目和新创企业的未来发展。另外,创业者在选择创业合作伙伴时,既要考虑创业团队成员间技能和资源的互补,还需要考虑创业合作伙伴的人品和创业团队人员规模。

2. 明确创业目标

创业团队从一开始就必须明确创业目标,创业目标的制定要切合实际。明确的创

业目标就像一座灯塔,照亮团队前行的方向与道路;创业目标也是一种有效的激励因素,一方面可以激励团队成员不畏创业过程中的重重困难,另一方面也可以把个人目标融入组织目标,激励个人为实现目标而奋斗。

3. 构建创业团队的制度体系

在创业初期,就应明确组织架构,建立责、权、利相统一的团队管理机制。明确团队成员各自的职责与权利,团队成员可以根据需要进行适当的角色轮换;要妥善处理好创业团队各成员之间的利益分配关系。制定创业团队的决策机制和冲突处理机制,机制必须具有可操作性和前瞻性,既要考虑创业初期团队管理的需要,也要兼顾到未来企业发展壮大后的情况。

二、创业团队管理

俗话说"没有完美的个人,只有完美的团队"。创业不易,创业不可能是一个人的事,而是一群人在为一个创业项目服务和拼搏。创业团队组建好之后,要更好地发挥团队的作用,必须加强创业团队的管理。具体的策略有以下三个。

(一) 培育优秀的团队理念

美国管理学家詹姆斯·柯林斯和杰里·波拉斯在其著作《基业长青》中说"高瞻远瞩的公司能够奋勇前进,根本因素在于指引、激励公司上下的核心理念,亦即核心价值观和超越利润的目的感"。优秀的团队理念包括凝聚力、合作精神、共同担当、共同分享、公正性、绩效导向和追求价值导向等元素,具体可以通过团队讨论、制定章程、编制文化手册、设计激励机制等途径来培育。通过培育优秀的创业团队理念,可以在团队内部形成彼此信任、坦诚开放、敢于承担责任与风险、相互合作与支持的良好文化氛围,有助于团队整体效率的提高,使每一个团队成员都认识到,团队的成功离不开每一个成员的共同努力,"一荣俱荣、一损俱损"。

(二) 建立合理的企业股权分配机制

在创业团队组建之后,要塑造一个高效成功的创业团队,离不开有效的激励机制,而建立合理的企业股权分配机制则是激励机制中的重中之重。在创业初期就应明确建立合理的企业股权分配机制,避免后期出现"扯皮"现象,同时能增强创业团队的凝聚力,激励成员更好地为实现创业目标而奋斗,促进创业企业的长期发展。建立企业股权分配机制需要注意三个问题。一是重视契约精神。契约精神强调自由、平等和守信。在创业之初,应以契约形式明确创业团队成员之间的利益分配关系,把确定的股权分配方案以公司章程形式写入法律文件。这样有利于避免创业后期的争端和纠纷,有助于创业团队的稳定。二是按照贡献分配股权。股权应按照团队成员对企业的长期贡献来分配。在现实中,比较常见的做法是按照出资额的多少来分配,但也应考虑没有出资却有关键技术的成员对企业的贡献。三是股权结构不宜太过平均、分散。过于平均、分散的股权结构对创业企业可能是隐忧,甚至可能成为企业发展道路上的一个"暗雷"。建议创业团队在创业之初推选出明确的领导人来做绝对的大股东。此外,还应提前制定好股份退出协议,明确不同退出情况下股权处理和转让相关条款与机制,避免出现"哥们式合伙、仇人式散伙"的现象。

(三)建立有效的沟通协调机制

创业团队在创业过程中由于会受到各种主观或者客观因素的影响,会出现一些问题与障碍,例如个人与个人间的冲突、个人与团队的矛盾冲突、团队"卡壳"、团队沟通不畅等问题,导致团队成员失去创业成功的信心、成员工作效率降低、成员间不信任、不作为等问题。如何有效解决这些问题,促进创业团队走向成熟和实现创业目标呢?这需要建立一个有效的沟通协调机制。创业团队成员沟通的基本前提是成员之间相互信任、相互理解和相互帮助。在彼此信任的基础上,发挥创业团队核心人物的领导作用,动员大家统一思想,一起面对问题,调整团队成员的心态,鼓舞大家的斗志,带领大家解决创业过程中遇到的各种矛盾与困难。或者创业团队核心人物与有矛盾的成员私下面谈,了解具体的矛盾,分析其原因,说明矛盾对整个团队的破坏力,提出办法或建议,选择一个双方都能接受的解决方案。或者开展团队公开讨论来开诚布公地解决团队内部的观念差异、意见分歧、负面情绪等问题,在沟通的过程中多换位思考。或者通过内部培训、外部考察学习、优化团队结构等方法来解决团队"卡壳"的问题,提升整个团队的能力。同时,加强创业团队内部的信息公开和共享,加强团队成员之间正式和非正式的沟通。

本章小结

1. 创业者作为创新活动的主导者,其自身的特质和能力对于创业的成功有一定影响。

2. 创业者一般应具备以下基本能力:战略管理能力、决策学习能力、计划管理能力、经营管理能力、沟通协调能力和创新能力。

3. 创业精神是指在创业者的主观世界中,那些具有开创性的思想、观念、个性、意志、作风和品质等。

4. 创业精神是创业理想产生的原动力,是创业成功的重要保证。

5. 创业团队也是创业的主导者,一个成功的创业团队具备五个基本特征:富有魅力的领导者、具有强大凝聚力、技术能力互补、相互信任和合理分配股权。

6. 创业团队组建好之后,要更好地发挥团队的作用,必须加强创业团队的管理。

复习思考题

1. 创业者应具备哪些基本能力?
2. 创业精神包含哪些特征?
3. 如何组建和管理优秀的创业团队?

 案例分析

职位悬赏APP团队的解散

2015年4月,罗文娟加入了职位悬赏APP团队,见证了该团队的起起落落。

这个APP是共享经济下的产物,采用熟人推荐机制。当你看到一个合适的职位时,可以推荐自己的熟人,一经录用,便能获得收益。闲置猎头和其他有较多人脉资源的人都能成为这个APP的受众,针对的更多是有丰富工作经验的人。同时,公司通过这个渠道,能够招聘到很多原渠道接触不到的人才,并且不再需要支付高昂的猎头费用。

在刚开始起步的时候,这个产品发展得很好,也受到了很多投资人的关注,在上线之前就拿到了种子轮投资。当时另外两个合伙人都从腾讯出来,双方都有想要创业的想法,于是一拍即合地开始做这个产品。

但创业过程中,CTO(首席技术官)的家中陆续发生了很多变故,父母的身体状况也很不好,CTO在顾及家庭的过程中,也影响了工作,并没有安排好团队的协调工作。团队起初很体谅CTO,让技术团队在没有CTO参与的情况下单独开发产品。当时CTO一周大概有三四天都不在公司,对工作也不太上心。团队从5月开发到8月,却没有看到任何产品。于是罗文娟便和CEO商量,要不要和CTO交流下,这毕竟是一个创业团队,如果他保持这样的现状,团队或许需要换一个人。"但是CEO本身就不太擅长和人交流,而且他觉得这种事情不好说,"罗文娟解释道,"毕竟,从人性的角度来说,这种事情确实不太好讲。"之后,CTO家里的问题越发严重,CTO的工作状态也一直受到家里的影响。

"团队如果拧成一股绳,会有很强的战斗力,这种情况下,可以弥补一些资本和技术的不足。但是有的时候,团队中人越多越会出现一些问题。我后来也有思考,CTO

对工作不太在意一方面是因为个人问题一直没有处理好,另一方面就是他认为背后有团队支撑,他的问题可以由公司的其他人来进行弥补。"

有一天,罗文娟的一个竞争对手对她说:"你们公司现在既然出了问题,你不如来我们公司。"罗文娟一打听,才知道是一个技术人员把公司的困境都告知了这名竞争对手。然而当罗文娟把这件事情告诉 CEO 的时候,CEO 的反应是:"可能他也有自己的难处吧。"罗文娟说:"其实我思索之后,觉得可能和 CEO 本人的经历有关。他是一个海归,他在遇到这种违背契约精神的事情后,缺乏应对复杂突发问题的能力,选择逃避而不是想办法处理问题。起初他还拒绝去和那个技术人员交谈,当我生气了,他才答应去和技术人员谈话。"

而在这几件事情之后,CEO 告诉罗文娟他打算暂停这家公司。"他其实是担心 CTO 不愿意退出,或者要求他高额回购股份,所以想要假装公司破产。但是这个决定是很错误的,在那之后,团队项目无法继续下去。对于我个人而言,觉得这个项目非常可惜。因为现在我回头看,当时我们的模式是很棒的。"

职位悬赏 APP 于 2015 年 9 月份上线,历时不到半年,公司宣布解散。

讨论题:

1. 职位悬赏 APP 创业团队失败的原因是什么?
2. 如何加强创业团队的管理?

 学习拓展

创业素质测试

创业是充满成就感、诱惑力的词语,但并非每一个人都适合走这条路。在开始做老板之前,先问自己几个问题,看看自己是否适合。美国创业会设计出了一份试卷,可以令你在做出决策前对自己有一个初步的了解。

1. 在急需做出决策的时候,你是否在想:"再让我考虑一下吧?"

经常(　)有时(　)很少(　)从不(　)

2. 你是否为自己的优柔寡断找借口说:"是应慎重考虑,怎能轻易下结论呢?"

经常(　)有时(　)很少(　)从不(　)

3. 你是否为避免冒犯某个或某几个有相当实力的客户而有意回避一些关键性的问题并表现有意奉承呢?

经常(　)有时(　)很少(　)从不(　)

4. 你是否无论遇到什么紧急任务,都先处理琐碎的日常事务?

经常(　)有时(　)很少(　)从不(　)

5. 你非得在巨大的压力下才肯承担重任吗?
   经常(　)有时(　)很少(　)从不(　)
6. 你是否无力抵御或预防妨碍你完成重要任务的干扰与危机?
   经常(　)有时(　)很少(　)从不(　)
7. 你在决定重要的行动计划时常忽视其后果吗?
   经常(　)有时(　)很少(　)从不(　)
8. 当你需要做出可能不得人心的决策时,是否找借口逃避而不敢面对?
   经常(　)有时(　)很少(　)从不(　)
9. 你是否总是在快下班时才发现有要紧事没办,只好晚上回家加班?
   经常(　)有时(　)很少(　)从不(　)
10. 你是否因不愿承担艰苦任务而寻找各种借口?
    经常(　)有时(　)很少(　)从不(　)
11. 你是否常来不及躲避或预防困难情形的发生?
    经常(　)有时(　)很少(　)从不(　)
12. 你总是拐弯抹角地宣布可能得罪他人的决定?
    经常(　)有时(　)很少(　)从不(　)
13. 你喜欢让别人替你做自己不愿做的事吗?
    经常(　)有时(　)很少(　)从不(　)

计分:"经常"得5分,"有时"得3分,"很少"得2分,"从不"得1分;将13道题的得分相加,得到总分。总分50分以上:你的个人素质与创业者相差甚远。40~49分:你不算勤勉,应彻底改变拖沓、效率低的缺点,否则创业只是一句空话。30~39分:大多数情况下充满自信,但有时犹豫不决,不过没关系,有时候犹豫是成功稳重和深思熟虑的表现。15~29分:你是一个高效率的决策者和管理者,更是一个成功的创业者。

贝尔宾团队角色测试

剑桥产业培训研究部前主任贝尔宾博士和他的同事们经过多年在澳洲和英国的研究与实践,提出了著名的贝尔宾团队角色理论。该理论认为,高效的团队工作有赖于默契协作。团队成员必须清楚其他人扮演的角色,了解如何相互弥补不足、发挥优势。成功的团队协作可以提高生产力,鼓舞士气,激励创新。一支结构合理的团队应该由8种角色组成,利用个人的行为优势创造一个和谐的团队,可以极大地提升团队和个人绩效。

贝尔宾团队角色自测问卷

说明:请花15~20分钟完成贝尔宾团队角色自测问卷,请注意答案没有对错之分;按你自己的第一感觉分配分。对下列问题的回答,可能在不同程度上描绘了您的行为。每题有8句话,请将总分10分分配给每题的8个句子。分配的原则:最体现您行为的句子分最高,以此类推。最极端的情况也可能是10分全部分给其中的某一句话。请根据您的实际情况把分数填入后面的表中。得分最高的角色便是你的团队角色。

1. 我认为我能为团队做出的贡献是：（　　）
   A. 我能很快地发现并把握住新的机遇
   B. 我能与各种类型的人一起合作共享
   C. 我生来就爱出主意
   D. 一旦发现某些对实现集体目标很有价值的人，我就及时把他们推荐出来
   E. 我能把事情办成，这主要靠我个人的实力
   F. 如果最终能导致有益的结果，我愿面对暂时的冷遇
   G. 我通常能意识到什么是现实的，什么是可能的
   H. 在选择行动方案时，我能不带倾向性，也不带偏见地提出一个合理的替代方案

2. 在团队中，我可能的弱点是：（　　）
   A. 如果会议没有得到很好的组织、控制和主持，我会感到不痛快
   B. 我容易对那些有高见而又没有适当地发表出来的人表现得过于宽容
   C. 只要集体在讨论新的观点，我总是说得太多
   D. 我的客观看法，使我很难与同事打成一片
   E. 在一定要把事情办成的情况下，我有时使人感到特别强硬以致专断
   F. 可能由于我过分重视集体的气氛，我发现自己很难与众不同
   G. 我易陷入突发的想象之中，而忘了正在进行的事情
   H. 我的同事认为我过分注意细节，总有不必要的担心，怕把事情搞糟

3. 当我与其他人共同进行一项工作时：（　　）
   A. 我有在不施加任何压力的情况下，去影响其他人的能力
   B. 我随时注意防止粗心和工作中的疏忽
   C. 我愿意施加压力以换取行动，确保会议不是在浪费时间或离题太远
   D. 在提出独到见解方面，我是数一数二的
   E. 对于与大家共同利益有关的积极建议我总是乐于支持的
   F. 我热衷寻求最新的思想和新的发展
   G. 我相信我的判断能力能做出正确的决策
   H. 我能使人放心的是，对那些最基本的工作，我都能组织得井井有条

4. 我在工作团队中的特征是：（　　）
   A. 我有兴趣更多地了解我的同事
   B. 我经常向别人的见解进行挑战或坚持自己的意见
   C. 在辩论中，我经常能找到论据去推翻那些不甚有理的主张
   D. 我认为，只要计划必须开始执行，我就有推动工作运转的才能
   E. 我有意避免使自己太突出或出人意料
   F. 对承担的任何工作，我都能做到尽善尽美
   G. 我乐于与工作团队以外的人进行联系
   H. 尽管我对所有的观点都感兴趣，但这并不影响我在必要的时候下决心

5. 在工作中,我得到满足,因为:(　　)

A. 我喜欢分析情况,权衡所有可能的选择

B. 我对寻找解决问题的可行方案感兴趣

C. 我感到,我在促进良好的工作关系

D. 我能对决策有强烈的影响

E. 我能适应那些有新意的人

F. 我能使人们在某项必要的行动上达成一致意见

G. 我感到我的身上有一种能使我全身心地投入工作中去的气质

H. 我很高兴能找到一块可以发挥我想象力的天地

6. 如果突然给我一件困难的工作,而且时间有限,人员不熟:(　　)

A. 在有新方案之前,我宁愿先躲进角落,拟定出一个摆脱困境的方案

B. 我比较愿意与那些表现出积极态度的人一道工作

C. 我会设想通过用人所长的方法来减轻工作负担

D. 我天生的紧迫感将有助于我们不会落在计划后面

E. 我认为我能保持头脑冷静,富有条理地思考问题

F. 尽管困难重重,我也能保持目标始终如一

G. 如果集体工作没有进展,我会采取积极措施去加以推动

H. 我愿意展开广泛的讨论,意在激发新思想,推动工作

7. 对于那些在团队工作中或与周围人共事时所遇到的问题:(　　)

A. 我很容易对那些阻碍前进的人表现出不耐烦

B. 别人可能批评我太重分析而缺少直觉

C. 我有做好工作的愿望,能确保工作的持续进展

D. 我常常容易产生厌烦感,需要一两个有激情的人使我振作起来

E. 如果目标不明确,让我起步是很困难的

F. 对于我遇到的复杂问题,我有时不善于加以解释和澄清

G. 对于那些我不能做的事,我有意识地求助于他人

H. 当我与真正的对立面发生冲突时,我没有把握使对方理解我的观点

贝尔宾团队角色自测

大题号	CW	CO	SH	PL	RI	ME	TW	FI
1	G	D	F	C	A	H	B	E
2	A	B	E	G	C	D	F	H
3	H	A	C	F	G	E	B	D
4	D	H	B	E	G	C	A	F
5	B	F	D	H	E	A	C	G
6	F	C	G	A	H	E	B	D
7	E	G	A	F	D	B	H	C
总计								

测试结果分析

这八种团队角色如下:

1. 开拓者(创始人、智多星)PL(planter)

典型特征:有个性;思想深刻;不拘一格。

积极特性:才华横溢;富有想象力;智慧;知识面广。

能容忍的弱点:高高在上;不重细节;不拘礼仪。

在团队中的作用:提供建议;提出批评并有助于引出相反意见;对已经形成的行动方案提出新的看法。

2. 外交家 RI(resource investigator)

典型特征:性格外向;开朗;热情;好奇心强;联系广泛;消息灵通,是信息的敏感者。

积极特性:有广泛联系人的能力;不断探索新的事物;勇于迎接新的挑战。

能容忍的弱点:时过境迁,兴趣马上转移。

在团队中的作用:提出建议,并引入外部信息;接触持有其他观点的个体或群体;参加磋商性质的活动。

3. 协调员 CO(coordinator)

典型特征:沉着;自信;有控制局面的能力。

积极特性:对各种有价值的意见不带偏见地兼容并蓄,看问题比较客观。

能容忍的弱点:在智能以及创造力方面并非超常。

在团队中的作用:明确团队的目标和方向;选择需要决策的问题,并明确它们的先后顺序;帮助确定团队中的角色分工、责任和工作界限,总结团队的感受和成就,综合团队的建议。

4. 推进者 SH(shaper)

典型特征:思维敏捷;坦荡;主动探索。

积极特性:积极,主动,有干劲,随时准备向传统、低效率、自满自足挑战。有紧迫感,视成功为目标,追求高效率。

能容忍的弱点:好激起争端,爱冲动,易急躁,容易给别人压力。

在团队中的作用:寻找和发现团队讨论中可能的方案;使团队内的任务和目标成形;推动团队达成一致意见,并朝向决策行动。

5. 监督员 ME(monitor evaluator)

典型特征:清醒;理智;谨慎

积极特性:判断力强;分辨力强;讲求实际。

能容忍的弱点:缺乏鼓动和激发他人的能力;自己也不容易被别人鼓动和激发;缺乏想象力,缺乏热情。

在团队中的作用:分析问题和情景;对繁杂的材料予以简化,并澄清模糊不清的问题;对他人的判断和作用做出评价。

6. 凝聚者 TW(team worker)

典型特征：擅长人际交往；温和；敏感。

积极特性：有适应周围环境以及人的能力；能促进团队的合作；倾听能力最强。

能容忍的弱点：在危急时刻往往优柔寡断，一般很中庸。

在团队中的作用：给予他人支持，并帮助别人；打破讨论中的沉默，采取行动扭转或克服团队中的分歧。

7. 实干家 CW(company worker)

典型特征：保守；顺从；务实可靠。

积极特性：有组织能力、实践经验；工作勤奋；有自我约束力。

能容忍的弱点：缺乏灵活性，应变能力弱；对没有把握的主意不感兴趣。

在团队中的作用：把谈话与建议转换为实际步骤，考虑什么是行得通的，什么是行不通的。整理建议，使之与已经取得一致意见的计划和已有的系统相配合。

8. 完美主义者 FI(finisher)

典型特征：勤奋有序；认真；有紧迫感。

积极特性：理想主义者；追求完美；持之以恒

能容忍的弱点：常常拘泥于细节；容易焦虑；不洒脱

在团队中的作用：强调任务的目标要求和活动日程表，在方案中寻找并指出错误、遗漏和被忽视的内容；刺激其他人参加活动，并促使团队成员产生时间紧迫的感觉。

第八章
创业资源与创新创业大赛

学习目标

1. 熟悉创业资源的概念与分类。
2. 掌握获取创业资源的途径与技巧。
3. 掌握创业融资的原则与渠道。
4. 了解创业大赛资源的类别与获取途径。

引导案例

国家级大学生创新创业训练计划

国家级大学生创新创业训练计划是大学生创新创业训练计划中的优秀项目,是培养大学生创新创业能力的重要举措,是高校创新创业教育体系的重要组成部分,是深化创新创业教育改革的重要载体。国家级大学生创新创业训练计划坚持以学生为中心的理念,遵循"兴趣驱动、自主实践、重在过程"原则,旨在通过资助大学生参加项目式训练,推动高校创新创业教育教学改革,促进高校转变教育思想观念、改革人才培养模式、强化学生创新创业实践,培养大学生独立思考、善于质疑、勇于创新的探索精神和敢闯会创的意志品格,提升大学生创新创业能力,培养适应创新型国家建设需要的高水平创新创业人才。

讨论题:

1. 教育部提供了哪些创新创业资源?
2. 大学生申报国家级大学生创新创业训练计划基本条件是什么呢?

第一节 创业资源概述

一、创业资源的概念

资源是一切可被人类开发和利用的客观存在。《经济学解说》将"资源"定义为"生产过程中所使用的投入"。这一定义很好地反映了"资源"一词的经济学内涵,资源从本质上讲就是生产要素的代名词。按照常见的划分方法,资源被划分为自然资源、人力资源和加工资源。本书认为,资源就是任何一个主体在向社会提供产品或服务的过程中,所拥有或者所能够支配的实现自己目标的各种要素以及要素组合。

创业资源是指企业创立及成长过程中所需要的各种生产要素和支撑条件,是创业企业在创造价值过程中所需要的特定资产。对于创业者来说,只要是对其创业项目和创业企业的发展有所帮助的要素,都可以归入创业资源的范畴。创业者既要积累个人资源,也要善于创造性地整合社会资源,以创造有利于创业的良好条件。

二、创业资源的分类

根据分类方法的不同,可以从不同角度对创业资源进行分类。

(一) 按性质分类

按性质分,创业资源可分为人力资源、财务资源、物质资源、技术资源和组织资源。

1. 人力资源

人力资源不仅包括创业者及创业团队的知识、训练和经验等,也包括团队成员的专业智慧、判断力、视野和愿景,甚至创业者本身的人际关系网络。创业者是创业企业最重要的人力资源,其价值观念和信念是创业企业的基石,其所拥有的人际和社会关系网络使其能够接触到大量的外部资源,降低潜在的创业风险。鉴于企业之间的竞争主要是人才之间的竞争,高素质人才的获取和开发便成为创业企业可持续发展的关键因素。

2. 财务资源

财务资源主要是指货币资源,通常是创业企业向债权人、权益投资者通过内部积累筹集的负债资金、权益资金和留存资金。一般来说,创业初期以不高于市场平均水平的资本成本及时筹集到足额的财务资源,是创业企业成功创办和顺利经营的前提条件。

3. 物质资源

物质资源即创业企业经营所需要的有形资源,如建筑物、设施、机器和办公设备、原材料等。一些自然资源如矿山、森林等有时也会成为创业企业的物质资源。

4. 技术资源

技术资源包括关键技术、制造流程、作业系统、专用生产设备等。通常技术资源包括三个层次:一是根据自然科学和生产实践经验而发展成的各种工艺流程、加工方法、劳动技能和诀窍等;二是将这些流程、方法、技能和诀窍等付诸实施的相应的生产工具和其他物资设备;三是适应现代劳动分工和生产规模等要求的对生产系统中所有资源进行有效组织和管理的知识、经验和方法。技术资源大多与物质资源相结合,可以通过法律手段予以保护,部分技术资源会形成组织的无形资产。

5. 组织资源

组织资源一般是指企业的正式管理系统,包括企业的组织结构、作业流程、工作规范、信息沟通、决策体系、质量系统,以及正式或非正式的计划活动等,有时候组织资源也可以表现为个人的技能或能力。其中,组织结构是一种能够使组织区别于竞争对手的无形资源。那些能将创新从生产功能中分离出来的组织结构会加速创新,能将营销从生产功能中分离出来的组织结构能更好地促进营销。

(二)按存在形态分类

根据存在形态的不同,可以将创业资源分为有形资源和无形资源。

1. 有形资源

有形资源包括金融资源、实物资源和组织资源三大类,如图 8-1 所示。

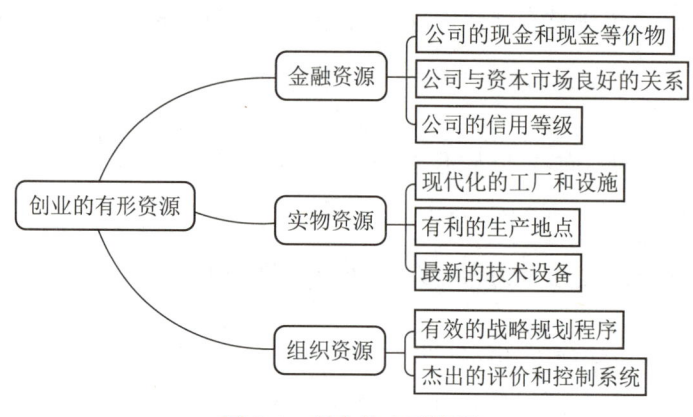

图 8-1　创业的有形资源

(1) 金融资源。金融资源是企业物质要素和非物质要素的货币体现,具体表现为已经发生的能用会计方式记录在账簿上的,能以货币计量的各种经济资源,包括资金、债权和其他权利。

(2) 实物资源。实物资源是指企业从事生产经营活动所需要的一切生产资料,其构成状况可按实物资源在生产经营过程中的作用划分为劳动对象和劳动手段。

(3) 组织资源。组织是指为了实现既定的目标,按一定规则和程序而设置的多层次岗位及其相应人员隶属关系的权责角色结构。包括企业的战略规划、员工开发、评价和报酬系统等。

2. 无形资源

无形资源包括人力资源、科技资源、市场资源、政策资源、信息资源、品牌资源六大类。如图 8-2 所示。

(1) 人力资源。人力资源是指存在于企业组织系统内部的有经验的、掌握特殊技能的、被激励起来的员工等和可供企业利用的外部人员的总和。人力资源是企业资源结构中最重要的关键性资源,是企业技术资源和信息资源的载体,是其他资源的操作者,它决定着所有资源效力的发挥水平。

(2) 科技资源。科学技术包括两个方面:其一是与解决实际问题有关的软件方面的知识;其二是为解决这些实际问题而使用的设备、工具等硬件方面的知识。技术资源的专有性主要表现为与企业相关的专门知识、商业秘密、专利和版权等。

(3) 市场资源。市场资源包括营销网络与客户资源、行业经验资源、人脉关系。市场资源可以帮助新创企业解决以下问题:凭什么进入这个行业,这个行业的特点是什

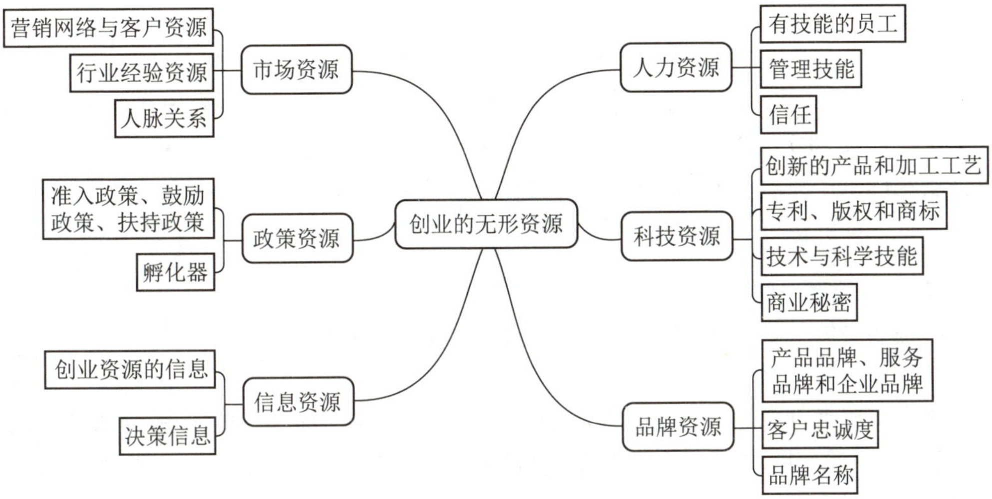

图 8-2　创业的无形资源

么，盈利模式是什么，是否有起码的商业人脉，市场和客户在哪里，销售的途径有哪些。

（4）政策资源。政策资源包括准入政策、鼓励政策、扶持政策或者优惠政策等。

[即问即答] 你还知道哪些创业政策？

大学生创业优惠政策

（5）信息资源。创业的过程是一个不断学习和获取信息的过程，保持对新趋势和信息的敏感度非常重要。通过获取信息可以帮助创业者了解市场动态、行业发展和商业趋势，并更好地理解市场需求、竞争环境和创新机会，从而做出明智的决策。

（6）品牌资源。品牌是一个名称、名词、符号或设计，或它们的组合，其目的是识别某个销售者或某群销售者的产品或劳务，并使之同竞争对手的产品或服务区别开来。品牌资源又可细分为产品品牌、服务品牌和企业品牌三类。

（三）按重要性分类

按重要性分类，创业资源可分为核心资源与非核心资源。根据资源基础论，识别核心资源，立足核心资源，发挥资源的辐射作用，实现创业资源的最优组合，这就是创业资源运行机制的基本思路。

1. 核心资源

核心资源主要包括人力、管理和技术资源这几类资源，涉及创业企业有别于其他企业的核心竞争力，是创业机会识别、机会筛选和机会运用几大阶段的主线。创业企业必须以这几种资源为基点，扩展其发展外延。人力资源对于企业来说，主要是一种知识财富，是企业创新的源泉。高素质人才的获取和开发是现代企业可持续发展的关键。管理资源又可理解为创业者资源。创业者自身素质对创业企业的成长至关重要。创业者的个性，对机遇的识别和把握，对其他资源的整合能力，都直接关乎创业成败。科技资源是一种积极的机会资源。对于新创企业来说，主动引进和寻找有商业价值的科技成果，是企业的立身之本和市场竞争之源。

2. 非核心资源

非核心资源主要包括资金、场地和环境资源。如何有效地吸收资金资源，并保持稳定的资金周转率，实现预期盈利目标，是创业成功的重要前提。场地资源指的是高科技企业用于研发、生产、经营的场所。良好的场地资源能够为企业大幅度降低运营成本，提供便利的生产经营环境，短期内累积更多的顾客或质优价廉的供应商。而环境资源作为一种外围资源影响着创业企业发展。

（四）按控制主体分类

按控制主体分类，创业资源可分为自有资源与外部资源。

1. 自有资源

自有资源来自内部机会的积累，是创业者自身所拥有的可用于创业的资源，如创业者自身拥有的可用于创业的自有资金、自己拥有的技术、自己所获得的创业机会信息、自建的营销网络、控制的物质资源或管理才能等，甚至在有的时候，创业者所发现的创业机会就是其所拥有的唯一创业资源。

2. 外部资源

外部资源可以包括朋友、亲戚、商务伙伴或其他投资者、投资人资金，或者包括借到的人、空间、设备或其他原材料（有时是由客户或供应商免费或廉价提供的），或是通过提供未来服务、机会等换取到的资源，有些还可能是社会团体或政府资助的管理帮助计划。外部资源更多的是来自外部机会发现，而外部机会发现在创业初期起着决定性作用。创业者在开始创业的时期面临的一个重要问题是资源不足。一方面，企业的创新和成长必须消耗大量资源。另一方面，企业自身还很弱小，无法实现资源自我积累和增值。所以，企业只有识别机会，从外部获取到充足的创业资源，才能实现快速成长，这也是创业资源有别于一般企业资源的独特之处。对创业者来说，运用外部资源是一种非常重要的方法，在企业的创立阶段和早期成长阶段尤其如此。其中关键是具有资源的使用权并能控制或影响资源部署。

自有资源的拥有状况将在很大程度上影响甚至决定新创企业获取外部资源的结果。"打铁还需自身硬"，创业者应首先致力于扩大、提升自有资源。自有资源的拥有状况（特别是技术和人力资源）可以帮助我们获得和运用外部资源。

三、创业资源的重要性

创业资源对创业者的成功与否，产生着巨大的影响，创业者不仅要充分认识到创业资源十分重要，还需要精确把握创业资源的重要性所在。本书以创业核心资源为例，分别阐述人力资源、管理资源、技术资源的重要性。

（一）人力资源的重要性

人力资源是创业时期最为关键的因素。创业者及其团队的洞察力、知识、能力、经验及社会关系影响到整个创业过程的开始与成功；一旦创业企业成立，人力资源就成为企业持续经营最重要的资源。人力资源不仅仅指创业者及其团队的特长、知识和激情，还包括创业者及其团队拥有的能力、经验、意识、社会关系、市场信息等。通过分析许多大学生创业的故事,可以发现,大学生自主创业最艰难的不是缺乏资金,而是意识、知识、信息和技能的匮乏,创业越深入,这些不足就越容易体现。一旦企业成立了,创业者团队的经营管理能力以及经验等就至关重要。

(二)管理资源的重要性

创业不是一件很轻松的事情。在创业初期,事无巨细,创业者都要亲力亲为,既包括对外筹集各种资源、协调各种关系、开发客户、应对各种变化,也包括对内分配资源管理运营。创业者必须能够识别、获取和利用各种资源来支持和推动创业过程。这些资源可能包括资金、人力资源、网络和行业联系等。管理这些资源的能力可以帮助创业者最大限度地利用它们,从而增加创业成功的机会。管理资源还可以提高工作效率。通过合理规划和组织资源的使用,创业者可以确保资源得到有效、高效地利用,减少浪费和冗余,从而节省时间和成本。创业过程中常常会遇到各种挑战和问题,如市场竞争、供应链管理、团队合作等。创业者的管理资源可以帮助他们更好地应对这些挑战和问题,找到解决方案,并最大程度地减少潜在风险。此外,创业者的资源和素质是其竞争力的关键因素。创业者通过提升自身能力和竞争优势,可以获得更多的机会和资源,从而在激烈的市场竞争中脱颖而出。

(三)技术资源的重要性

技术资源是创业前最关键的资源。真正的创业者,一是拥有核心技术,二是拥有一流团队,只依靠一个商业上的想法来融资比较难了。技术资源能回答这样的问题:我们能提供什么样的产品或者服务?它能满足或实现人们什么样的需求?谁会需要我们提供的产品或者服务?有研究指出,在创业初期,技术资源是最关键的创业资源。其原因有三:一是创业技术是决定创业产品的市场竞争力和获利能力的根本因素;二是是否拥有创业技术核心决定了所需创业资本的大小。对于在技术上非根本创新的创业企业来说,创业资本只要保持较小的规模便可维持企业的正常运营;三是从创业阶段来说,由于企业规模较小,因此对管理及人才的需求度不像成长期那样高。创建企业是否掌握创业需要的"核心技术"或"根本技术",是否拥有技术的所有权,决定着创业的成本大小,以及新创企业能否在市场中取得成功。尤其对依托高科技的创业而言更是如此。美国的微软公司和苹果公司的最初创业资本都只有几千美元,创业人员也只有几人。它们之所以走向成功,就是因为它们拥有独特的创业技术。所以,创业企业成功的关键首先是寻找成功的创业技术。

四、创业资源的获取

创业资源的获取是指在确认并识别资源的基础上,得到所需资源并使之为创业服务的过程。创业资源的获取不仅决定着能否把创业设想转化为创业行动,而且决定着企业这一契约组织的形成方式。

(一)影响创业资源获取的因素

影响创业资源获取的因素主要有创业导向、商业创意的价值、创业资源的配置方式、创业者的管理能力、社会网络等。

1. 创业导向

创业导向是一种态度或意愿,这种态度或意愿会导致一系列创业行为。创业导向会通过促进机会的识别和开发,进而促进资源的获取。因此,创业者要注重创业导向的培育和实施,充分关注创业者特质、组织文化和组织激励等影响创业导向形成的重要因素,采取有效方式获取资源,并在资源的动态获取、整合和利用过程中,注意区分不同资源,充分发挥知识资源的促进作用。

2. 商业创意的价值

创业的关键在于商业创意。商业创意为资源获取提供了杠杆,但获取资源还有赖于创业的价值被资源所有者认同的程度。换言之,一种能被资源所有者认同的、有价值的商业创意,才有助于降低创业者获取资源的难度。

3. 创业资源的配置方式

由于创业资源的异质性、效用的多维性和知识的分散性,人们对于同一创业资源往往具有不同的效用期望,有些期望难以依靠市场交换得到满足。因此,如果通过资源配置方式创新能够开发出新的效用,使之更好地满足资源所有者的期望,创业者就有可能从资源所有者手中获得资源使用权,开展生产经营活动。

4. 创业者的管理能力

创业者的管理能力是企业软实力的主要表现。创业者的管理能力越强,获取资源的可能性越大。创业者的管理能力可以从其沟通能力、激励能力、行政管理能力、学习能力和协调能力等多方面予以衡量。创业者通过管理能力获取必要资源的同时,还能为创业企业创造良好的发展环境。

5. 社会网络

社会网络是机构之间及人与人之间比较持久的、稳定的多种关系结合而成的网络关系。由于创业资源广泛存在于各种资源所有者手中,这些所有者又处于一定的社会网络之中,而且人们对于商业活动的认识和参与,客观上会受到自己所处网络及在网络中地位的影响,所以,社会网络对于创业资源的获取具有十分重要的意义。不同的社会网络和网络地位,为人们之间的沟通协作提供了不同渠道。在社会网络中处于优势地位的创业者,具有较好的社会关系依托,可以有选择地了解不同对象的效用需求,有针对性地对不同对象传递商业创意,有目的地获取不同资源所有者的理解和信任,最终成功地从不同网络成员那里获取所需的资源,为自己进行资源配置方式创新提供基础。除上述因素外,创业者的资源辨识能力和外部社会环境等也会对创业资源的获取产生一定影响。

(二) 获取创业资源的途径

获取创业资源的途径分为市场途径和非市场途径两大类。创业所需要的资源有活跃的市场,或者有类似的可比资源进行交易时,可以采用市场途径;其他情况下则可以采用非市场途径。

1. 通过市场途径获取创业资源

通过市场途径获取创业资源包括购买和联盟两种。

（1）购买。这是指利用财务资源通过市场购入的方式获取外部资源,主要包括购买厂房、设备等物质资源,购买专利和技术,聘请有经验的员工及通过外部融资获取资金等。需要注意的是,诸如知识,尤其是隐性知识等资源虽然可能会附着在非知识资源之上,通过购买物质资源(如机器设备等)得到,但很难通过市场直接购买,因此,需要创业企业通过非市场途径去开发或积累。

（2）联盟。这是指通过联合其他组织,对一些难以或无法自己开发的资源实行共同开发。这种方式不仅可以汲取显性知识资源,还可以汲取隐性知识资源。但联盟的前提是联盟双方的资源和能力互补且有共同的利益,而且能够对资源的价值及使用达成共识。

2. 通过非市场途径获取创业资源

通过非市场途径获取创业资源包括资源吸引和资源积累等。

（1）资源吸引。发挥无形资源的杠杆作用,利用创业企业的商业计划和创业团队的声誉,通过对创业前景的描述来获得或吸引物质资源、技术资源、人力资源和资金等。

（2）资源积累。利用现有资源在企业内部通过培育形成所需的资源,主要包括自建企业的厂房、设备,在企业内部开发新技术,通过培训来增加员工的技能和知识,通过企业的自我积累获取资金等。

究竟是通过市场途径还是非市场途径获取资源,主要取决于资源在市场的可用性和成本等因素。例如,若证明快速进入市场能够带来成本优势,则可采用外部购买方式。对于多数创业企业来说,由于初始资源禀赋的不完整性,创业者需要获取资源所有者的信任来获取资源。但无论如何,采用多种途径同时获取不同资源总是正确的选择。

（三）获取创业资源的技巧

为了及时足额并以较低成本获取创业所需要的资源,创业者需要掌握一定的获取创业资源的技巧。

1. 充分重视人力资源的获取

人力资源在创业资源中的决定性作用要求创业者必须充分重视人力资源的获取。创业者一方面应努力增强自身能力的培养,另一方面应充分重视创业团队的建设。一支知己知彼、才华各异、能力互补、目标一致和彼此信任的团队是创业资源中最为重要的,也是创业成功必不可少的保证。

2. 以能用和够用为原则

不是所有的宝贝都是企业的资源,创业者在获取资源时应坚持能用的原则。只有满足自己需求、自己可以支配并使其充分发挥作用的资源,才是需要获取的资源。资源的使用是有代价的,因此,在获取创业资源时应该本着够用的原则,而不是多多益善。一方面,资源的有限性使创业者难以筹集更多的资源;另一方面,当使用资源的收益不能弥补其成本时,资源的使用并不能给企业带来效益。

3. 尽可能获取多用途资源和杠杆资源

资源自身的特性决定了其用途的不同,有的资源可能在不同场合具有不同的用途,获取具有多用途的资源可以帮助创业者应对创业过程中出现的新问题。在知识社会,具有独特创造性的知识是现代社会的高杠杆资源,对于杠杆资源的合理利用有助于创业者取得一定的杠杆收益,达到事半功倍的效果。

五、创业资源的整合

资源整合是指企业对所拥有或控制的各种资源进行识别、选择、配置和激活,并创造出新价值或新资源的一个复杂的动态过程。创业企业要将各种分散的资源转化为组织资源,充分发挥各种资源的独力和合力,同时组织资源又将作为企业经营发展的基础资源来获得新的资源,这是一个不断循环的动态过程。资源整合的目的是创造出"1＋1＞2"的效果。创业者需要整合的资源包括人力资源、财务资源、技术资源等。

专栏 8-1　国药集团资源整合

国药集团所属企业业态多样,布局医药健康全产业链。有的子企业在发展过程中出现了主责主业不够聚焦、资源配置分散等问题。国药集团充分发挥上市公司在内部整合中的重要作用,大力推动各业态统一发展。在化学制药领域,创新方式方法,通过实施多家上市公司互为条件的重大资产重组,将原分散在四个主体、三家上市公司的 20 余户化学制药企业整合进入 A 股上市平台国药现代。在医药商业领域,将中国最大的医疗器械流通企业国药器材注入港股上市公司国药控股,加快药品流通、器械流通和医药零售的"三网"融合,巩固和提升了作为中国最大医药商业企业的龙头地位。全面推行区域整合,国药一致、国药股份等上市公司先后实施资产重组,有效解决了同区域内重复投资、同业竞争问题,实现了区域市场的一体化运营。国药集团全面落实中央企业专业化整合要求。在国企办医疗机构改革中,相继接收了东风汽车集团、中车集团、中国能建等 13 家企业举办的 120 余家医疗机构,床位数量近 2 万张,从业人员超过 2 万人。改革后的医疗机构得到了专业化的经营管理,主业意识逐步增强、学科建设显著提升、服务能力大幅提高、经营效益持续改善,全面实现了"医院得提升、员工得发展、群众得实惠、政府得民生、企业得效益"的改革目标,开创了良好的改革典范。

[即问即答]　国药集团整合了哪些资源?

(一)人力资源的整合

人才是创新之源,是企业最核心的竞争力,现代企业的竞争,归根结底是人才的竞争。但要吸引、留住人才,也并非易事,必须在尊重人才的价值上下功夫。企业应根据自身发展,建立起一套人力资源规划体系。

(1)建立完善的企业薪酬制度,以吸引和激励人才。

(2)建立培训机制,让人才在企业里发挥其最大的潜能。

(3)善待员工,让员工有一种家的感觉,这种善待不仅是指精神上给予人才的满足,也要配以物质利益。

（4）要量才而用，用人的长处，控制人的短处，将适合的人安排在最合适的岗位上。
（5）分工尽可能明确，划分各部门的职责范围，各部门的业务最好不要出现交叉。

对中小企业而言，人才是可遇而不可求的。社会上的人才很多，但适合公司发展的并不多。因此选择任用人才的关键在于用那些有潜力并且有强烈事业心、对公司事业有认同感的人才。中小企业整合人才资源最后落实在了培养人才方面，同时要千方百计留住公司的骨干人才。

（二）财务资源的整合

创业离不开资金的支持，整合财务资源，不仅仅是解决"钱"的问题，更重要的是看投资者还能为企业带来什么其他的资源，比如政府背景、行业背景、市场影响力、营销支持等。但最为关键的是，选择的投资者要与企业当前阶段的发展目标相吻合。

（三）技术资源的整合

在创业初期，创业技术是关键的资源，它是决定创业产品的市场竞争力和获利能力的根本因素。做成功企业的核心是要有好的产品，而企业的产品必须做到专业化，这一点非常重要。要将产品在同一领域内做到最专业，技术上要一直领先。若企业没有实力一直保持这样的技术优势，则可以整合企业之外的技术资源，例如，与科研院所、大专院校合作或和拥有领先技术的公司合作等。

（四）行业资源的整合

整合行业资源，应当充分了解某行业，掌握这个行业的各种关系网，如竞争对手、供货商、经销商、客户行业协会、行业展会等。同时，企业还要注重整合行业内竞争对手的资源，把竞争对手转化为合作伙伴。例如，同行之间或者产业上、下游之间的创业企业通过策略联盟等方式整合资源，使人力资源、研发能力、市场渠道和客户资源等实现优势互补。企业要想发展、壮大，就应该尽可能整合各种资源、采取各种合法手段积极务实地做好自己的这份事业。

第二节 创业融资

一、创业融资概述

（一）创业融资的概念

融资主要是指资金的融入，也就是资金来源，具体是指通过一定的渠道，采用一定的方法，以一定的经济利益付出为代价，从资金持有者手中筹集资金，满足资金使用者在经济活动中对资金需要的一种经济行为。广义的融资指资本在持有人之间流动，以余补缺的一种经济行为；狭义的融资主要是指资本的融入，即通常说的资本来源。创业融资是指创业者为了将创意转化为现实，通过不同的渠道，采用不同的方式筹集资金以建立企业的过程。

(二)创业融资的重要性

任何企业的生产经营都需要资金的支撑,对于新创企业来说,无论是进行产品研发还是产品的生产和销售,都需要投入大量的资金,如何有效融集资金是创业者极为关注的问题。创业者通过合理选择融资渠道和融资方式,降低资金成本,将创业企业的财务风险控制在一定范围之间。通过对企业不同发展阶段融资需求特点的分析,有利于创业者做出科学的融资决策,使得创业企业实现可持续发展。

创业融资是新企业迈入企业发展的首道门槛,很多创业者在企业创办之初,积蓄花费殆尽,从亲朋好友的资金支持实现创业第一步,但是随着企业的发展,资金匮乏成为制约企业快速成长的重要因素。为获取足够资金,创业者及其团队面临拓展融资渠道的局面,融资金额不足、方式不妥,解决不了企业发展问题;融资数额过大,则可能丧失企业管理的控制权。这一尴尬的局面,需要慎重分析各类创业融资,利用好各类融资的优势,适时适量地组合,制定科学合理的融资战略,是企业成长的保证。因此,创业之初对融资的客观分析尤为必要。

二、创业融资的原则

为快捷、有效地筹集资本,创业者应以较低融资成本付出和较小的融资风险获取较多的营运资金。创业者可遵循以下融资原则。

(一)及时性原则

新创企业的经营具有很强的时效性,因此,需要根据企业资本投放时间来安排企业资金的投放。创业时机窗口从打开到关闭,时间往往非常短,企业如果没有及时地筹集资金,展开生产,抓住市场,这样的创业机会就会被其他创业主体抓住。新创企业的融资和投资在时间上要做到协调,避免因资金筹集不足而影响新创企业的正常经营,也要防止企业资金筹集过多或过少而导致资金利用率低下。故而,企业要在创业之初就提前准备好一定数量的储备融资,以免错失创业机会。

(二)合法性原则

新创企业的融资活动需要遵守国家相关法律法规,依法履行相应的责任并维护融资利益相关主体的权益,极力避免非法的融资行为(如用允诺高于国家正规金融机构的利息率和回报率来吸引个体投资人投入资金)。非法所融得的资金无疑会使创业者陷入恶性循环并可能导致无法挽回的失败结局。

(三)效益性原则

毫无疑问,创业融资的目的是帮助企业在未来的经营活动中盈利,创业融资前需要对所要开展的创业项目进行内部收益率(IRR)投资回收率(payback period)以及项目的净现值(NPV)进行估算。创业融资与企业投资在效益上要形成互补,创业投资是决定企业是否融资的重要因素,投资收益与投资成本相比较,决定着新创企业是否要追加筹资;而一旦对某创业项目投资,其投资数量决定了融资数量。故而,新创企业在融资过程中要充分计算投资项目的收益情况并对筹融资方式进行比较,寻求合适的融资组合以降低融资风险和成本。

(四) 低风险原则

显而易见,创业融资是有风险的,特别是创业者在制订创业计划时就要提前考虑各种融资渠道的风险。企业在每一阶段确定融资策略的时候,必须首先考虑稳定、变数较小的融资渠道,如有抵押的银行贷款,而风险较大的、不确定性较强的融资渠道只作为备用融资渠道。企业还需考虑银企关系的变化、国家政策的变化可能对企业获得资金支持所产生的不利影响。总而言之,新创企业在制定融资策略时要与企业整体的经营战略保持一致。这样做可以避免出现新创企业资金管理失控而导致的财务状况恶化的后果。

三、创业融资的渠道

新企业遵循正确的融资理念指导融资活动,按照缜密的操作流程实现融资行为,但更为重要的是选择正确的融资渠道。融资渠道是指创业者筹集资金的来源,体现资本的来源和流向。融资渠道的差异性决定了融资活动具备不同的特征和关注点。21 世纪,新企业融资渠道有众多的资本来源选择,融资者面临资金提供者众多、数量分布广泛的机遇,了解融资渠道的类型、特点以及适用性,有利于创业者充分开发和利用融资渠道,是实现资金合理组合,有效筹集资金的基础,所以,必须客观了解几种常见融资渠道的概念特征、操作方式及注意事项。

(一) 私人资本融资

1. 自我融资

创业者在创办企业时,都明白企业在产生一定的收入流之前需要一定数量的资金用于各类支出。人们把此类资金视为开办资金。企业的开办资金一般有两种用途:一是运营前支出或投资,二是运营前期支出或运营资本。毫无疑问,要保持新创企业的正常运行,创业者必须将自有积蓄投入新的企业。创业者投入自有资金有两个方面的意义:一方面,可以利用已有资金快速地把握住创业商机,因为创业机会时间往往比较短暂,创业者需要快速地做出反应来投入资源、开发机会,自有资金投入无疑是最快的;另一方面,自有资金的投入也在向其他创业合作人或投资人宣誓创业者对于企业的信心,只有投入了绝大部分的自有资金,才会让合作人或投资人看到创业者创业的决心,同时,创业者也会因此全身心地投入自己所选择的事业。

2. 亲友融资

亲朋好友这些潜在的"天使投资人",是创业者最可靠的靠山,也是常见的启动资金的源泉,基于情感纽带的理由,俗称"创业者的人情美味"。相对于天使投资,亲友融资是最简单便捷的资金来源,同时也是融资成本最低、最安全的有效融资渠道,但是,激情、沟通、信任、共同分享利润是其最愿意从创业者身上看到的特点,拥有这些特点,将极大地增加融资的成功概率。

3. 天使投资

天使投资是自由投资者或非正式机构对有创业有发展的创业项目或小型初创企业

进行的一次性前期投资,是一种非组织化的创业投资形式。有人戏称天使投资为创业者的"婴儿奶粉",强调了天使投资对尚处在襁褓中的新企业的呵护和促进发展的作用。天使投资人喜欢投资是因为他们熟悉该创业型企业所处的行业,并被其带来的机会以及潜在的回报所吸引。他们并不看重企业早期的战略收益,而是喜欢与创业型企业家一起工作。天使投资往往偏爱高风险、高收益的高科技企业,其主要来源为曾经的创业者、富豪、国际大型企业高级管理者。天使投资人对于他们所投资的企业来说,既是投资者,又是顾问、指导者。天使投资人除了为新企业提供资金支持,帮助新企业建立和改造商业模式之外,还协助其识别顶尖关键人才、消费者和供应商,并帮助其制定、完善和实施运营政策和流程在市场中检验他们的想法,还帮助企业吸引额外的投资。但是,天使投资人也是较为苛刻的投资者,他们喜欢投资于自己所熟悉领域的新企业,以便于监管;投资一般仅限于处在初期发展阶段的公司,投资之前,会对融资方做较为详尽的审查,这是为其高风险前提下获得高收益的商业投资行为的保证。同时,他们投资的大多数创业型企业都是由商业伙伴或天使投资团推荐的。

(二)机构融资

1. 商业银行贷款

商业银行贷款,指创业者试图从商业银行中获得资金。因为商业银行贷款对中小企业的要求高,常被视作"创业者的'垂涎之物'"。银行贷款通常分为信用贷款和抵押贷款两类。信用贷款,银行依据借款人的信用状况发放贷款,适用于拥有较长经营历史和良好信誉的大中企业,新企业通过信用贷款的难度高;抵押贷款,企业以其自有的财物予以抵押,作为获得银行贷款的担保。财物抵押期间,借款人拥有对抵押财物的使用权,若借款人逾期不能按照约定及时还款,贷款方有权依法对抵押财物进行折价变卖、拍卖,以弥补自身损失,由此可见,抵押制度对贷款人的实力提出了要求,银行业处于金融资源的核心地位,因此,银行贷款是新企业融资的主要渠道。商业银行目前服务多倾向于信誉较好的国有大中型企业,忽视新企业的业务拓展,导致新企业贷款较难。同时,商业银行贷款手续烦琐、效率低,难以很好满足新企业融资需求导致新企业很难通过银行获得贷款。当然,近些年国内银行体系调整,对新企业扶持加大,创业者们应重视银行贷款这一有利途径。对于成长期的新企业,为顺利获得银行贷款,以下策略是创业者有益的思考:首先,创业者应正确认识银行与企业间的合作关系,端正心态,不卑不亢,互惠互利,使银行贷款成为企业成长的有力工具;其次,创业者应注意挑选合适的借款对象,选择乐于向新企业贷款、贷款效率高、及时放贷、地理位置近,适合自身发展的银行;再次,创业者应注重规范企业财务管理确保自身经济活动和财务收支的真实性和合法性,树立良好形象,加强信用意识,规范自身金融行为,积极主动加强与银行的沟通,以期获得银行的有力支持;最后,关注银行动向,掌握融资信息。创业者应积极主动联系银行,掌握银行丰富的融资信息,精通各银行创新金融服务程序,适时获得融资贷款,争取更多利益。

2. 民间借贷融资

民间借贷是古老的融资方法,指民间个人与个人之间、个人与企业之间的融资,也被称为"草根金融"。按照借贷利率水平的高低,民间借贷方式一般可分为低利率的互助式借贷、利率水平较高的信用借贷;按照借贷对象的不同,则可以分为个人借贷地下融资中介借贷以及企业间资金通融等。

民间借贷的主要特点是借贷手续简便、时效性强,适合新企业临时性融资。经济发达、市场化程度高的地区民间借贷行为非常活跃,企业通过民间借贷获得经营资金的现象普遍,但是借贷双方法律意识较为薄弱,缺乏正规渠道、法律保障,民间借贷容易产生纠纷。为规避融资风险,借贷双方应在借款前明确具体事项以确保融资合法、规范。

(1) 借款前,创业者应准确评估借贷风险发生的可能性及风险大小,确保损失在企业所能承受的范围之内。为控制借贷风险,创业者需要掌握融资的数额以及期限两个方面。从融资数额看,借入资金过少,无法满足企业发展所需;借入资金过多,则会给企业造成较大的利息负担。从融资期限来看,则应根据借款利率的高低,权衡企业的收益与成本,做出正确的选择。

(2) 借款过程中应确保借据要素齐全,借贷利率合理,借贷双方责任明确化、法律化。借贷过程中,借贷双方必须签订书面的借据或协议以确定借贷金额、利息、期限、责任等内容,以避免在借贷关系无效时彼此推卸责任。最终所签订的借贷协议必须具有规范性和可保存性,借贷双方都应注意将这一有效凭证妥善保管好,避免可能出现的纠纷。

(3) 借贷双方如果发生纠纷,借贷应在法律框架内采取正确的方式协商解决,避免产生更大纠纷和恶果。当借贷双方对借贷利率发生争议时,可考虑适当参照银行同类借贷利率计息;运用法律手段解决较大纠纷时应注意法律诉讼时效,借贷双方权利受侵害时,受害方应在法律设定的有效期限内向法院提起诉讼,避免因错过诉讼有效期限而陷入被动。借助法律专业人士介入纠纷解决是明智之举。

3. 风险投资

风险投资是由职业的创业投资者管理的专门进行创业投资的形式,主要指投资人将风险资本投向刚刚成立或快速成长的未上市新兴公司(主要是高科技公司),在承担很大风险的基础上,为融资人提供长期股权投资和增值服务,培育企业快速成长,数年后再通过上市、兼并或其他股权转让方式撤出投资,取得高额投资回报的一种投资方式。可以分为风险投资公司、风险投资家和产业附属风险投资公司三种。专业的风险投资公司主要是指拥有一定的注册资本,由一个或几个合伙人合伙的专门从事创业投资的机构,其业务单一,管理专业,资本稳定,一般是在企业中以入股形式投入资金,等企业上市后以转让股权的形式退出新创企业并套取现金。风险投资家是从大型机构投资者那里筹资并将这些资金投资到新企业的组织工作的人。这些机构投资者包括大学的捐赠基金和公司的养老基金。产业附属风险投资公司一般是非金融事业公司下属的独立风险投资机构,代表母公司的利益对特定行业进行投资,常含有为母公司开拓市场、发展技术的意图。与其他专业投资基金一样,这类投资机构通常是将资金投向某一特定的行业。

4. 融资租赁

融资租赁是通过租借设备的方式来维持生产或扩大发展,再把生产所得的资金偿还租金并最终获得设备所有权的一种独特的融资渠道。融资租赁可延长企业资金融通期限,加大企业现金流量,减少企业还款压力,缓解企业资金周转紧张状况。由于在融资租赁过程中,租赁方不考查承租人的财务状况,解决了新企业财务信息不规范影响资金筹措的弊端,往往门槛较低,新企业容易获得资金。融资租赁的独特优势表现为以下三个方面。

(1)融资租赁中的经营性租赁属于表外租赁,企业得到固定资产使用权,但不增加表中负债,可以美化企业财务报表,改善企业资信状况。

(2)采用融资租赁方式引进国外技术设备,避开外贸政策障碍和国外技术封锁,有利于新企业利用外资,提高技术设备水平。

(3)融资租赁以物为载体,具有较大灵活性和自主权,对短期、中期、长期的融资项目都适宜,而且分期支付租金的还款方式是非常适合资金规模小、设备使用价值高的新企业的融资方式。

(三)政府创业支持政策融资

一直以来,我国大力倡导创新创业,从中央到地方各级政府出台了一系列相应的创业扶持政策,设立了多种专项基金,有的是面对中小企业的,有的是面对科技创新型企业的。包括"创新鼓励基金""863计划基金""火炬计划基金""中小企业科技创新基金""留学生创业基金""科技型中小企业创新基金"等,这些基金都是国家专门用于支持创业和中小企业技术创新的。专项基金的支持有贷款贴息、无偿资助和资本投入等。特别是针对大学生创业的扶持政策,如《2012年国家鼓励普通高校毕业生自主创业政策公告》从放宽市场准入条件、享受资金扶持政策、实行税收减免优惠、提供培训指导服务等方面对大学生创业给予了创业扶持的指导意见,各地政府也相继出台了相关政策、采取了相关行动措施。各省、各地区均有大学生创业扶持基金,以及大学生创业大赛项目平台,除了为大学生们提供奖金、大学生创业服务外,还为他们提供创业信息和就业创业培训。企业的注册、财务、税务、管理、运营等问题,均可以得到不同程度的支持。

第三节 创新创业大赛

一、主流创业大赛介绍

(一)中国国际大学生创新大赛

本节以第八届大赛为例作介绍。

1.大赛简介

中国国际大学生创新大赛由教育部、中央统战部、中央网络安全和信息化委员会办公室、国家发展改革委、工业和信息化部、人力资源和社会保障部、农业农村部、中国科学院、中国工程院、国家知识产权局、国家乡村振兴局、共青团中央和政府共同主办的国际性大学生创新创业大赛。大赛旨在深化高等教育综合改革,激发大学生的创造力,培养造就"大众创业、万众创新"的主力军;推动赛事成果转化,促进"互联网+"新业态形成,服务经济提质增效升级;以创新引领创业、创业带动就业,推动高校毕业生更高质量创业就业。大赛分为高教主赛道、"青年红色筑梦之旅"赛道、职教赛道、产业命题赛道和萌芽赛道5个主体赛事。

2. 大赛目的与任务

以赛促教,探索人才培养新途径。全面推进高校课程思政建设,深入推进新工科、新医科、新农科、新文科建设,不断深化创新创业教育改革,引领各类学校人才培养范式深刻变革,形成新的人才培养质量观和质量标准,切实提高学生的创新精神、创业意识和创新创业能力。

以赛促学,培养创新创业生力军。服务构建新发展格局和高水平自立自强,激发学生的创造力,激励广大青年扎根中国大地了解国情民情,在创新创业中增长智慧才干,坚定执着追理想,实事求是闯新路,把激昂的青春梦融入伟大的中国梦,努力成长为德才兼备的有为人才。

以赛促创,搭建产教融合新平台。把教育融入经济社会发展,推动成果转化和产学研用融合,促进教育链、人才链与产业链、创新链有机衔接,以创新引领创业、以创业带动就业,推动形成高校毕业生更高质量创业就业的新局面。

3. 赛事总体要求

(1) 参赛项目范围。

参赛项目能够紧密结合经济社会各领域现实需求,充分体现高校在新工科、新医科、新农科、新文科建设方面取得的成果,培育新产品、新服务、新业态、新模式,促进制造业、农业、卫生、能源、环保、战略性新兴产业等产业转型升级,促进数字技术与教育、医疗、交通、金融、消费生活、文化传播等深度融合。

(2) 参赛项目合规性。

参赛项目应弘扬正能量,践行社会主义核心价值观,真实、健康、合法。不得含有任何违反《中华人民共和国宪法》及其他法律法规的内容。所涉及的发明创造、专利技术、资源等必须拥有清晰合法的知识产权或物权。如有抄袭盗用他人成果、提供虚假材料等违反相关法律法规和违背大赛精神的行为,一经发现即刻丧失参赛资格、所获奖项等相关权利,并自负一切法律责任。

(3) 参赛项目报名。

参赛项目只能选择一个符合要求的赛道报名参赛,根据参赛团队负责人的学籍或学历确定参赛团队所代表的参赛学校,且代表的参赛学校具有唯一性。参赛团队须在报名系统中将项目所涉及的材料按时如实填写提交。已获本大赛往届总决赛各赛道金奖和银奖的项目,不可报名参加本届大赛。

(4) 参赛人员年龄限定。

参赛人员(不含产业命题赛道参赛项目成员中的教师)年龄不超过35岁(1987年3月1日及以后出生)。

(5) 参赛项目审查。

各省级教育行政部门及各有关学校要严格开展参赛项目审查工作,确保参赛项目的合规性和真实性。审查主要包括参赛资格以及项目所涉及的科技成果、知识产权、财务状况、运营、荣誉奖项等方面。

(二)"挑战杯"全国大学生课外学术科技作品竞赛

1. 大赛简介

"挑战杯"全国大学生课外学术科技作品竞赛(以下简称"'挑战杯'竞赛")是由共青团中央、中国科协、教育部、全国学联和地方政府共同主办,国内著名大学、新闻媒体联合发起的一项具有导向性、示范性和群众性的全国竞赛活动。自1989年首届竞赛举办以来,"挑战杯"竞赛始终坚持"崇尚科学、追求真知、勤奋学习、锐意创新、迎接挑战"的宗旨,在促进青年创新人才成长、深化高校素质教育、推动经济社会发展等方面发挥了积极作用,在广大高校乃至社会上产生了广泛而良好的影响,被誉为当代大学生科技创新的"奥林匹克"盛会。

2. 大赛目的与任务

引导和激励高校学生实事求是、刻苦钻研、勇于创新、多出成果、提高素质,培养学生创新精神和实践能力,并在此基础上促进高校学生课外学术科技活动的蓬勃开展,发现和培养一批在学术科技上有作为、有潜力的优秀人才。鼓励学以致用,推动产学研融合互促,紧密围绕创新驱动发展战略,服务国家经济、政治、文化、社会、生态文明建设。

3. 参赛资格与作品申报

(1) 报名资格。

凡在举办竞赛终审决赛的当年6月1日以前正式注册的全日制非成人教育的各类高等院校在校专科生、本科生、硕士研究生(不含在职研究生)都可申报作品参赛。

(2) 参赛项目申报范围。

申报参赛的作品必须是距竞赛终审决赛当年6月1日前两年内完成的学生课外学术科技或者社会实践活动成果,可分为个人作品和集体作品。申报个人作品的,申报者必须承担申报作品60%以上的研究工作,作品鉴定证书、专利证书及发表的有关作品上的署名均应为第一作者,合作者必须是学生且不得超过2人;凡作者超过3人的项目或者不超过3人,但无法区分第一作者的项目,均须申报集体作品。集体作品的作者必须均为学生。凡有合作者的个人作品或者集体作品,均按学历最高的作者划分至本专科生或者硕士研究生类进行评审。

增加作品自查环节,申报学校签订承诺书,承诺作品符合"挑战杯"竞赛申报作品的要求,接受竞赛组织委员会检查。对不符合申报要求或者严重违规的作品将受到惩戒。

本校硕博连读生(直博生)若在决赛当年6月1日以前未通过博士资格考试的,可以按硕士生学历申报作品。没有实行资格考试制度的学校,前两年可以按硕士学历申报作品。本硕博连读生,按照四年、二年分别对应本、硕申报,后续则不可申报。

毕业设计和课程设计(论文)、学年论文和学位论文、国际竞赛中获奖的作品、获国家级奖励成果(含本竞赛主办单位参与举办的其他全国性竞赛的获奖作品)等均不在申报范围之列。

(3) 参赛作品分类。

申报参赛的作品分为自然科学类学术论文、哲学社会科学类社会调查报告、科技发明制作三类。自然科学类学术论文作者限本专科生。哲学社会科学类支持围绕发展成就、文明文化、美丽中国、民生福祉、中国之治等 5 个组别形成社会调查报告。科技发明制作类分为 A、B 两类:A 类指科技含量较高、制作投入较大的作品;B 类指投入较少,且为生产技术或者社会生活带来便利的小发明、小制作等。

(4)特殊项目申报。

参赛作品涉及下列内容时,必须由申报者提供有关部门的证明材料,否则不予评审:

① 动植物新品种的发现或培育,必须有省级以上农科部门或者科研院所开具证明;

② 对国家保护动植物的研究,必须有省级以上林业部门开具证明,证明该项研究的过程中未产生对所研究的动植物繁衍、生长不利的影响;

③ 新药物的研究必须有卫生行政部门授权机构的鉴定证明;

④ 医疗卫生研究必须通过专家鉴定,并最好附有在公开发行的专业性杂志上发表过的文章;

⑤ 涉及燃气用具等与人民生命财产安全有关用具的研究,必须有国家相应行政部门授权机构的认定证明。

(5)参赛作品公示。

参赛作品必须于申报前将作品项目名称、参赛学生和指导教师等关键信息在学校官方网站主页上进行不少于 5 天的公示,并将公示截图随作品一同报送。多个学校学生合作申报的项目,必须注明学生、学校信息并在学生所在学校均进行公示。

(6)参赛作品推荐。

参赛作品必须由两名具有高级专业技术职称的指导教师(或教研组)推荐,经本校学籍管理、教务、科研管理部门审核确认。每件作品可由不超过 3 名教师指导完成。作品完成全国竞赛申报后,作品题目、作者、指导教师等关键信息不得变动。

(7)项目报送制度。

每个学校选送参加竞赛的作品总数不得超过 6 件,每人限报 1 件,原则上均为在校级赛事、省级赛事中获得高奖次的作品。作品中研究生的作品不得超过作品总数的 1/2,如研究生作品数超过比例要求,违反规定的,取消该校所有研究生作品参赛资格且不得补报,但如果学校只招收研究生的,或者只有 1 件作品参加全国竞赛的,不受作品比例限制。参赛作品必须经过本省份组织协调委员会进行资格及形式审查和本省份评审委员会初步评定,方可上报全国组织委员会办公室。各省(区、市)和新疆生产建设兵团选送全国竞赛的作品数额由主办单位统一确定。每所发起学校可直接报送 3 件作品(含在 6 件作品之中)参加全国竞赛。每所进步显著奖获得学校可直接报送 1 件作品(含在 6 件作品之中)参加全国竞赛。直接报送的作品数量不做累加。

(8)"揭榜挂帅"专项赛道。

竞赛设置"揭榜挂帅"专项赛道,聚焦科技发展前沿和关键核心技术,聚焦哲学社会科学领域的重大课题和现实问题,由政府、企业、科研机构等单位发榜命题,学生团队揭榜答题。每个学校选送参加专项赛的作品数不设限制,但同一作品不得同时参加主体赛事自然科学类学术论文、哲学社会科学类调查报告、科技发明制作作品评比。

(三)"挑战杯"中国大学生创业计划竞赛

1. 大赛简介

"挑战杯"中国大学生创业计划竞赛是由共青团中央、教育部、人力资源和社会保障部、中国科协、全国学联和省级人民政府主办的一项具有导向性、示范性、实践性和群众性的创业交流活动,每两年举办一届。

2. 大赛目的与任务

深入学习贯彻习近平新时代中国特色社会主义思想,聚焦为党育人功能,从实践教育角度出发,引导和激励学生弘扬时代精神,把握时代脉搏,通过开展广泛的社会实践、深刻的社会观察,不断增强对国情社情的了解,将所学知识与经济社会发展紧密结合,提高创新、创意、创造、创业的意识和能力,提升社会化能力,为全面建成社会主义现代化强国、实现中华民族伟大复兴的中国梦贡献青春力量。

3. 赛事基本要求

参赛项目应有较高立意,积极践行社会主义核心价值观。应符合国家相关法律法规规定、政策导向。应为参赛团队真实项目,不得侵犯他人知识产权,不得借用他人项目参赛;存在剽窃、盗用、提供虚假材料或违反相关法律法规的,一经发现将取消参赛相关权利并自负一切法律责任。已获往届"挑战杯"中国大学生创业计划竞赛、"创青春"全国大学生创业大赛、"挑战杯——彩虹人生"全国职业学校创新创效创业大赛全国金奖(特等奖)、银奖(一等奖)的项目,不可重复报名。

4. 参赛资格与项目申报

(1)参赛资格。

普通高校学生:在举办竞赛决赛的当年6月1日以前正式注册的全日制非成人教育的各类普通高等学校在校专科生、本科生、硕士研究生(不含在职研究生)可参加。硕博连读生、直接攻读博士生若在举办竞赛决赛的当年6月1日前未通过博士资格考试的,可以按硕士研究生学历申报作品;没有实行资格考试制度的学校,前两年可以按硕士研究生学历申报作品;本硕博连读生,按照四年、二年分别对应本、硕申报。博士研究生仅可作为项目团队成员参赛(不做项目负责人)且人数不超过团队成员数量的30%。

职业院校学生:在举办竞赛决赛的当年6月1日以前正式注册的全日制职业教育本科、高职高专和中职中专在校学生。

(2)参赛项目申报。

按普通高校和职业院校分类申报,每所学校限参加一类。聚焦创新、协调、绿色、开放、共享五大发展理念,设五个组别:

① 科技创新和未来产业:围绕创新驱动发展战略,推动数字经济健康发展,在智能制造、信息技术、大数据、人工智能、生命科学、新材料、军民融合等领域,结合实践观察设计项目。

② 乡村振兴和农业农村现代化:围绕实施乡村振兴战略,在农林牧渔、电子商务、乡村旅游、城乡融合等领域,结合实践观察设计项目。

③ 社会治理和公共服务:围绕国家治理体系和治理能力现代化建设,在政务服务、消费生活、公共卫生与医疗服务、金融与财经法务、教育培训、交通物流、人力资源等领域,结合实践观察设计项目。

④ 生态环保和可持续发展:围绕可持续发展战略和碳达峰碳中和目标,在环境治理、可持续资源开发、生态环保、清洁能源应用等领域,结合实践观察设计项目。

⑤ 文化创意和区域合作:突出共融、共享,紧密围绕"一带一路"和京津冀、长三角、粤港澳大湾区以及成渝地区双城经济圈、长江中游城市群等区域合作,在工业设计、动漫广告、体育竞技和国际文化传播、对外交流培训、对外经贸等领域,结合实践观察设计项目。

(3) 参赛形式。

以学校为单位统一申报,以项目团队形式参赛,每个团队人数原则上不超过 15 人,每个项目指导教师原则上不超过 5 人。对于跨校组队参赛的项目,各成员须事先协商明确项目的申报单位,各省级组织协调委员会最终明确项目的申报单位。全国决赛报名截止后,只可进行人员删减,不可进行人员顺序调整及人员添加。

参赛项目涉及知识产权的,在报名时须提交具有法律效力的发明创造或专利技术所有人的书面授权许可、项目鉴定证书、专利证书等。

对于已工商注册的项目,在报名时可提交相关证明材料(含单位概况、法定代表人情况、加载统一社会信用代码的营业执照、股权结构等材料)。已工商注册项目的负责人须为企业法定代表人。企业法定代表人在通知发布之日后进行变更的不予认可。

参赛项目可提供项目实践成效、预期成效等其他相关材料(包括项目的社会效益、经济效益、带动就业情况等)。

二、创业大赛的作用与意义

(一) 激发创业热情

创业大赛可以激发大学生对创业的兴趣和热情。通过参加创业大赛,大学生可以接触到创新创业的刺激和机会,了解到创业的挑战和机遇,从而激发起他们的创业热情。

(二) 提供实践机会

创业大赛为大学生提供了一个实践创业的机会。参赛的过程中,大学生需要从创意到商业计划再到实际操作,全方位地了解创业过程,并不断地调整和完善自己的创业想法和计划。通过这样的实践,大学生可以提升自己的创业能力和经验。

(三) 验证商业模式

创业大赛提供了一个验证商业模式的平台。大学生可以将自己的创业想法转化为具体的商业计划,并在创业大赛中进行展示和演示。通过与评委、投资人和其他参赛者的交流和反馈,大学生可以获得有关商业模式的宝贵建议和意见,进一步完善和优化自己的创业计划。

（四）增强团队协作能力

创业大赛通常需要以团队的形式参赛。在团队合作的过程中，大学生需要学会协调与合作，发挥每个人的专长，解决问题和克服困难。这样的团队协作能力对于日后创业或职场发展都非常重要。

（五）扩展人脉资源

参加创业大赛可以与各领域的专业人士、投资人、企业家等建立联系，扩展人脉资源。这些联系有助于大学生获取创业所需的资源，如资金、技术支持、导师指导等。同时，这些人脉资源对于日后的就业或创业发展也非常有益。

（六）获得资金和资源支持

创业大赛通常会提供奖金、投资机会和资源支持等奖励。获奖者可以获得一定的资金和资源支持，帮助他们在创业的早期阶段迅速起步。此外，参赛者还有机会与潜在投资人对接，获得进一步的资金支持和合作机会。

（七）是学习与成长的机会

创业大赛是一个学习与成长的机会。参赛者可以从评委、导师和其他参赛者的经验和见解中学习到很多有关创业、市场、商业运营等方面的知识。此外，参赛者还可以通过竞争和挑战来提高自己的技能和能力，包括创新思维、团队合作、市场营销和项目管理等方面。

（八）获得认可与奖励

创业大赛通常由专业评委组成，他们会对参赛项目进行评审和评定，给予优秀项目认可和奖励。获得认可和奖励可以提升大学生的自信心和创业的信心，同时也为他们日后的创业道路铺就一定的基础。

本章小结

1. 创业资源是指企业创立及成长过程中所需要的各种生产要素和支撑条件，是创业企业在创造价值过程中所需要的特定资产。

2. 为了提升创业成功率，创业者需要掌握一定的获取创业资源的技巧。

3. 当代大学生创业更要充分利用国家、各级政府提供的政策支持，以及学校提供的支持方案，抓住各类创业大赛平台增长智慧才干，促成成果转化，把激昂的青春梦融入伟大的中国梦，努力成长为德才兼备的有为人才。

复习思考题

1. 什么是创业资源？创业资源有哪些分类？
2. 影响创业资源获取的因素有哪些？
3. 如何获取、开发、利用创业资源？
4. 创业政策资源有哪些？如何利用创业政策资源？
5. 创业大赛有哪些？如何准备创业大赛？

 案例分析

创办企业来自资源整合

没有任何资源，难道就不能做事情，不能创业吗？我们不能被眼前的困难吓倒了，要明白一个道理，资源可以整合的，没有工厂，可以借别人的工厂生产，没有品牌，就先做别人的品牌，然后积累了一定基础后，做自己的品牌，同时也可以整合其他品牌资源。比如说，怕上火就喝王老吉，你就说，上火就喝"降火王"，当别人喝王老吉的时候，同时也想到你。基本上企业的任何资源都可以整合。

现在这个时代，靠一个企业独立经营，单打独斗，力量是十分有限的，一定要整合各方面的资源才能把一个企业做大。

牛根生是这方面的牛人，牛根生刚开始只是伊利的一个洗碗工，凭着自己的勤奋和聪明做到生产部门的总经理。后来因故辞职了，但是他那个时候都40多岁了，去北京找工作，人家嫌弃他年纪大。没有办法又回到呼和浩特，邀请原来伊利几个同事，一起出来创业，人有了，但是现在面对的，没有工厂，没有品牌，没有奶源，每一项都是致命的。

第一个问题，没有工厂怎么办？牛根生开始了资源整合，通过人脉关系找到哈尔滨一家乳制品公司，这家公司设备都是新的，但是生产的乳制品质量有问题，同时营销渠道这一块有没有打通，所以产品一直滞销，牛根生马上找到这家公司的老板说："你来帮我们生产，我们这边都是前伊利技术高层，帮忙技术把关，牛奶的销售铺货我们也承包了。"这位老板一听，马上答应下来。而且他们几个一起出来创业的伙伴也有落脚的地方，解决了生存的问题。

第二个问题,没有品牌怎么办?在乳制品这个行业,没有品牌很难销售,因为品牌代表着安全可靠。借势,整合,打出口号:"蒙牛甘居第二,向老大哥伊利学习",口号一出,让伊利又哭笑不得。一个不知名的名牌马上挤向全国前列。牛根生不只是盯着伊利,而是把自己和内蒙古的几个知名品牌联系起来,说:"伊利,鄂尔多斯,宁城老窖,蒙牛为内蒙古喝彩!"因为前三个都是内蒙古驰名商标,自己放在最后,给人感觉就是内蒙古的第四品牌。牛根生通过整合品牌资源,迅速让蒙牛成为知名的品牌。

第三个问题,没有奶源怎么办?自己去买牛去养,费用很贵,也没有那么多人员去照顾,蒙牛整合了三方面的资源,第一个是农户,第二个是农村信用社,第三个是奶站的资源。使信用社借钱给奶农,蒙牛担保,而且蒙牛承诺包销路。奶牛生产出来的由奶站接受,蒙牛又找到奶站。蒙牛定时把信用社的钱还了,把利润又给了奶农,趁机喊出一个口号:"一年养10头牛,过的日子比蒙牛的老板还牛"。

"我们能做事情,不是自己能做就能做,即使自己做也很难做好,而且会花费太多的人力物力。这个时候,我们就要整合资源。发挥自己的长处,整合别人的优势。用更少的成本创业,或者说零成本创业都有可能。"

讨论题:
蒙牛集团的成功经历给我们带来了什么启发?

 学 习 拓 展

江西中医药大学创新创业教育支持政策

一、中国国际"互联网+"大学生创新创业大赛政策

为深化我校创新创业教育改革,充分发挥"互联网+"大学生创新创业大赛的积极作用,有效激发广大师生和校友创新创业意识、参与创新创业大赛热情、增强创新创业能力,努力培养实践型创新型创业型人才,学校特制定《关于鼓励师生参加中国国际"互联网+"大学生创新创业大赛的实施办法》(校发〔2020〕3号)。本办法规定对在各级"互联网+"大学生创新创业大赛中获奖的学生团队给予相应奖励。

(一)个人经济奖励

对参加"互联网+"大学生创新创业大赛并获奖的学生团队,按照项目和获奖级别,给予每个团队相应奖励。其中,获得国家级金奖、银奖、铜奖的,分别给予3万元、2万元、1.5万元的奖励;获得省级金奖、银奖、铜奖的,分别给予1万元、0.8万元、0.6万元奖励;获得校级金奖、银奖、铜奖的,分别给予0.3万元、0.2万元、0.1万元奖励。同一获奖项目只按最高获奖级别给予一次性奖励,不重复奖励。同一获奖项目奖金核发到排名第一的学生,由排名第一的学生根据实际工作量进行分配,学校不重复发放。

（二）升学优先推荐

学生参加"互联网+"大学生创新创业大赛并获奖的，有升学要求的，按照项目和获奖级别，优先给予推荐。其中，获得国家级金奖（排名前五）、银奖（排名前四）、铜奖（排名前二），省级金奖（排名前三）的，在满足硕士、博士基本推荐条件和推荐流程的，纳入推免生遴选指标体系，并给予优先推荐；专升本的，在专升本升学统一考试中，参照《江西省普通高校推荐选拔优秀高职高专毕业生进入本科阶段学习暂行办法》中的普通高职（专科）学历退役士兵接受本科教育的做法，招生计划单列，单独录取（具体见当年的招生政策）。

（三）学分奖励

学生参加"互联网+"大学生创新创业大赛所获奖励，可认定为相应学分。其中，凡成功报名参赛的学生，均给予第二课堂学术科研类3个学分点。获得国家级金奖（排名前五）、银奖（排名前三）、铜奖（排名第一）的抵免4个创新创业学分（2个课程学分、2个第二课堂学术科研类学分）；获得省级金奖（排名前三）、银奖（排名前二）、铜奖（排名第一）抵免2个创新创业学分（1个课程学分、1个第二课堂学术科研类学分）。

（四）科研（教学）成果奖励

学生参加"互联网+"大学生创新创业大赛所获奖励可计入个人科研成果或教学成果。其中，研究生参赛获奖的可计入科研成果（参照教师职称评审优惠条件）；本科生获得国家级金奖（排名前五），或国家级银奖（排名前三），或国家级铜奖（排名第二），或省级金奖（排名前二），或省级银奖（排名前二）的，毕业时可用获奖作品申请参加学位论文答辩（每个获奖作品只能使用一次）。

（五）就业创业奖励

获得国家级奖励的项目，学校提供不少于5万元的启动经费用于其成果落地转化，优先推荐入驻国家级大学生创新创业园；获得校级以上奖励的项目，优先进驻学校大学生创新创业园，并享受校内所有优惠政策。获得国家级铜奖以上奖励的学生团队成员，可优先考虑以校内人事代理形式留校工作，也可优先参加各种就业选拔考试。

二、创新创业奖学金政策

为深入贯彻落实党中央、国务院关于加快实施创新驱动发展战略的方针，深化高等学校创新创业教育改革，营造大众创业、万众创新的浓厚氛围，激励广大在校学生积极投身各类创新创业实践，全面提高大学生的创新水平和创业能力，切实培养实践型创新型创业型的优秀人才，学校特制定《江西中医药大学大学生创新创业奖学金实施办法（试行）》。本办法规定学校每年评选双创优秀奖学金10人，其中研究生不超过4人，分别给予每人2 000元奖励；每年评选双创单项奖学金不超过300人，名额由创新创业学院根据各院部双创工作实际情况予以分配，分别给予每人100元奖励。

三、大学生创新创业训练计划政策

为贯彻落实全国教育大会和新时代全国高等学校本科教育工作会议精神，推动学校创新创业教育教学改革，促进学校改革人才培养模式、强化学生创新创业实践，培养大学生独立思考、善于质疑、勇于创新的探索精神和敢闯会创的意志品格，提升大学生创新创业能力，培养适应社会进步和中医药事业发展需要，具有市场竞争力的实践型、创新型、创业型人才，学校特制定《江西中医药大学大学生创新创业训练计划管理办法》。本办法规定学校每年资助学生立项50项国家级大学生创新创业训练计划、70项省级大学生创新创业训练计划和230余项校级大学生创新创业训练计划围绕地方经济社会发展、中医药事业发展和国家战略需求，参加项目式训练，运行周期为1年。

四、大学生创新创业园政策

为深入贯彻落实《国务院办公厅关于深化高等学校创新创业教育改革的实施意见》(国办发〔2015〕36号)、《国务院办公厅关于进一步支持大学生创新创业的指导意见》(国办发〔2021〕35号)等文件精神，学校每年为入驻大学生创新创业园项目提供以下支持与优惠：

(1) 免费为入驻团队提供场地、基本办公设备。

(2) 对团队办理工商注册、税务登记、企业年检、银行开户等手续提供指导。

(3) 设立创新创业项目基金，给予具有发展潜力的创业团队和项目适当的资金扶持。

(4) 定期开展创新创业培训活动、安排创新创业导师对团队进行"项目问诊"。

(5) 协助创业团队申请"天使基金"、上级扶持基金、争取小额创业贷款等国家优惠政策。

五、大学创新创业教育基金政策

为深化学校创新创业教育改革，鼓励和扶持在校学生自主开展创新创业实践，稳步推动毕业生留赣就业创业，学校设立了创新创业教育基金并出台了《江西中医药大学创新创业教育基金管理办法》。本办法规定了对符合以下条件的学生给予创业扶持：1.无息借款。在校学生创业项目进行工商注册时，若需启动经费支持的，可由一名学校在编在岗教师担保后，申请无息借款(无息借款额度最高20 000元)。借款须按照约定时间和方式归还本金。毕业生原则上在离校前须归还所借款。2.专项资助。经专业评审认定的创业项目，视规模大小、运营情况进行资金扶持。属一般项目的，扶持额度原则上每项不超过5 000元；属重点项目的，扶持额度原则上每项不超过10 000元。同一项目只能获得一次专项资助。除此之外，创业团队或创业个人有以下情况之一的，经申请并通过评审认证，可享受相应资金奖励。

(1) 在校期间自主创业项目，经评审，正式入驻各类孵化器的，一次性给予2 000元资金奖励。

(2) 在校期间完成工商注册(网络创业完成电商平台注册)，并担任企业法定代表人、个体工商户经营者或网络创业经营者的，一次性给予2 000元资金奖励。

(3) 在校期间创业项目获得产业资金、天使基金、风投基金等社会资本融资的，根据融资数额，分别给予1 000元(融资10万～20万项目)、3 000元(融资21万～50万元项目)、5 000元(融资50万元以上项目)奖励。

(4) 应届毕业生自主创业(为企业法定代表人或者股东、个体工商户经营者、个人或合伙网络创业者),在其毕业时选择以自主创业为派遣方式的,经学校招生就业处认定后,一次性给予1 000～2 000元创业奖励。

(5)对毕业五年内仍继续自主创业(须为企业法定代表人),且支持学校在校生参加创新创业实践的校友,一次性给予2 000元奖励。以上5项创业奖励项目可同时申请,但每项只能获批一次。

六、大学生创新创业导师政策

为深入贯彻落实《国务院办公厅关于深化高等学校创新创业教育改革的实施意见》(国办发〔2015〕36号)、《国务院办公厅关于进一步支持大学生创新创业的指导意见》(国办发〔2021〕35号)等文件精神,根据《江西中医药大学深化创新创业教育改革实施方案》要求,充分挖掘和利用社会创新创业智力资源,协同创新,全面深化学校创新创业教育改革,完善大学生创新创业教育体系,提升大学生创新创业能力及自主创业成功率,学校定期选派创新创业导师,为全校学生及在孵项目及企业、自主创业者提供引导性、专业性、针对性、实践性指导的人员。

创新创业导师工作职责如下:

(1)面向大学生开展与创新创业主题相关的课程、讲座、沙龙或论坛,指导大学生参加创新创业训练计划项目和创新创业竞赛。

(2)面向大学生提供工商、税务、财务、金融、法律、科技、经济以及人力资源等方面的事务性培训和创业思维、项目规划、团队管理、市场营销、风险管控等方面的实务性培训。

(3)面向大学生自主创业者提供政策咨询、项目论证、项目评估、创业手续办理以及企业经营运作等指导、服务,对有成功预期的项目和企业,积极向投资机构推荐。

(4)为所指导帮扶的大学生提供到企业实践锻炼的机会,协助校方建立创新创业实习实践基地。

(5)及时向学校创新创业学院交流大学生创业项目进展情况和其他工作情况。

(6)保守大学生创业项目商业机密。

七、全日制本专科学生转专业、休学政策

根据教育部《普通高等学校学生管理规定》和《江西中医药大学全日制本专科学生学籍管理规定》中的相关条款,为支持学生参与创新创业,尊重学生个性发展,充分调动学生的学习积极性,学校特制定《江西中医药大学全日制本专科学生转专业管理暂行办法》。本制度为在校全日制本专科生提供转专业学习的途径。转专业一学年办理一次,由学校统一安排在每年五月份进行。学生在校期间只允许转专业一次;被批准转专业者,不得申请转回;申请转入医学类专业前所有必修课程无不及格记录。除此之外,学校还出台了《江西中医药大学学籍管理制度》,允许学生休学自主创业。

第九章

创业计划书

 学习目标

1. 熟悉创业计划书的意义和基本内容。
2. 了解创业计划的市场调查和评价要点。
3. 掌握结合相关创业项目撰写创业计划书的方法。

 引导案例

小伙创业,凭一纸计划书成功获得 500 万元投资

来自山东的创业小伙子孙德才在重庆打拼 9 年,创业几经挫折。在涉足裸眼 3D 领域后,凭着成功的创业计划书引来 500 万元风投资金。

创业小伙孙德才和朋友到电影院看 3D 电影,感觉戴着眼镜看始终不方便,他就想,能不能不戴眼镜看 3D 电影?能不能把裸眼 3D 屏幕安装在主城区商圈内做户外节目呢?有了这个想法后,他立即着手技术方面的调研,发现完全可以实现,于是孙德才将"裸眼 3D",这个充满了商机的项目写出了 5 份详细的计划书。之后,孙德才向天使投资的董事长详细介绍了自己的创业计划,天使投资方面很快看中了项目前景,并根据孙德才的投资需求,给予了资金和资源上的帮助。资金方面累计对这个项目投资 500 万元,远超了他当初想要的投资额。

将自己的想法变成行动,一份计划书真的可能成为走向成功的关键一步。

讨论题:

孙德才的成功融资给了你什么创业启示?

第一节 创业计划书概述

一、创业计划书的概念

创业计划书从词义上讲,有动词和名词两种属性。按动词理解,创业是一项涉及面

广、影响因素复杂、多变的事业,要想取得创业的成功,就必须事先对创业活动所涉及的所有环节进行周密安排与策划,强调整个创业准备的过程。按名词理解,创业策划与分析最终将以文字形式体现出来,这就是创业计划书,是创业者编写的商业计划。本书主要强调其名词属性。

通过创业计划的制定,创业者必须建立自信,应该以认真的态度对自己所拥有的资源、已知的市场情况和初步的竞争策略做一个简单的分析,并提出一个初步计划。通过将心中的设想编写成书面的、规范的创业计划,创业者可能会发现,事情原来并非想象中的简单,很多因素都没有想到,很多的设想都不现实。这个时候,需要创业者保持清醒的头脑,客观地、严肃地、不带个人主观情感地从整体角度审视自己的创业思路,并且适当地进行调节,使得计划更趋完美,以确保计划的可操作性。当然,通过撰写书面的创业计划,如果发现原来的设想根本不可能成为现实,创业者不得不放弃该创业计划,则千万不要勉强。

完美的创业计划可增强创业者的自信,创业者会明显感到企业更容易控制,对经营更有把握。因创业计划提供了企业全部的现状和未来发展的方向,也为企业提供了良好的效益评价体系和管理监控指标。创业计划使得创业者在创业实践中有章可循。

创业计划书,又名"商业计划"(business plan),是由创业者准备的一份书面计划,用以描述创办一个新的风险企业(提供产品与服务)时所有相关的外部及内部要素并向风险投资家游说以取得风险投资的商业可行性报告。创业计划书是一份全方位的项目计划,一般包括:执行总结、产业背景和公司概述、市场调查和分析、公司战略、总体进度安排、关键的风险、问题和假定、管理团队、企业经济状况、财务预测、假定公司能够提供的利益等方面。从企业内部的人员、制度、管理及企业的产品、营销、市场等各方面对即将展开的商业项目进行的可行性分析。

创业计划书是一种重要的商业文件。这种计划是作为一种吸引私人投资人和风险投资家进行投资的"商业包装"而起源的。同时,对于一个新创企业或新创项目来说,把创业计划提供给自己的各种合作者(包括顾客、供应商和银行等)也不失为一种很好的方式。通过这种途径可以让合作者更好地了解自己,它不但在企业运营之初扮演着重要的角色,而且在实际运作中仍然继续发挥着它作为管理工具的作用。大学生创业往往也是通过制作创业计划书赢得投资人注意,从而开始正式创业的。

二、创业计划书的意义

创业计划书不仅仅是一种业务构思策划和一份吸引投资的宣传书,更是以后公司运作的指导书。一份完整的创业计划为企业提供了发展的方向,是经营决策的重要工具。

(一)指导创业实践

创业计划书是创业全过程的纲领性的文件,是创业实践的战略设计和现实指导。一个酝酿中的项目,往往很模糊,通过制订创业计划书,把所有条件都写下来,然后再逐条推敲。为创业者、创业管理团队和企业雇员提供一份清晰的、关于创业企业发展目标和发展战略的说明书,能引导企业创业实践过程的不同阶段,让人了解"做什么"和"怎样做"。一份完整的创业计划能帮助你认清前进的方向。很多创业者与他们的雇员分享创业计划书,以便让团队更深刻地理解自己想要做的事情。也有很多大企业利用创业计划,通过周期性的反复讨论和仔细推敲,最终确定组织未来的行动纲要和某一阶段的行动计划,并让组织上下的思想和行动得到统一,便于进入后期实质运作。

(二)整合创业资源

创业计划书整合资源的作用是一个最根本、最重要的作用。在创业的过程中,企业的产品服务、市场营销、人事、财务、运营等各种要素是分散的,各种信息是凌乱的、各种工作环节是互不衔接的。只有通过编写创业计划书的过程,梳理思路,开展调研,完善信息,找到各种程序之间的衔接点,最终把各种资源有序地整合起来,形成增量资源,才能为创业实践提供条件。

(三)获取创业资金

创业计划书是企业获得融资的基础性文件。资金是企业的血液,是创业企业能够获得快速发展和崛起的前提。创业企业要获得风险投资的支持,其中一个重要的途径就是应做好符合国际惯例的高质量创业计划书。只有内容翔实、数据丰富、体系完整的创业计划书才能吸引投资人,让他们认可创业者的项目运作计划,以使创业者的融资需求成为现实,创业计划书的质量对创业者的项目融资至关重要。也可以说,创业计划书能为潜在顾客、商业银行和风险投资家提供一份推销创业企业的报告。

(四)聚集创业人才

对于创业企业而言,人力资源是决定企业命运的最重要的资本。创业活动往往需要一个强有力的创业团队,创业团队需要拥有各种技术、资源和抱负的人才聚集。一份设计优秀的创业计划书就像一个招聘广告,能够起到招贤纳士的作用,主要表现在四个方面:一是吸引创业人才进入。他们通过创业计划来熟悉企业,了解它的目标。二是吸引新股东加盟,引入潜在的投资者。三是吸引有志之士参加创业团队。团队中不仅需要创业领袖和创业人才,而且也需要对此项目感兴趣、有志于从事该项工作的普通工作者,创业计划对新员工的招聘很有价值。四是吸引对创业计划感兴趣的组织赞助和支持。其他组织可能会出于对项目的兴趣或其他原因为创业者提供帮助,从而为创业的成功提供更好的支持。

三、创业计划书与风险投资的关系

创业计划是创业融资的必备工具。对于初创的企业来说,创业计划的作用尤为重要。企业的成长基本上离不开外来资金。如果没有创业计划,创业者就无从知道创办这家企业所需资金的确切数目,也就不知道到底还缺多少资金。风险投资家都要求创业者提供创业计划,他们依据创业计划进行评价和筛选,选择他们认为最有发展潜力的企业进行投资。但是,必须明确的一点是,即使创业者不需要借钱,也不需要寻找合作伙伴,仍必须撰写详细的创业计划。

（一）创业计划书是获得风险投资的"敲门砖"

创业计划书是创业者叩响投资者大门的敲门砖，一份优秀的创业计划书往往会使创业者达到事半功倍的效果。创业计划与创业过程一样是一个复杂的系统工程，不但要对行业、市场进行充分的研究，而且还要有很好的文字表现能力。专业的创业计划既是寻找投资的必备材料，也是企业对自身的现状及未来发展战略全面思索和重新定位的过程。

风险投资人通常是在审阅创业计划书之后，觉得有必要进一步了解企业的情况时才会与企业人员见面。只有在了解了企业的产品、管理策略、市场规划、盈利预测等之后，投资人才知道产品是否符合他们的兴趣，从而决定是否进一步商讨合作可能。看过计划书后，面谈更具针对性，避免浪费时间。好的计划书，是吸引投资的关键。

（二）创业计划书对风险投资商意义重大

对于投资人，一份创业计划书是信息的载体，通过这个载体，风险投资商可评估该企业投资是否有价值。投资商以他们自己的评价标准对创业计划书进行评估，可通过计划书考量创业者是否对面临的环境做好了充分的准备。如果获得投资，投资资本的回报如何，以及资金的抽出等问题也是投资商关心的重点。还可通过计划书审视创业者的素质和风格，是否符合投资商的喜好。所以说，创业计划书是风险投资商决定是否投资的重要依据。

第二节　创业计划书的撰写

一、创业计划书的框架

创业计划书没有固定格式，依据阅读对象的不同，创业计划的目的不同，侧重点也不同。通俗地讲，一个创业计划需要向阅读者说明自己要卖什么东西，目标客户是谁，竞争程度如何，资金的来源、盈利能力，以及未来的发展。因此不管创业计划有多少种形式，它都应该有一定的框架并包含一些基本要素。

一般来讲，创业计划的基本框架和要素如下：

（1）计划摘要：对整个计划的简明概括。

（2）公司概述：介绍公司背景及现状、创业企业目的、创业公司定位、创业企业战略制定。

（3）产品或服务介绍：清晰描述产品或服务，突出产品或服务的独特性。

（4）市场分析：包括目标市场，市场规模及发展趋势，主要企业和竞争状况，以及估计的市场份额。

（5）营销计划：包括目标市场战略、定价策略、销售战略、分销战略，广告和促销策略等。

（6）运营方案：包括制定营运战略、营运范围以及日常营运等。

（7）管理团队：描述团队构成及工作背景，介绍关键人物以及岗位职责，设计创业企业组织结构、薪酬及所有权。

（8）财务状况及财务预测分析：介绍公司的财务计划，讨论关键的财务表现驱动因素。进行创业项目财务预测分析：包括收入报告、平衡报表、前两年的季度报表、前两年的年度报表、现金流量及成本分析。

（9）重大风险：客观说明企业发展潜在的风险及针对风险准备的应急方案。

（10）融资方案和回报：描述资金结构及数量、投资回报率、利益分配方式、可能的退出方式等。

二、创业计划书的基本内容

由于创业计划书是由创业者准备的全方位的项目计划，一个较为完善的创业计划最少要体现以下六个部分内容。

（一）计划摘要

创业计划书摘要是对后面具体计划的一个简短概述，是创业计划书最重要内容的精华部分。这一部分是投资人最先阅读的部分，却是在创业计划书写作中最后完成的部分，是对整个创业计划书精华的浓缩，旨在引起投资人的兴趣，使其产生进一步探究项目的渴望。摘要的长度通常以1~2页为宜，内容力求精练，重点阐明公司的投资亮点，尤其是相对于竞争对手的与众不同之处。通常情况下，净现金流入、广泛的客户基础、市场快速增长的机会、背景丰富的团队都是可能引起投资人兴趣的亮点。摘要的内容应该介绍企业状况、产品或服务、市场状况、资金需求以及未来发展目标。

在介绍企业时，首先要说明创办企业的基本思路，新思想的形成过程以及企业的目标及发展战略。其次，要明确企业现状、过去的背景和企业的经营范围。在这一部分中，要对企业以往的情况做客观的评述，不回避失误，中肯的分析往往更能赢得信任，从而使人容易认同企业的创业计划书。最后，还要介绍一下创业者自身的背景、经历、经验和特长等。企业家的素质对企业的成绩往往起着关键性的作用。在这里，创业者应尽量突出自己的优点并表示强烈的进取精神，以给投资者留下一个好印象。在创业计划书摘要中，企业还必须阐明下列问题：

（1）企业所处的行业，企业经营的性质和范围。

（2）企业主要产品的内容。

（3）企业的市场在哪里，谁是企业的顾客，他们有哪些需求。

（4）企业的合伙人、投资人是谁。

（5）企业的竞争对手是谁，竞争对手对企业的发展有何影响。

（二）产品或服务介绍

产品或服务介绍是创业计划书的重点，这部分内容主要包括对产品或服务的所有权、潜在的优势、市场的进入和成长战略的描述。在进行投资项目评估时，投资人最关心的问题之一就是产品或服务是否具有独特性和新颖性，能否快速进入并占领市场。

产品介绍的内容包括所有与企业产品或服务有关的细节。

1. 产品或服务的描述

这部分内容包括对产品或服务的应用进行讨论,对产品或服务的主要用途、第二用途及最终用途进行描述。在创业计划书中还要特别强调产品或服务独有的特征,以及这些特征将如何为企业创造更大的价值,要突出目前市场上的产品或服务与创业企业将要提供的产品或服务之间的不同,要向顾客讲清楚怎样才能增加产品或服务的价值,需要多长时间才能收回为购买产品或服务所付出的投资,产品或服务的售价及成本,产品或服务可能存在的缺陷。

在创业计划书中还必须向投资者说明产品或服务开发的现状以及还需要多长时间、多少资金才能完整地开发、测试并将产品或服务投放市场;如果可能的话,向投资者提供产品的性能、特点和图片等详细信息。另外,在创业计划书中还需要阐明创业企业可能具有的领先优势,以及怎样使创业企业在行业中获得有利的、稳固的地位;产品或服务可能具有的某些特殊竞争优势,包括产品或服务获得的专利、商业机密等。

2. 进入和成长战略的描述

在创业计划书中要向投资者指出创业企业的营销计划中的关键成功变量,这包括企业的创新产品、时机优势、营销方法、产品的定价、分销与促销计划、广告等。在创业计划书中还必须阐明创业家拟定的创业企业的发展速度以及五年内的发展规模,企业开发第二阶段产品或服务的计划、企业的商业机会、产品的增加价值以及其他的竞争优势中如何,得出创业企业产品或服务的进入战略和成长战略。

(三) 管理团队和组织结构

管理团队与创业企业的组织结构又被称为管理计划。在投资者考虑的所有因素中,管理团队的素质是首要的,它甚至比产品或服务更重要。大多数投资者宁愿向一个拥有一流水平的管理团队和二流产品或服务的企业投资,也不愿意向一个拥有二流水平的管理团队和一流产品或服务的企业投资。创业企业家在管理计划中必须详细说明创业团队需具备的能力、团队关键管理人员及其主要职责、企业的组织结构、组织模式,描述企业董事会、企业外脑、其他投资者的所有权状况,团队成员的敬业精神以及企业中的技术、管理、商业技能和经验达到了合理的平衡。

1. 关键管理角色描述

要对每一个关键人员的教育背景、工作经历、专业知识、工作业绩、商业技能、领导能力、个人品质等进行详细描述,向投资者展示他们完成所分配角色任务的能力。这里要特别强调关键管理人员以前的创业经历和管理方面的业绩,要列出每个关键管理人员的完整简历,包括他们曾接受过的相关培训、管理的经验、取得的成就等。在创业计划书中,除了对关键管理人员的优点进行描述外,还应适当提及他们的缺点,让投资者感觉到可信。在创业计划书中还必须突出团队整体在个人知识结构、能力结构、年龄结构等方面的互补性,让投资者感到这个团队在整体上能够取长补短、个体上能够用人所长;同时,还要突出管理团队是一个团结的领导集体,高层管理人员之间能够互相支持。如果可能,也可以在创业计划书中介绍创业企业的关键雇员,向投资者展示雇员的爱岗、敬业、勤奋。

2. 所需支持和服务的描述

创业企业的发展离不开其他社会资源的支持和服务,这种社会资源又被称为企业外脑。创业企业家要在创业计划中列出企业需要的支持和服务,指出创业企业所选的法律顾问、财务顾问、管理顾问、广告专家、营销顾问、投资顾问、银行顾问、咨询家、产业专家等的名字、所属公司、背景资料以及他们将提供的支持和服务。

3. 激励约束机制的描述

投资者十分看重企业的激励约束机制,要在创业计划中说明所有员工,包括管理团队中的关键成员的工资发放办法和水平、员工的持股计划、股票期权实施办法、红利分配原则、员工升迁发展的机会、员工股票持有和处置的限制、员工凭业绩分配股票期权及其他奖金计划,企业有什么样的企业文化,如何增强企业的凝聚力,如何加强对员工的持久激励,企业的内部约束机制和外部约束机制,企业吸引人才的计划以及吸引人才的原则、条件和待遇等。

4. 组织结构和组织模式的描述

投资者将根据创业企业的特点考察企业的组织结构和组织模式是否合理。要在创业计划中说明企业将采取哪种组织结构,并附上企业的组织结构图;说明企业是独资公司、股份合作制企业、有限责任公司还是股份制企业。要在创业计划书中讨论企业董事会的规模、拟定的董事会成员,并对董事会成员的背景进行说明;阐明企业的其他股东及他们的权利和义务,其他投资者拥有股份的百分比是多少,他们的股票被收购的时间和价格有何限制等。

(四) 竞争环境分析

创业者首先要对产品或服务的竞争优势或劣势进行分析评估,然后是对竞争者进行综合分析,包括对主要竞争者的市场份额、销售状况、分销情况以及生产能力进行分析。此外,创业首先要明确创业企业的战略性问题,在确定创业战略之前,需要对创业的环境进行战略分析。我们可以通过一些分析工具或方法进行分析,如:组织环境分析、SWOT 分析和五项竞争力分析等。

1. 组织环境分析

企业经营所需的各种资源都需要从属于外部环境的原料市场、能源市场、资金市场、劳动力市场等去获取。外部环境为企业生存发展提供条件的同时,也必然会限制企业的生存和发展。

组织环境通常由组织宏观环境和组织具体环境构成。

组织宏观环境又称一般环境,是指一切影响行业和企业的各种宏观因素。对组织宏观环境因素做分析,不同行业和企业根据自身特点和经营需要,分析的具体内容会有差异,但一般都应对政治(political)、经济(economic)、社会(social)和技术(technological)这四大类影响企业的主要外部环境因素进行分析,因此被称为 PEST 分析法,如图 9-1 所示。

组织具体环境又称组织任务环境。包括社区、顾客、竞争者、政府及业务关系户等,如图 9-2 所示。

政治 环保制度、税收政策、国际贸易章程与限制、合同执行法、消费者保护法、雇用法律、政府组织/态度、竞争规则、政治稳定性、安全规定等因素	经济 经济增长、利率与货币政策、政府开支、失业政策、征税、汇率、通货膨胀率、商业周期的所处阶段、消费者信心等
社会 收入分布、人口统计、人口增长率与年龄分布、劳动力与社会流动性、生活方式变革、职业与休闲态度、企业家精神、教育、潮流与风尚、健康意识、社会福利、生活条件等	技术 政府研究开发、产业技术关注、新型发明与技术发展、技术转让率、技术更新速度与生命周期、能源利用与成本、信息技术变革、互联网的变革、移动技术变革

中间:典型的PEST分析

图 9-1　PEST 分析法

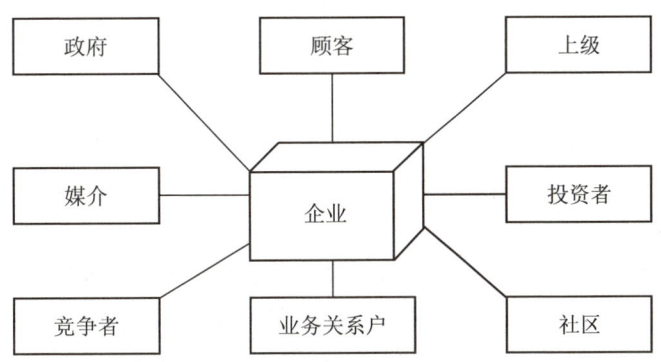

图 9-2　组织具体环境分析

2. SWOT 分析

SWOT 是四个英语单词 strength，weakness，opportunity 和 threat 的首字母缩写，分别表示优势、劣势、机会和威胁，一般来说，优势和劣势从属于创业企业自身，而机会和威胁则是来自外部环境。SWOT 方法自形成以来，被广泛应用于企业战略研究与竞争分析，成为战略管理和竞争情报的重要分析工具。分析直观、使用简单是它的重要优点。即使没有精确的数据支持和更专业化的分析工具，也可以得出有说服力的结论。但是，正是这种直观和简单，使得 SWOT 不可避免地带有精度不够的缺陷。例如 SWOT 分析采用定性方法，通过罗列 S、W、O、T 的各种情况，形成一种模糊的企业竞争地位描述。以此为依据作出的判断，不免带有一定程度的主观臆断。所以，在使用 SWOT 方法时要注意方法的局限性，在罗列作为判断依据的事实时，要尽量真实、客观、精确，并提供一定的定量数据弥补 SWOT 定性分析的不足。因此，当我们需要对创业的环境进行分析时，SWOT 分析法便可派上用场。如图 9-3 所示。

3. 五项竞争力分析法

行业环境的竞争性直接影响企业的获利能力。迈克尔·波特认为，影响行业竞争结构及竞争强度的主要因素包括"行业内现有企业、潜在的进入者、替代品制造商、供应者和顾客"五种竞争力量。

图 9-3 SWOT 分析

行业中的新创企业或多或少都必须应对以上各种力量构成的威胁。根据上面对于五种竞争力量的讨论，新创企业可以采取尽可能地将自身的经营与竞争力量隔绝开来、努力从自身利益需要出发影响行业竞争规则、先占领有利的市场地位再发起进攻性竞争行动等手段来对付这五种竞争力量，以增强自己的市场地位与竞争实力。

(五) 市场调查与预测

当企业要开发一种新产品或向新的市场扩展时，首先就要进行市场预测。如果预测的结果并不乐观，或者预测的可信度让人怀疑，那么投资者就要承担更大的风险，这对多数风险投资家来说都是不可接受的。市场预测首先要对需求进行预测：市场是否存在对这种产品的需求？需求程度是否可以给企业带来所期望的利益？新的市场规模有多大？需求发展的未来趋向及其状态如何？都有哪些因素影响需求？其次，市场预测还要包括对市场竞争的情况，即企业所面对的竞争格局进行分析：市场中主要的竞争者有哪些？是否存在有利于本企业产品的市场空当？本企业预计的市场占有率是多少？本企业进入市场会引起竞争者怎样的反应，这些反应对企业会有什么影响等。

在创业计划书中，市场预测应包括以下内容：市场现状综述、竞争厂商概览、目标顾客和目标市场、本企业产品的市场地位、市场区分和特征等。风险企业对市场的预测应建立在严密、科学的市场调查基础上。风险企业所面对的市场，本来就有更加变幻不定的、难以捉摸的特点。因此，风险企业应尽量扩大收集信息的范围，重视对环境的预测和采用科学的预测手段和方法。创业者应牢记的是，市场预测不是凭空想象出来的，对市场错误的认识是企业经营失败的最主要原因之一。

1. 商品资源调查

商品资源是一定的时间和空间范围内商品的来源、种类、构成、分布等状况。以国内市场为例，商品资源调查一般包括：

(1) 商品来源。包括国内生产部门提供的商品和服务部门提供的劳务产品，还有进口商品、国家储备拨付、挖掘社会潜在物资和期初结余供应量等的调查。

(2) 社会商品供应总额。包括工业企业能向国内市场提供的产品量、农业能向国内市场提供产品量、服务部门能向国内市场提供的服务量。

(3) 市场供应的构成。包括农产品和工业产品的比例。农产品中粮食产品与经济作物产品的比例、工业产品中消费品与生产资料的比例、物质产品和劳务的比例。

2. 流通渠道调查

流通渠道是指商品从生产领域到达消费领域所经过的通道,包括商品流通的途径、环节、形式等。改革开放以来,我国商品流通体系引入市场机制,形成了多元化竞争格局的流通体系,流通市场规模持续扩大,流通网络基本形成,城乡流通设施差距缩小,流通国际化程度稳步提升。近年来,伴随着电子商务的快速发展和普及,网购使用率将继续提升,对原有零售业线下渠道进一步进行了顾客分流。中国的商业企业已经逐步懂得如何根据环境变化和消费者的实际需求采取相应的销售形式,从而使商品能比较顺利地进入消费领域,随时满足消费者的需要。创业者必须通过系统性的分析,来制定出最适合公司的流通渠道,以期更好地实现公司的发展。

3. 行业发展调查

行业发展调查是对企业将要进入的行业市场进行分析,以便投资者能够估计企业的发展潜力。很明显,投资者不会因一个简单的估计数字就相信创业者的计划,因此创业者应该理性客观地分析整个行业,突出市场的空缺。行业调查应该集中于行业的整体发展潜力、未来的销售目标以及市场发展的影响因素。

创业者需要提供将要进入的市场全貌,评述影响该行业发展的关键因素。可以从以下几方面来分析:

(1) 该行业的发展程度和未来的发展趋势是怎样的,处于行业生命周期的分期情况。

(2) 该行业的总销售额以及利润率能达到什么样的规模,未来的发展趋势。

(3) 是什么因素决定着它的发展。

(4) 企业在行业内部是否拥有良好的网络关系,包括上下游企业、同行业经营者、客户群体、行业协会等的关系。

(5) 在这个市场上活动的所有主体的概况,包括竞争者、供应商、销售渠道和顾客等。

(6) 最后是进入该行业的障碍是什么,可能的跟随进入者多不多。

在市场层面分析的时候,一定要具备充分的数据资料作为基础,在撰写这一部分的时候一般要附上实际调查问卷以及数据分析结果,以表明行业市场分析是基于实时数据,而非臆断的。

(六) 营销计划

营销计划向人们展示企业如何赢得客户,所以制订营销计划是整个创业计划中的重要部分。投资者将从计划书的这一部分来判断创业者是否真的有可靠的战略。营销计划应该建立在市场调研和数据分析的基础上。营销计划包括销售与分销策略、定价策略以及广告与促销计划。

1. 销售策略与分销策略

销售策略是指为了达到销售目的,实施销售计划的各种因素和手段之间的最适组合。具体来说,销售策略要清晰地表明企业的销售目标、需要投入的人力资源、需要多少客户支持以及销售的方式等。

分销就是使产品和服务以适当的数量和地域分布来适时地满足目标市场的顾客需要。分销策略是市场营销组合策略之一。分销渠道策略主要涉及分销渠道及其结构、分销渠道策略的选择与管理、批发商与零售商及实体分配等内容。

2. 定价策略

合理的定价应该顾及企业的利润和市场地位,定价并非易事。一般常见的定价方法有竞争定价法、成本加成定价法、限制定价法、市场导向定价法等。创业者在定价时应该充分研究市场,根据竞争者的产品和定价对比自己的产品和成本,最终确立一种有说服力的定价策略。

3. 广告与促销计划

广告与促销能够促进与客户的高效沟通。对于资源有限的创业者更需要谨慎地选择合适的广告与促销策略。创业者需要介绍广告宣传和促销的方式和手段,所能达到的预期效果,同时还应该有一个广告和促销的时间表以及成本的规划明细表。

专栏 9-1　中国青年创业国际计划

中国青年创业国际计划(英文名称是 Youth Business China,简称 YBC,其中,Y 代表青年,B 代表商业,C 代表中国),于 2003 年 11 月由共青团中央、中华全国青年联合会、国家劳动社会保障部、中华全国工商业联合会等机构联合倡导发起。是一个旨在帮助青年创业的教育性公益项目,通过动员社会各界特别是工商界的资源,为创业青年提供导师辅导以及资金、技术、网络支持,帮助青年成功创业。

YBC 创业资金申请流程:(以北京为例,其他地区流程大致相同)

第一步:网上/电话报名。

1. YBC 中国青年创业国际计划网站,团市委网站,北京青年宫网站,青年人才网站,北京尚普咨询网站等,从中下载"创业计划书模板",以此为参考构思填写个人的创业计划书。

2. 将个人的创业计划书提交中国青年创业国际计划北京办公室,方式为:从网上发到北京青年人才邮箱。

第二步:经过 YBC 北京办公室对青年创业项目进行初审(第一次筛选)。

第三步:创业青年个人提交相关材料。

第四步:经过北京办项目评审委员对青年的创业计划书、创业能力及创业前景分析和会审评估、面试、实地考察(第二次筛选)。

第五步:经全国办项目评审委员会评估、审批。

第六步:项目建议书和项目申请报告审批,项目通过后,创业青年签署相关协议书:①资助协议书(资助人与受资助人);②创业导师资助协议(创业导师与创业者);③受资助还款补充协议。

第七步:创业青年得到 YBC 提供 3 万—5 万元的创业启动金,三个月内开始还款,分三年还完,每月 5 日前,按期还款。

附:创业青年个人提交相关材料说明

1. 创业计划书(查看创业构想);

2. 资金申请报告(明确申请资金数额);

3. 个人信用核查表（资信）；
4. 联系人信用核查表（资信）；
5. 本人及联系人（两名）身份证复印件（确认身份）；
6. 营业执照复印件（确认创业属实）；
7. 本人户口本全部内容复印件（确认属地）；
8. 房屋租赁协议（确认场地合法）；
9. 特殊及特许行业提供相关合法有效证明（确认从业资格）；
10. 其他有关资料。

三、创业计划书的编写步骤与原则

（一）基本步骤

1. 准备阶段

创业计划书的编写涉及的内容较多，因而制定创业计划前必须进行周密安排。主要有如下一些准备工作：①确定创业计划书的目的与宗旨；②组成创业计划书工作小组；③制定创业计划书编写计划；④确定创业计划书的种类与总体框架；⑤制定创业计划书编写的日程安排与人员分工。

2. 资料收集

以创业计划总体框架为指导，针对创业目的与宗旨，搜寻内部与外部资料。包括创业企业所在行业的发展趋势、产品市场信息、产品测试、实验资料、竞争对手信息、同类企业组织机构状况、行业同类企业财务报表等。资料调查可以分为实地调查与收集二手资料两种方法。实地调查可以得到创业所需的一手真实资料，但时间及费用耗费较大；收集二手资料较容易，但资料的质量不一定符合要求。创业者可根据需要灵活采用资料调查方法。

3. 计划形成

创业计划形成阶段要完成以下几项任务：①拟定执行纲要：主要是创业各项目概要；②草拟创业计划：依据创业执行纲要，对创业企业的市场竞争及销售、组织与管理、技术与工艺、财务计划、融资方案以及风险分析等内容进行全面编写，初步形成较为完整的创业计划方案；③修改完善：创业计划小组在这一阶段对创业计划进行广泛调查并征求多方意见，进而提出一份较为满意的创业计划方案；④定稿：进行审核定稿，并印制成正式创业计划文本。

（二）基本原则

1. 突出重点，简明清晰

每一份创业计划都应有自己独特的个性，要突出每一个创业项目的独特优势及竞争力。同时创业计划应当篇幅适中、清晰简明地阐述企业的各个方面。

2. 客观实际，避免夸张

好的创业计划书应该客观、切合实际。要避免对未来销售情况、预期收益以及增长潜力的过分乐观夸大，同时还应体现最好、最坏等可能出现的后果。

3. 语言规范,形象直观

财务分析要形象直观,尽可能地采用图表描述;战略、市场分析、营销策略、创业团队等的描述要使用管理学术语,尽可能地做到规范化、科学化。

4. 排版合理,装订美观

创业计划书的内容与形式同样重要,一份好的创业计划应该有规范合理的排版和专业的装订,不可出现语法、书写与装订错误。

(三) 编写方法

创业计划书编写的目的是为创业融资、宣传等提供依据,同时也是创业实施的规划方案。因此,创业计划书的编写除尽可能地展现创业项目的前景及收益水平外,还要展现出创业项目的可行性。

在编写创业计划书时,应遵循正确的方法:

(1) 制定创业计划书写作过程的工作计划,使编写工作有序进行;

(2) 主要围绕创业产品与服务,经常性地评估产品与服务的创业价值;

(3) 要充分寻求外部有关人员的指导与协助;

(4) 在不断修改补充中完善创业计划;

(5) 要针对创业计划的目标读者,设置计划项目的不同侧重点。风险投资商对创业计划中的市场增长及盈利性比较感兴趣。战略伙伴与主要客户关心产品、服务、市场、盈利及管理团队的运作能力。而主要雇员、管理队伍则主要想知道创业公司过去的成功纪录及今后的发展前景。

专栏 9-2　周鸿祎:教您打造十页完美商业计划书

天使投资人周鸿祎认为写出一份好的商业计划书,首先切记不可长篇大论;其次要以平实的语言介绍创业者的第一步计划。投资人的时间有限,要抓住留给你的短暂时间,写好、说好商业计划书,就需要你闭着眼睛不看这份计划书,也能准确表述其中内容,并引起对方的兴趣。所以,对于早期融资的项目,一份好的计划书就是一个不超过十页的PPT。最重要的是要有干货。面对热情的创业者,周鸿祎给出这样10条建议:

第一,用几句话清楚说明你发现目前市场中存在一个什么空白点,或者存在一个什么问题,以及这个问题有多严重,几句话就够了。很多人写了三百张纸,抄上一些报告。投资人天天看这个,还需要你教育他吗?比如,现在网游市场里盗号严重,你有一个产品能解决这个问题,只需要一句话说清楚就可以。

第二,你有什么样的解决方案,或者什么样的产品,能够解决这个问题。你的方案或者产品是什么,提供了怎样的功能?

第三,你的产品将面对的用户群是哪些?一定要有一个用户群的划分。

第四,说明你的竞争力。为什么这件事情你能做,而别人不能做?是你有更多的免费带宽,还是存储可以不要钱?这只是个比方。否则如何这件事谁都能干,为什么要投资给你?你有什么特别的核心竞争力?有什么与众不同的地方?所以,关键不在于所干事情的大小,而在于你能比别人干得好,与别人干得不一样。

第五,再论证一下这个市场有多大,你认为这个市场的未来是什么样?

第六,说明你将如何挣钱?如果真的不知道怎么挣钱,你可以不说,可以老老实实地说,我不知道这个怎么挣钱,但是中国一亿用户会用,如果有一亿人用我觉得肯定有它的价值。想不清楚如何挣钱没有关系,投资人比你有经验,告诉他你的产品多有价值就行。

第七,再用简单的几句话告诉投资人,这个市场里有没有其他人在干,具体情况是怎样。不要说"我这个想法前无古人后无来者"这样的话,投资人一听这话就要打个问号。有其他人在做同样的事不可怕,重要的是你能不能对这个产业和行业有一个基本了解和客观认识。要说实话、干实事,可以进行一些简单的优劣分析。

第八,突出自己的亮点。只要有一点比对方亮就行。刚出来的产品肯定有很多问题,说明你的优点在哪里。

第九,倒数第二张纸做财务分析,可以简单一些。不要预算未来三年挣多少钱,没人会信。说说未来一年或者六个月需要多少钱,用这些钱干什么?

第十,最后,如果别人还愿意听下去,介绍一下自己的团队,团队成员的优秀之处,以及自己做过什么。

一个包含以上内容的计划,就是一份非常好的商业计划书了。

周鸿祎先生总结:"做商业计划书就是说大实话。怎么想的就怎么说,用最朴素、最明了的语言,说出你的行动计划,说出第一步准备干什么。"对于创业者,学会写商业计划书,学会以一个良好的心态建立一个合作的团队,完成第一个挑战——获得风险投资,这样你的创业就有了一个很好的开始。

四、创业计划书的评价

由于所选择产品(服务)的不同,创业环境的优劣、创业人员能力的差异等区别,所以要对一个创业计划书的优劣进行评价是一件非常困难的事情。目前,投资人员和创业大赛的评审者多采用量化打分制来评定创业计划书之间的差异。创业计划书的评价指标体系主要包括以下几个方面。

(一) 产品或服务

在创业计划书中必须向投资者提供与创业企业的产品或服务有关的全部细节,包括企业在前期进行的各方面调查,向投资者阐明创业企业的产品或服务处于什么发展阶段,产品或服务的独特性在哪里。创业企业如何向顾客推销自己的产品或服务,产品或服务的顾客群在哪里、为什么,产品或服务的生产成本、售价是多少,创业企业有无发展新产品或提供新服务的计划等问题。不仅要使投资者对创业企业的产品或服务感兴趣,相信创业企业的产品或服务是最好的,对世界将会产生"划时代"的影响,而且要使投资者相信创业计划中提供的所有证据都是真实可信的,能够充分证明创业计划中得出的结论。

(二) 市场

投资者最关心的还是创业企业提供的产品或服务是否有市场,市场的需求如何,顾客为什么会接受创业企业的产品或服务。创业者在创业计划中必须提供对目标市场的深入分析和理解,向投资者细致分析消费者的经济环境、地理环境、职业环境、心理环境等因素对选择创业企业产品或服务这一行为的影响;分析创业企业如何开展广告、促销、公共关系活动,活动的地区、预算、收益如何,创业企业采用什么样的销售策略以及销售中的各种细节等问题。不仅要使投资者相信创业企业产品或服务具有广阔的市场前景,而且要有充分的证据使投资者相信这个市场是实实在在的,不是盲目的。

(三) 竞争

在创业计划书中必须认真细致地分析竞争对手的所有情况,向投资者阐明创业企业现有的竞争对手和潜在的竞争对手都有哪些;现有竞争对手提供的产品或服务的工作机理是什么样的,与创业企业的产品或服务相比有什么相同点和不同点;现有竞争对手的营销策略是什么,销售额、利润、市场份额是多少;创业企业与现有竞争对手相比,竞争优势在哪里,顾客偏爱创业企业产品或服务的原因是什么;潜在的竞争对手将会是谁,如何应对潜在竞争对手的挑战等问题。不仅要使投资者相信创业企业是本行业中的有力竞争者,将来还是确定本行业标准的领先者,而且要使投资者相信创业企业采取的竞争策略完全能够应对竞争对手给企业带来的风险。

(四) 营销

阐述如何保持并提高市场占有率,把握企业的总体进度,对收入、盈亏平衡点、现金流量、市场份额、产品开发、主要合作伙伴和融资等重要事件有所安排,构建一条畅通合理的营销渠道和与之相适应的新颖而富有吸引力的促销方式。

(五) 经营

包括原材料的供应、工业设备的运行安排,人力资源安排等情况。这部分要求以产品或服务为依据,以生产工艺为主线,力求描述准确、合理,可操作性强。

(六) 组织

介绍管理团队中各成员有关的教育和工作背景、经验、能力、专长。组建营销、财务、行政、生产、技术团队。明确各成员的管理分工和互补情况,公司组织结构情况,领导层成员,创业顾问及主要投资人的持股情况,指出企业股份比例的划分。

(七) 财务

包含营业收入和费用、现金流量、盈亏能力和持久性、固定和变动成本,前两年财务月报,后三年财务年报。数据应基于经营状况和未来发展的正确估计,并能有效反映出公司的财务绩效。

(八)总体评估

结构条理清晰,有逻辑性;表述应避免冗余,力求简洁、清晰、重点突出、条理分明;专业语言的运用要准确和适度;相关数据科学、诚信、翔实;要注重计划书的总体效果。

依据上述指标设立相应权重,如表9-1所示。

表9-1 创业计划书评价指标权重

评价指标	创意可行性	商业计划	总计
执行概要	2.0%	2.0%	4.0%
产品(服务)	7.5%	5.0%	12.5%
市场	10.0%	5.0%	15.0%
竞争	5.0%	2.5%	7.5%
营销	8.0%	2.0%	10.0%
经营	2.5%	2.5%	5.0%
组织	10.0%	5.0%	15.0%
财务	8.0%	5.0%	13.0%
总体评估	12.0%	6.0%	18.0%
总体评价	65.0%	35.0%	100%

本章小结

1. 创业计划是一个复杂的系统工程,不但要对行业、市场进行充分的研究,而且还要有很好的文字表现能力。

2. 一份好的创业计划书不但能有效指导创业活动,还能使投资者产生兴趣。通常,创业计划书有其基本格式和内容要素,主要包括创业计划概要、产品或服务的介绍、管理团队和组织结构、创业企业的战略分析、市场调查与预测等。

3. 创业计划书的评价指标体系主要包括产品、市场、竞争、营销、经营、组织、财务、总体评估。

4. 创业计划竞赛是一项重要的创业实践活动,目的就是为大学生或社会上有志创业者提供一个实际创业的演练机会,甚至也可以说是走上自主创业的一个重要环节。

复习思考题

1. 创业计划书包含哪些基本内容？
2. 如何编制一份具有竞争力的创业计划书？

 案例分析

义素瓷工作室创业计划书

一、创业背景

随着中国跨境电商的深入发展，培育新的贸易业态和模式不断出现，为贸易增长创造新的动力。跨境电商在B2B、B2C等多个领域呈现活跃态势。中国宏观经济已进入新常态，经济结构不断优化，从长期来看，中国未来宏观经济形势良好，有助于跨境电商的整体发展。调查数据显示，我国白瓷市场规模也在持续缓慢增长。欧美等国际市场对中国传统白瓷的需求也在不断增加，我国陶瓷出口量极大，但是受疫情影响，其间不乏波动，但未来仍有很大的发展空间与上升趋势。

二、产品介绍

工作室推出了四款白瓷产品，"海上桥"人家—加湿器、杜甫茶具、国潮创意白瓷产品、纹章瓷。

"海上桥"人家—加湿器：海上桥所在的巩义是"诗圣"杜甫的故乡，也是郑州商学院创办人王广亚先生的故乡。加湿器以海上桥为原型，极度概括的外形，赋予其功能性、文化特征、美感，产品线条流畅简洁生动，现代先进技术与白瓷相结合，打造了一个极具美感和实用特质的加湿器。

杜甫茶具：茶具是中国文明史上的一大瑰宝，也是茶文化历史发展长河中最重要的载体。茶具以杜甫诗句设计，将荷的元素与茶具结合，打造了音清而韵长，色泽而洁白的白瓷荷叶茶具。

国潮创意白瓷产品："国潮"文化是中国传统文化的新体现，也是当代年轻人对中华优秀传统文化认同的反映。白瓷产品以国潮新风尚为主流，将东方与西方，传统与现代碰撞融合。打造了极具现代化又不失古典美的创意白瓷产品。

纹章瓷：纹章瓷是中国古代"外销瓷"的一种，确切来说属于"来样加工"的"订烧瓷"。纹章(armorial),特指一种用于个人识别的独一无二的图像标识,逐渐演变成个人身份和财富的标志。义素瓷工作室提供海外私人定制的服务。

三、市场分析

中国陶瓷总产量居世界第一,是世界上最大的陶瓷生产国和出口国,但陶瓷行业存在综合效益、技术水平低、品牌知名度不高等问题。由于传统陶瓷技术的局限性和长期计划经济体制的局限性,许多企业在设备和技术上落后,工人的技术和管理素质低下。进入市场经济,经不起激烈的市场竞争,容易陷入低谷。

(一)市场竞争分析

如今,在跨境电商和白瓷相结合的大环境下,白瓷的产销量和出口规模可观。新兴陶瓷生产国的发展和发展中国家陶瓷制品产量的大幅度增加,世界陶瓷总产量明显提升,供远大于求,已经达到白热化的程度。但是,世界顶级的奢侈瓷器品牌大多数来自欧洲,并在全球高端瓷器市场中占有相当大的份额。

受国外高端市场打压,国内白瓷出口量下降。提到高端白瓷市场,消费者首先想到的并不是中国,而是德国,英国,日本等国家。我们占据市场份额,却还在低价区徘徊的原因很清晰,国外的竞争对手之所以有高价格和高质量,与原材料、设备投资、运营成本的原因有关,但是更多与设计和品牌等因素有关。

(二)市场痛点分析

产品定位缺乏个性。白瓷产业定位缺乏个性,更多的是继承传统观念,创新力度远远低于其他产业;工作室生产规模小,缺乏影响力。品牌知名度低在一定程度上也影响了产品的销量;白瓷成品率低,缺乏高水平的手艺人。白瓷看似简单,但烧制不易,工序复杂,需要漫长的时间和异于常人的耐力;跨境运输途中易损坏,增加运营成本。瓷器在运输途中易损坏,时间过长或者成本过高会使得跨境运输的效率变低,容易影响工作室的信誉和口碑;工作室知名度不强,市场占有率低。作为巩义本地小众文创白瓷品牌,缺乏强硬的品牌支持;同时受疫情影响,全球经济低迷,严重影响了消费。

(三)PEST分析

1. 政治

在疫情冲击下,国家出台了一系列政策扶持跨境电商,国务院设立了多个跨境电商综合试验区;同时央行推出了数字货币为推动跨境贸易助力;发展区域全面经济伙伴,作为全球体量最大的自贸区,为跨境电商经营提供了极大的便利和稳定的经济环境。

2. 经济

改革开放以来,我国经济发展迅速且经济发展的平衡性、协调性和可持续性显著提高,中国经济走上了更好、更高效、更公平、更可持续、更安全的发展道路。跨境资本流动相对平衡,外汇储备总体稳定,为中国经济抵御外部风险冲击提供了有力保障。宏观经济大好,所以白瓷跨境电商有了坚实稳定的基础。

3. 社会

对于跨境电商来说,中外文化交流是其发展的基础。为了更好地促进我国跨境电商的发展,拓展国外市场,需要充分发挥文化交流的作用,进一步彰显中国文化魅力,吸引更多国外消费者,提升跨境电商发展的核心竞争力。基于不同国家和地区的生活水平、文化背景、艺术审美观等方面的差异我们推出了符合各地消费者需求的白瓷产品,以及专门针对发达国家的奢侈品白瓷和高级白瓷产品。

4. 技术

白瓷作为中国传统的高级艺术品,享誉全球。我们拥有高手艺大国工匠,炉火纯青的技艺让我们有独特的优势,同时在大环境的变化下,陶瓷生产技术已经从传统生产转变为现代技术生产,现代陶瓷工业几乎结合了现代技术和应用技术的各个方面,包括材料,组件,设计,营销,新工艺,新技术,新设备等。同时我们现在也在加强智能化自动化技术的研发,提高文明生产水平。

四、公司的战略规划

本部分将结合前述以及义素瓷工作室自身发展情况,运用SWOT分析的方法,寻找适合公司未来发展的战略选择,并基于所选战略制定具体实施规划。

(一) SWOT分析

1. 优势

义素瓷工作室员工具有非常高的职业素养,工作室高层意识到好的员工才是一个白瓷工作室赖以生存的基础。因此,工作室从招聘环节开始,高标准严要求,培养员工服务意识,提升业务水平,在消费者群体中积攒了良好的口碑;义素瓷工作室秉持"轻资产重运营"的理念,打造品牌口碑,减少资金需求,以增强风险抵抗能力,这在后疫情时代尤为重要;行业先发优势使得义素瓷工作室已经与市场上优秀的白瓷供应商建立了良好的合作伙伴关系。

2. 劣势

义素瓷工作室成立时间较短,抗风险能力较弱,且高层人员均为学生,缺乏实战经验;现在处于后疫情时代,物流运输有诸多限制,外贸行业因此受到很大影响;义素瓷工作室资金缺乏,经营规模难以扩大。

3. 机遇

近几年欧美地区对白瓷的需求量不断增加,同时为了响应国家大力弘扬传统文化的号召,白瓷文化与时俱进,推陈出新;随着"一带一路"倡议的推动和郑欧班列的运行,可以将白瓷作为主要代表,建设白瓷外贸合作平台;利用时下火热的网络自媒体和直播带货平台,与知名带货主播合作。

4. 挑战

缺乏机制管理,可能以后运营过程中会出现亏本现象;缺乏强硬的品牌支持,白瓷大众认知较弱,品牌影响力较小;受疫情影响,全球经济低迷,严重影响了消费。

通过SWOT分析模型可知,义素瓷工作室优势突出,特别是工作室核心之一的员工培训体系;其次,白瓷市场需求量大,政府支持力度大,为白瓷这一传统行业提供了充足的机会;同时,工作室与优质白瓷原料供应商达成了良好的合作伙伴关系,形成了独特竞争力。

WO策略和ST策略是当前最适合义素瓷工作室的发展战略,即利用自身优势,实现转型升级。将ST战略与WO战略相结合,扩大工作室自身优势的同时,利用政府政策的支持,弥补规模小、缺乏强硬品牌支持等不足,有利于在行业市场持续发展的竞争阶段,帮助工作室迅速占领市场份额,取得先发优势。

(二)发展规划

招兵买马(2022.04—2022.10):在各大招聘网站上发布招聘信息,通过筛选,留下高水平的手艺人以及具有较高职业素养的其他员工。合伙人分批行动,在假期来临之前完成招聘工作。并聘请相关专业的老师进行工作指导。

牛刀小试(2023.07—2023.12):在这一阶段,我们前期的人员招聘基本已经完成。接下来我们会尝试着接一些项目,通过这些项目,找出我们的不足并弥补,并利用自身优势进行市场的抢夺。划区域管理,利用本项目的地理人员优势。

得心应手(2024—2025):通过前期的努力,这个阶段有了更为庞大的流动资金、更专业的队伍。树立起了一个优秀企业的形象,争取为祖国做出更大的贡献。以良好的服务和优质的商品赢得消费者口碑,不断为团队纳新,完善团队基础组织架构,壮大团队力量。

(三)市场营销策略

1. 定价策略

定价方法:进行跨境电商产品定价时,合理运用定价小技巧,如同价销售术或分类型同价销售等,针对不同的消费群体,制定不同的价格。

变价策略:根据国外市场消费者的不同,个人需求、时间、场所的不同,进行变价;将同一种产品或服务,以不同价格销售给不同的消费群;对于不同的花色、式样、包装、销售地点,定不同的价格。

2. 促销策略

联盟促销:通过向别人支付佣金来出售产品,可以利用飞盘效应,增加白瓷的销售量。

搜索引擎优化:43%的电商流量来自Google自然搜索,开展关键词调研,识别搜索意图,外链建设。

定制促销:根据国外消费者的需求和喜好开设专门的瓷210器展览活动,提高消费者对工作室产品的兴趣。

五、财务分析

(一)初始投资估算

公司成立初期需要投入前期运营资金,包括房屋租金15万元、装修费用3万元、公司用具购置10万元和网站建设投入10万元、广告宣传费2万元,运营资金20万元,合计60万元。

(二)利润表估算

通过分析义素瓷工作室跨境电商项目的投资和产品销售财务状况,我们得出了未来三年义素瓷工作室利润预测。2023年利润约为113万元,2024年约为184万元,2025年约为330万元。

六、风险管理

作为一个初创项目,在启动和推进项目之前,我们必须充分分析可能面临的风险,并制定必要的规避策略。本节将分析项目实施过程中可能出现的风险,并提出适当的对策。

(一)资产风险

跨境电商业务具有特殊性,受平台付款账期、海外仓、备货和物流等因素的影响,尤其是跨境电商中小企业,对融资需求更大。而工作室几乎是依靠自有资金发展起来的,对外融资一直是短板。我们可能会面临因为没有足够的资金工作室难以运转的问题。

对策:对于项目实施过程中资金链的稳定情况,提前进行资产预估和对资产流动的严格把控。强化资产风险内部控制,规避信贷风险,采用资产风险"三位一体"策略,切实加强内部管理增强抗风险能力。

(二)财务风险

资金的供应流动对一个团队来说至关重要,在工作室运营过程中,受到各种不可控制因素的影响,财务状况具有不确定性,很可能出现资金链断裂,从而导致项目有蒙受损失的风险,甚至会使工作室发展到举步维艰的状况。同时我们做的是出口外贸交易,跨境电商支付安全问题也是我们需要考虑的。

对策:对汇率波动风险加强防范,利用金融衍生工具对汇率风险进行主动管理;成立财务部门,进行严格透明的控制与监督;加强资金流动管理;设立一部分预算,用来避免一些意外或者不可抗力因素对团队造成的损失。

(三)管理风险

工作室运营初期属于探索阶段,经营管理方面有着很大的不足,运营团队经验欠缺,缺乏风险防范意识,在决策执行方面也有所欠缺,可能会面临员工、客户流失等一系列问题。

对策:依据工作室自身发展方向,加强工作室内部管理,各部门相互监督;加强与社会各方面组织的内外信息沟通和交流;致力于培养工作室的凝聚力和向心力,做好内部工作。

(四)技术风险

白瓷产品烧制不易,成品率低,传统优质白瓷手艺人缺失,所以存在一定的技术风险;另外,跨境电商外销物流风险,跨境进口的平台面对的流量成本、运营成本、监管成本越来越高,试图依靠进口平台实现在互联网跨境电商领域单点突破的计划难以继续。

对策:工作室要积极招收成熟的烧制手艺人;提高员工福利,留住技术人才;考虑全面,不要忽视高出单低利润背后的潜在危险;面对国家的政策法规,平台政策的变动,都需要随时做出策略调整。

讨论题:

你认为创业计划书的必备要素有哪些?

学习拓展

实践练习:创业计划书

结合自己的兴趣和爱好,6—8人为一小组,每组写一份创业计划书,在全班进行一次模拟创业计划竞赛答辩会。

附一:备选创业项目

1. 中医保健培训俱乐部
2. 校友咖啡馆
3. 校园生活用品租赁公司
4. 牙齿护理保健中心
5. 药膳餐饮
6. 敬老院
7. "中药饮品"休闲馆
8. 物业管理公司(学生公寓)
9. 大学生职业培训
10. 个人心理咨询

附二:创业计划作品模板

填写说明:

1. 此文本仅是一个模板格式,且不是唯一的。
2. 任何人/公司可以根据自己的情况填写,补充完善。

第一部分:封面设计

把你的产品的一幅颜色图像放在首页。但需留出足够的版面排列内容。

创业计划书

    A. 公司名称

    B. 公司性质

    C. 公司地址

    D. 邮编

    E. 公司负责人姓名

    F. 职务

    G. 电话

    H. E-mail

    I. 公司主页

第二部分：目录

目录
（完成商业计划书后，注意确认目录页码同内容的一致性）
- 概要
- 公司概述
- 产品与服务
- 市场分析
- 竞争分析
- 市场营销战略
- 财务分析
- 附录

第三部分：创业设计的具体内容

1. 概要

一个非常简练的计划及商业模型的摘要，介绍你的商业项目，作为这个商业计划的写作大纲，是为了引起投资人的青睐，字数一般500字左右。

2. 公司概述

（1）公司的宗旨。

（2）公司的名称、公司的结构。

（3）公司经营理念。指出公司的远景目标，在追求和实现目标的同时，要报答那些关注我们发展的人士、客户、公众，描述所追求的荣誉和目标，描述各有关团体和人士如何受益。

（4）公司经营策略。用最简洁的方式，描述你的产品/服务；你准备解决什么样的困难；你准备如何解决；你们的公司是否是最合适的人选。

（5）相对价值增值。说明你的产品为消费者提供了什么新的价值。

（6）公司设施。需要对计划中的公司设备详细加以描述。公司的生产设备及厂房主要集中于×××。

公司认为到×年×月止，为了达到×××的产量和销售额，我们需要×××。

回答为什么需要这笔钱。

建立开发、生产设备，并努力提高生产和研究能力以便满足日益提高的客户需求。通过大规模的促销攻势提高我公司产品/服务的销售量。

增加分销渠道、零售网点、区域销售、销售公司、采用电气化、直邮式的销售等。

录用新的员工以便支持在新的市场计划下可持续的发展。

提高研发能力，创造领导潮流的新型产品，提高竞争能力。

3. 产品与服务

用简洁的方式，描述你的产品/服务。注意不需要透露你的核心技术，主要介绍你的技术、产品的功能、应用领域、市场前景等。

(1) 产品优势。说明你的产品是如何向消费者提供价值的,以及你所提供服务的方式有哪些。你的产品填补了哪些急需补充的市场空白。可以在这里加上你的产品或服务的照片。

(2) 技术描述。独有技术简介;技术发展环境;研究与开发;将来产品及服务;说明你的下一代产品,并同时说明为将来的消费者提供的更多的服务是什么;服务与产品支持。

4. 市场分析

简要叙述你的公司处于什么样的行业、市场、专向补充区域。市场的特征是什么?你的分析与市场调查机构和投资分析有什么不同。分析是否有新生市场,你将如何发展这个新生市场。

(1) 市场描述。我们计划或正在××行业竞争。这个市场的价值大约有×××,我们相信,整个行业的主要发展趋势将向着(环境导向型,小型化、高质量,价值导向型)发展。

市场研究表明(引用源)到20××年该市场将(发展/萎缩)到×××。在这段时期里,预计我们力争的细分市场将(成长、萎缩、不发展)。改变这种情况的主要力量是(例如电脑降价,家电商业的蓬勃发展等原因)这个行业最大的发展将达到×××。你的公司可能独一无二地将你的产品/服务和×××公司/同级别的公司的现行业务合并。而当今的类似××公司正面临着逐步提高的劳动力成本等困难。

(2) 目标市场。我们将目标市场定义为X,Y,Z。现在,这个市场由a个竞争者分享。我们的产品拥有以下优势:高附加值,出色的表现,高品位,为企业量体裁衣突出个性。

(3) 目标消费群。是什么因素促使人们购买你的产品?你的技术、产品对于用户的吸引在何处?人们为什么选择你的产品、服务或公司?

(4) 销售战略。我们的市场营销部门计划能动用不同的渠道销售我们的产品。我们之所以选择这些渠道是因为:消费群特点、地理优势、季节变化引起的消费特点、资金的有效运用。可以利用市场上现有的产品的销售渠道,针对每一个分销渠道,确定一个五年期的目标销售量以及其他假设条件。

5. 竞争分析

根据产品、价格、市场份额、地区、营销方式、管理手段、特征以及财务力量划分的重要竞争者。

(1) 竞争描述。

(2) 竞争战略和市场进入障碍。

请在这里研究进入细分市场的主要障碍及竞争对手模仿你的障碍。

6. 营销策略及销售

(1) 营销计划。描述你所希望进行的业务是如何的。以及你所希望进入的细分市场。曾经使用的分销渠道,如:零售、直销、电子媒介等等。还要描述你所希望达到的市场份额。

(2) 销售战略。描述你进行销售所采取的策略。包括如何促销产品;通过广告、邮件推销,电台广播或是电视广告等方式。

(3) 分销渠道及合作伙伴。

(4) 定价战略。

(5) 市场沟通。你的目的是加强、促进并支持你的产品能更好地满足消费者需求的热点。唯一的原则就是寻找一切可能的有利的途径进行沟通。促销展出 Trade Shows;广告 Advertising;新闻发布 Press Releases;大型会议或研讨会 Conferences/Seminars;网络促销 Internet Promotion;捆绑促销 Promotional Bundles;媒体刊登 Trade Journal Articles;邮件广告 Direct Mail。

7. 财务分析

(1) 财务数据概要。财务分析是对投资机会进行评估的基础,它需要体现你对财务需求的最好预估。

(2) 收入预估表。利用销售量的预估和已产生的生产和运营的成本,准备至少三年的收入预估表。重点说明主要的几项风险,比如,导致销售锐减20%的风险,以及在当前的生产力情况下,为了达到曲线的增长,采取缩减的方式所带来的不利影响。这些风险都将影响销售目标和盈利的最终实现。还要说明收益随之而变化的情况。收入状况是财务管理中可盈利计划的一部分,它可以显示出新资金潜在的投资可行性。我们建议前两年以月为单位统计,再往后以季度统计。

(3) 资产负债表。对任何重大的事项,或不寻常的事项做出标注,比如流动资产/其他应付账款/到期的债务。

(4) 现金流和盈亏平衡分析。这比资产负债表和收入报表更为重要,在阶段性时间节点你将会有多少现钱,是投资者很关心的问题。

第一年按月做一次统计,以后两年至少每季要做一次统计。现金流入流出的时间和数目的详细描述,决定追加投资的时间,对运营资本的微弱需求,说明现金是如何得到的。比如获得净资产,银行贷款,银行短期信用或者其他,说明哪些项目需要偿还,如何偿还这笔钱。重要的是建立在现金的基础上,而不是加上利息的计算。

计算盈亏平衡点,准备盈亏平衡图显示何时将达到平衡点,以及出现后,将如何逐步地改变。讨论平衡点是很容易还是很困难得达到,包括讨论与整个销售计划相关的平衡点处的销售量,毛利润的范围以及随之变化的价格。

8. 附录

请列出以下材料:

(1) 公司背景及结构。

(2) 团队人员简历。

(3) 公司宣传品。

(4) 市场研究数据。

第十章

企业创立与管理

1. 了解新创企业的特征及其管理特点。
2. 熟悉新创企业战略管理、组织结构设计与人力资源管理、财务管理、市场营销的主要内容。
3. 熟悉企业创立的基本工作。
4. 掌握企业创立的条件、主要工作和登记注册的基本流程。

赵宏丽:走出靓丽风景线

2018年,赵宏丽考上中南大学湘雅医学院药学专业,恰逢国务院下发《关于推动创新创业高质量发展打造"双创"升级版的意见》,进一步激发"双创"热潮。赵宏丽积极加入"新型干粉吸入剂载体花形乳糖的研究及产业化"创新研究团队,并带着相关创新成果多次参加大学生创新创业大赛。2020年,赵宏丽带领团队展开的《新型干粉吸入剂载体花形乳糖的研究及产业化》项目在第十二届"挑战杯"中国大学生创业计划竞赛中获得铜奖。

在专业学习中,赵宏丽还接触到单冲压片机,这是一种制备药物固体制剂生产片剂的重要设备。传统单冲压片机上料时免不了少许料体的浪费,下料时又容易造成片料破损,赵宏丽尝试对单冲压片机进行技术改良。

从产生想法到项目萌芽、做出雏形,赵宏丽不断实验与探索。2019年5月,赵宏丽自主研发的"一种改良的单冲压片机"核心技术获国家知识产权局实用新型专利。随着创新项目日渐成熟,2020年刚升入大三的赵宏丽正式创业,湖南致雅生物科技有限公司应运而生,获得市场投资青睐。

讨论题:
你会选择"先就业还是先创业",为什么?

拥有了创业的构想,就应该抓住机遇,付诸实施。创业实施是整个创业活动的中心环节,决定着创业的成败,其他创业活动都是为了创业的实施。创业的实施是一个动态发展的过程,就是将创业的宏伟蓝图转化为健康的企业实体的过程,其最终结果就是把创业者的理想变成现实的事业。

第一节 企业的创立

创办企业并不是创业者的必由之路,但它是最典型的一种创业方式,对创业者具有普遍的指导意义。企业的创立是指从事生产经营和服务活动,按照法律规定的条件、程序建立经济组织,并取得法人资格的行为。

一、企业创立的条件

企业的创立是复杂和具有风险的活动,是分析环境、识别机会、把握商机的过程。因此,要想创业成功,创业者要分析创业环境的机会与威胁,了解自身的竞争优势和劣势,寻找进入市场的切入点,抓住入场时机。通常具备以下条件时,创业者有必要设立自己的企业。

(一)外部条件

1. 具备创立新企业的外环境

创业需要适当的政策、制度、市场、金融、人文等环境,对创业企业的生存具有重要影响。因此,创业者创建企业之前,首先就要关注宏观政治、经济、社会文化和技术环境以及微观行业环境,并进而识别创业机会。

2. 良好的创业机会

所谓"谋事在人,成事在天""识时务者为俊杰"。创建企业不仅需要良好的团队资源,还需要有良好的创业机会。所以创业者必须仔细分析创业的宏观、微观环境,提高对创业机会的识别和评判能力,及时发现创业机会。

(二)内部条件

1. 强烈的企业创建意识

即具有强烈的"我要做老板"的意识。因为创业尤其是独立创办企业既有成功的欢悦,也可能有失败的沮丧,而且往往后者大于前者。所以,创办企业时,首先要有强烈的意识,并对可能面临的挑战、困难和烦恼有足够的心理准备,形成很强的意志力,这样在遇到困难时就不容易轻易退出,丧失成功的机会。

2. 具有能够创造或占领市场的产品、服务或某种特权

通常来讲要想创业成功,一定要有某种具有一定市场的产品、服务或者可以较快转化为产品、服务的专利等,或者具有某种特权,如政府或行业授予的某种特殊经营权。总之,产品或经营特权可以为组织创造市场和获得竞争优势,是创业者创办企业的重要动力。

第一节　企业的创立

> **专栏 10-1　2021 中国大学生创业报告**
>
> 2021年,中国传媒大学创新创业教育中心与清华大学、中国人民大学、上海交通大学、同济大学、浙江大学等10余所高校的有关机构以及500 Global(前身500 Startups)、丹纳赫、欧莱雅、Prenetics、普华资本、峰瑞资本等多家知名企业和机构的高管参与,在全国275个城市、1 431所高校的13 742位大学生发放问卷,对大学生创业的意愿、潜在机会、挑战和瓶颈进行分析。调查显示,96.1%的大学生都曾有过创业的想法和意愿,14%的大学生已经创业或正在准备创业。新一代信息技术(5G/区块链/云计算/大数据)和互联网/移动互联网是大部分大学生看好的创业领域。大学生创业者倾向于先积累资金再去创业,比例达到54.8%。对于风投资本,八成左右的大学生表示了解并不深入,且仅有20.7%的受访者认为创业应该寻求风险投资机构的投资,而符合风投机构眼中"准备好的创业者"仅有2.12%。

3. 设立企业能够形成一定竞争优势

所谓竞争优势,通俗点说就是一个企业在某些方面比别的企业强,从而具有更多经营机会和获利能力。一个企业在某个或某些方面具有强于别人的能力,就可能形成源于该方面的竞争优势。在这种情况下,创办的企业更容易生存,更可能在竞争中谋得一席之地。

> **专栏 10-2　情侣手套**
>
> 一位求职未成功的大学生,在街上漫无目的地溜达的时候发现:在凛冽寒风中,有很多年轻情侣依偎着携手并行,但很多情侣都是各自一只手各戴着手套,另一只手却没有戴手套,而没有戴手套的手紧紧地牵拉着,尽管被冻得又红又肿,但始终不愿意松开。"何不发明设计一种能使情侣共同携手的连体式手套?"这位大学生发现以后,立即行动,参照一只大拇指分开的儿童手套式样,绘制出了一种三只装联体式"情侣手套":将四只手套改良为三只手套,其中的两只手套仍然保持儿童式样,另两只手套"合二为一",紧紧地"贯穿联合"在一起,戴上之后,一只手和另一只手能进行"零距离亲密接触"。后来,他与一家小规模手套制作社合作、不断开发新产品。最终,凭借自己的慧眼和独特创意,这种手套一个冬天稳稳赚了近10万元。

(三) 法律条件

为保证企业的经营活动符合社会经济生活的客观要求,法律规定了企业创立的条件,只有符合这些条件,才能取得法律认可的经营资格。主要体现在以下几方面。

1. 名称、组织机构和章程

名称是企业的代号,企业名称必须依法确定。按照我国《企业名称登记管理规定》,企业名称应当由字号(或商号)、行业或者经营特点、组织形式组成。组织机构是管理企业事务、代表企业从事法律活动的机关的总称。企业必须按照法律规定设置必要的组织机构。企业章程是企业成员就活动范围、组织机构及其成员之间的权利和义务等问题订立的书面文件,包括企业的名称、宗旨、经营范围、住所、注册资本、组织机构及议事程序、解散条件、章程的修改程序,以及其他需要明确的有关事项。章程是企业法人活动的依据,也是确定企业成员之间权利和义务的根据。章程依法订立,经核准登记后即具有法律效力。

2. 经营场所和相应设施

从事生产经营或服务性活动必须有固定的场所,以便业务往来和经济交易的安全,也便于国家对企业进行管理。企业可根据生产经营的需要设立生产经营场所,但至少应有一个与其生产经营的规模、服务业务范围相适应的场所。企业从事生产经营或者服务性业务活动还必须有基本的生产、经营、服务条件,包括厂房、机器设备等生产经营所必须具备的物质条件。

3. 资金和从业人员

一般来说,资金数额和从业人员人数取决于生产经营的规模。当然,取得法人资格除了要达到规定的最低数额的资金外,还必须能够独立支配这些财产。因此,国家规定,申请企业法人登记必须有国家授予的企业经营管理的财产或者为企业所有的财产提供验资的证明材料。

4. 经营范围

为规范企业运作,法律、法规、政策对企业能够经营的业务范围作了明确规定,创立企业时应在法律政策允许的情况下,选择企业的经营范围。如《中华人民共和国中外合资经营企业法》规定,中外合资经营企业法人能够经营的主要行业为能源开发、建筑材料工业、化学工业、冶金工业、机械制造业、仪器仪表工业、海上石油开采设备制造业、电子工业、计算机工业、通信设备制造业、轻工业、纺织工业、食品工业、医药和医疗器械工业、包装工业、农业、牧业、养殖业、旅游和服务业等。

二、企业创立的主要工作

(一)组建团队

创业的本质是创业者整合资源、追逐机会的艰辛过程,也是创业团队学习与成长的过程。人是创业成功的第一要素,创业者发挥核心作用。所以,要成功创业就必须组建一支具有良好心理特质、必备知识和技能的创业团队。所谓团队,其实就是为实现某一目标而由相互协作的个体所组成的正式群体。团队能够提高识别和开发、利用机会的能力,提高企业运作能力,发挥协同效应。

一项针对美国104家高科技企业创业的研究报告指出,在年销售额达到500万美元以上的高成长企业中,有83.3%是以团队形式建立的,而另外73家停止经营的企业中,仅有53.8%有数位创始人。另一项的调查显示,这些企业中成立5年的平均销售额达到1 600万美元,6～10年的平均销售额达到4 900万美元,而那些更为成熟的企业则可达到几亿美元。在这100家中,70%有多位创始人。虽然没有团队的创业企业也许并不注定失败,实践中有很多创业者白手起家时,没有合适的团队,却创业成功。然而,没有团队的创业企业却很难成为具有高成长潜力的企业,所以为减少走弯路的可能性,从一开始就走规范化的道路,创业之初就应该组建起优秀的管理团队。

正如风险投资之父乔治·多里特(George Doriet)所说:"我更喜欢拥有二流创意的一流创业者和团队,而不是拥有一流创意的二流创业团队。"所以,创业者在组建团队时,不仅要考虑团队成员的能力,还要考虑其志向、品德等,以确保能够形成1+1>2的整合效应。所以在组建团队前需要把握以下几个关键因素。

1. 核心创业者

核心创业者的认知水平、知识技能决定了他是否需要组建团队,需要组建什么样的团队,以及应该在什么时候、与什么人组建团队等问题。所以创业者必须要对自己的创业动机、目标、前景进行认真评估,提出是否组建团队的结论;然后分析需要完成的任务、工作和拥有的条件,确定在什么时候与什么人组建团队。

专栏 10-3　创业者素描

如果为创业者画一个素描,他应该是这样的:盛着午餐的饭盒还没有打开,两只手不停地穿梭,一只手敲着计算机键盘,另一只手忙着翻阅记录,耳朵上挂着耳麦,眼睛除了忙着看日志的记事外,还要用余光扫描着计算机屏幕;他的大脑中枢神经有超乎常人的灵活度,四肢也特别发达,偶尔还要移动双脚,以百米赛跑的速度往来于办公室与洗手间之间……

这些虽然有点夸张,但事实上,很多创业者就是如此辛勤地工作,甚至一天工作时间长达20小时。或许,分析后还能发现,创业者人格特征有某些相似之处,如领袖欲望强烈、不轻言放弃、善于策划经营、敢于承担风险……

 [即问即答]　创业者需要具备哪些特质?

2. 团队成员的能力与价值观、目标

一方面,要分析可能进入创业团队的成员之间是否有共同的理想、目标和价值观,这是形成合力和共同认可的组织文化的重要方面。另一方面,为了组织正常运行,需要多种类型人才的结合。有研究表明,企业创业成功至少需要管理、技术和营销三方面的优秀人才。

3. 创业环境与资源

根据环境分析,寻找商业机会,探寻创业者个性特征与商机之间的匹配程度;通过对可能获得的资源进行分析,可以确定哪些任务或事项必须由团队自己完成,哪些可以借助外部资源或直接进行外包等,从而确定吸纳何种类型的人才进入团队。

4. 团队成员角色划分

在确定团队成员之后,还要确定各自的职责、权限和工作程序。一般,这种权责越明确,在组织中产生角色冲突的可能性越小,对团队的稳定和企业发展越有利。

(二) 筹措资金

创业资本是创业的核心构成要素之一,对创业成功与否有着重要意义。虽然,实践中不乏少量资本获取成功的案例,如苹果公司就是用几百美元在一间车库开张的,却用5年时间进入美国最大的500家工业企业之列。但是随着市场经济的逐步规范化,没有创业资本的创业成功率将会大大降低。

创业资本的来源有很多渠道,如创业者自己的积蓄、借贷、集资、风险投资等。成立企业首要的就是创业启动资金。创业资金不一定能一次募足,而且,对于处于创业阶段的企业,资金永远都显得紧张。随着我国投融资市场的逐步活跃和国家对创业支持力度的不断加大,筹资、融资的渠道逐步增多,为创业提供了更多的机会和可能。

对于创业者来说,最重要的是要抓紧时机,及时利用产品或服务占据市场有利地位。所以,当有了一定的启动资金后,就可以开始运作,并在运作中不断获取和筹集更多的资金。

专栏 10-4　如何引进创业资金

(1) 和投资者"谈恋爱",使投资者了解你、相信你。
(2) 需要准备一份认真的可行性分析研究报告。
(3) 告诉投资者失败的可能有几分。
(4) 告诉投资者你如何避免失败。
(5) 告诉投资者一旦失败时你如何负责任。

(三) 明确工艺

对于以创新技术为基础创业的创业者,在新创企业开业前,就要对技术进行切合市场与生产实际的技术工艺的设计。只有明确了相应的工艺,才能搞清楚需要什么技术人员、需要什么样的设备设施、对场地空间有什么要求。

(四) 选定场所

企业必须有与企业经营范围和规模相适应的固定的营业场所和必要设施,这是企业生存和发展的物质基础和实体性要素。任何企业的开办,都要仔细考虑选址问题。企业在选址时必须认真调查研究,一般来说,需要考虑以下几个方面。

1. 投资环境

主要关注以下问题:①该场地在原材料供应方面是否能够满足扩大生产之需,未来增长的可能性和幅度有多大;②该地区的劳动力工资费用和技术是否合适;③该场地交通运输方便与否;④该地区人口密度和人均收入方面状况如何,这决定了潜在市场的大小;⑤要研究投资的历史传统、制度沿革、文化宗教、风俗习惯等"软环境"。

2. 环保问题

建设污染环境的项目,必须遵守国家有关环境保护管理的规定。建设项目的环境影响报告书,必须对建设项目产生的污染和对环境的影响作出评价,规定防治措施,经项目主管部门预审并依照规定的程序报环境保护行政主管部门批准。

3. 成本费用

选址还要考虑成本问题,主要包括场地费和广告费。场地费是房租、抵押金、房屋维修装饰、保安、保险以及所有相关费用的总和。

专栏 10-5　"绿水青山"引来"金山银山"

进入 2023 年,全国各地紧锣密鼓地开启招商引资工作,不断优化营商环境,力图在一季度实现"开门红"。在东北,良好的生态环境让"绿水青山"引来实实在在的海外"金山银山"。近几年,沈阳经开区中德园一直坚持绿色低碳生态优先的发展理念,仅在环境治理的投入就高达二十多亿元人民币。这一举措带来的显著成果是当地宜居的生态环境和高质量的招商引资。这当中仅外企前来投资的就有 620 家,其中世界五百强直接投资的企业有 84 家。2022 年,规模以上外商及港澳台企业,完成工业产值 1 303.5 亿元人民币。

 ［即问即答］　你如何理解"绿水青山"就是"金山银山"?

(五) 建立制度

企业制度建设的内容通常由两部分构成:企业正式规章制度和非正式规章制度。企业制度是企业为求得最大经济效益,在生产经营活动中制订的各种带有强制性义务、并能保障一定权力的各项规定和条例。企业制度建立的过程,就是将企业倡导的价值观等非正式规章制度转化为具有操作性的正式规章制度的过程。

建立企业制度体系,目的在于实现管理科学化、提高企业经营效率。如何使企业所制定的规则、章程、条例等制度符合企业经营目的要求,使制度能够成为目的实现的手段,关键在于如何使企业中的人的主观能动性调动起来。

(六) 招聘员工

在公司正式开业之前,需要招收第一批员工,并对其进行必要的培训,确保可以上岗。

(七) 配备硬件设备

设备是企业在生产活动中所需各种硬件装置的总称,是企业技术和新技术具体应用的载体,是企业进行生产活动的物质基础。企业要开张经营,就必须拥有所需的基本设备。创业者要根据自己的经济实力购置必要生产设备、办公设备等。但在资金不宽裕的情况下,辅助生产设备可采取租赁或分期付款办法解决。

企业需要什么样的设备,主要取决于行业、规模、企业的行业特征。企业经营规模大小,决定所需设备装置的总水平、系统性和构造复杂程度,企业生产过程决定所需生产设备的专业性和配套性。

三、新创企业登记注册

创业者在各种条件具备后,要向登记机关登记注册方可开业。开业登记有两个基本要求。一是开业者要符合国家规定的开业条件,主要体现在生产经营场所和设施、人员、资金、经营时间、生产经营范围等方面。二是要备齐筹建人签署的申请登记书、政府部门或主管部门的批文、公司章程、公司主要负责人的名单和身份证明等法律文件。

(一) 确定名称

企业名称是企业的标志,是企业的第一广告,是社会公众了解企业的第一途径。为便于公众通过名称就可以了解企业的行业或经营特点,我国企业名称一般采取"地域＋名称＋行业＋组织形式"的格式,并有许多具体要求。

企业名称应当由字号(或商号)、行业或者经营特点、组织形式组成。字号由企业创办者选择,但应当由两个以上的字组成;有正当理由者可以使用本地或者异地地名作为字号,但不能使用县及县以上行政区划名称作为字号。在企业名称中,企业还应根据主营业务,按照国家行业分类标准划分的类别在企业名称中标明所属行业或者经营特点,此外,还应当根据其组织结构或者责任形式以明确易懂的方式在企业名称中标明组织形式。

企业名称中不得含有下列内容和文字:有损于国家、社会公共利益的;可能对公众造成欺骗或者误解的;外国国家(地区)名称,国际组织名称;政党名称、党政军机关名称,群众组织名称,社会团体名称及部队番号;汉语拼音字母(外文名称中使用的除外);其他法律、行政法规规定禁止的。

企业名称中使用"总"字的必须下设三个以上分支机构,不能独立承担民事责任的分支机构,其企业名称前应当冠以所从属企业的名称,缀以"分公司""分厂""分店"等字样,而且还必须标明该分支机构的行业和所在行政区划名称或者地名;如果该分支机构与所从属的企业属于同一行业,则可再标明行业。能够独立承担民事责任的分支机构,应当使用独立的企业名称,并可使用其所从属企业的企业名称中的字号。能够独立承担民事责任的分支机构在设立分支机构时,所设立的分支机构不得在其企业名称中使用总机构的名称。

企业只准使用一个名称。确有特殊需要的,经省级以上登记机关核准,可以在规定的范围内使用一个从属名称。企业名称在登记机关辖区内不得与已登记注册的同行业企业名称相同或者相近。企业名称在企业申请登记时由企业名称的登记主管机关核定,有特殊原因的,可以在开业登记前预先申请企业名称登记注册。

我国企业登记注册实行名称预核准制度:企业申请人预先填报《企业名称预先核准通知书》,并通过现场、邮寄、传真、电子邮件等方式,在登记机关办理注册名称预核准手续。

 [即问即答] 如何选择企业名称,使其达到音、形、意俱佳的境界?

(二) 确定组织形式

1. 选择企业类型

创业者在开办企业时,应该考虑开办什么样的企业,这样的企业在法律上具有何种地位,需要哪些条件,权利义务是怎样规定的,然后根据自己的情况选择合适的企业类型。个人独资企业、合伙企业、有限责任公司是比较适合大学毕业生创业之初的选择。

2. 小型企业组织形式及特点

（1）普通有限责任公司。普通有限责任公司是依照《中华人民共和国公司法》,由2个以上50个以下股东所组成,股东以其出资额为限对公司债务承担责任,公司以其全部资产对公司债务承担责任的企业法人。普通有限责任公司注册资本的最低限额为人民币3万元。普通有限责任公司的股东人数有限,一般相互认识,其股份转让受到一定限制,向股东以外的人转让股份须得到其他股东过半数同意。有限责任公司不能向社会公开募集公司资本,不能发行股票。

（2）一人有限责任公司。一人有限责任公司是指只有一个自然人或者一个法人股东的有限责任公司。自然人独资有限责任公司的注册资本最低限额为人民币10万元。股东应当一次足额缴纳公司章程规定的出资额。一个自然人只能设立一个一人有限责任公司,该公司的股东不能证明公司财产独资于股东自己的财产的,应当对公司债务承担连带责任。

（3）个人独资企业。个人独资企业是指依照依法在中国境内设立,由一个自然人投资,财产为投资人个人所有,投资人以其个人财产对企业债务承担无限责任的经营实体。个人独资企业的全部财产为投资人个人所有,投资人是企业财产的唯一所有者,投资人对企业的经营与管理事务享有绝对的控制与支配权,不受任何其他人的干预,但投资人以其个人财产对企业债务承担无限责任,尽管个人独资企业有自己的名称或商号,并以企业名义从事经营行为和参加诉讼活动,但它不具有独立的法人地位。

（4）个体工商户。根据国务院在2022年10月1日发布的《促进个体工商户发展条例》第二条规定,有经营能力的公民在中华人民共和国境内从事工商业经营,依法登记为个体工商户,个体工商户可以个人经营,也可以家庭经营。申请登记为个体工商户,应当向经营场所所在地登记机关申请注册登记。申请人应当提交登记申请书、身份证明和经营场所证明。个体工商户登记事项包括经营者姓名和住所、组织形式、经营范围、经营场所。个体工商户使用的名称的,名称作为登记事项。个体工商户不具备法人资格,不能设立分支机构。

（5）普通合伙企业。普通合伙企业由普通合伙人组成,合伙人对合伙企业债务承担无限连带责任。普通合伙企业是不具有法人资格的营利性经济组织,其设立和内部管理都以合伙协议为基础。普通合伙企业的资本由全体合伙人的共同出资构成,合伙人在原则上均享有平等地参与执行合伙企业事务的权利,各合伙人互为代理人。对于合伙经营的收益和风险,由合伙人共享、共担。

[即问即答] 个人独资企业、合伙企业、有限责任公司、股份有限公司分别应该具备什么条件?应该准备什么材料?

（三）工商注册

创立企业须向登记机关依法申请设立登记,向企业登记机关领取并填写工商注册登记表，提交相关资料，办理入资、验资手续，经登记主管机关受理、审查、核准、发照等环节之后，领取工商营业执照。需要进行基本建设的，还需向登记机关申请筹建登记并领取筹建许可证。办理工商注册登记后，到技术监督部门办理组织机构代码证书。

（四）银行开户

根据相关法律规定，任何一个独立核算的单位在领取营业执照后，都要向银行申请开设结算账户，包括基本存款账户、一般存款账户、专用账户等。开设银行账户时，必须填开户申请书，提供工商行政管理机关核发的营业执照等有关文件，送交盖有企业印章的印鉴卡片，经银行审核同意，并经相关机构核发开户许可证后开户。

（五）税务登记

税务登记又称纳税登记，根据《中华人民共和国税收征收管理法》第十五条规定，自取得营业执照之日起30天内，取得企业统一代码证书后，主动向税务机关提出办理税务登记书面报告，即领取并填写《申请税务登记报告书》，根据相关规定提供相应证件和材料，如实填写《税务登记表》，经税务机关审核后发给税务登记证，领取各种发票。

（六）社会保险

社会保险是指劳动者在失业或丧失劳动能力时提供的基本生活保障等的帮扶制度。依据《中华人民共和国社会保险法》第五十七条规定，用人单位应当自成立之日起三十日内凭营业执照、登记证书或者单位印章，向当地社会保险经办机构申请办理社会保险登记。并填写《社会保险登记表》，提供相应证件材料，经社保经办机构审核无误后，建立参保单位、人员基础档案，核发《社会保险登记证》。

第二节　新创企业管理

彼得·德鲁克认为：创业需要与现行管理方式不同的管理。但和现行的管理方式一样，创业也需要有系统、有组织、有目标的管理。与成熟企业相比，新创企业具有自己的特征，因此新创企业的管理方式与成熟企业的管理方式存在一定的差异。

一、新创企业管理概述

（一）新创企业的特征

新创企业往往规模较小，具有一般小企业的典型特征。

1. 自筹资金经营

资金短缺是新创企业所面临的首要经营难题，相对于大企业，规模较小的新创企业由于缺乏足够经营业绩、信用等，在筹资方面要面临更多的困难。在自筹资金兴办企业的过程中，利用企业盈利滚动发展便成为新创企业的又一显著特征。自筹资金经营，使企业所有权比较集中，经营权也比较集中。

专栏10-6 张朝阳的融资旧事

我回国后开始融资,当时国内没有风险投资的概念,我是第一个(提出这种概念的人)。我去美国(融资),没钱住旅馆,就住同学那,在那给各种投资人打电话。去年(2010年)回美国,路过曾住过的同学家,想起了融资的艰难。(那时候)每天电话打疯了,我走的时候,给他留了100美元做电话费。

曾经找到过一个人,想让他给我投资,这个人是麻省理工学院的教授介绍的。但是我的商业计划很简陋,没什么东西,他觉得我的商业计划不够完备,想投资又不敢投,希望我发展一段时间再来找他。

他不希望我能融到钱,因为我一旦融到钱就不会再找他了。他还问我是否有其他人给我投资,我上当了,告诉他有人在纽约高盛(集团),这个人想给我投资,还把这个老头的电话告诉了那个人。他刚好在纽约,就给高盛那个人打电话,约了一起吃午饭。说着说着就决定说:要不算了,咱们都别投了,让他(张朝阳)回去再发展一段时间,等回来了再投。他们串通好了。

然后那个人让我去他办公室,跟我寒暄半天,问我中国发展怎么样了之类的问题。突然脸色一变说:我决定不给你投资了,我来告诉你电梯怎么走,你出去吧。当时感觉五雷轰顶,他不投资会起连锁反应,我很绝望。

下了楼,走在纽约街头。那时没有手机,只好排队给波士顿的律师打电话。当时很着急,抓着电话不断问"怎么办"。后面排队的人说:你怎么打那么长时间?我就回头看着他,很着急,但是也没有办法。这段让我印象很深刻,当时也就为了融几万美元。

后来,我麻省理工学院那位导师和另外两个教授向我伸出了援手,他们给我投了22.5万美元,这在当时相当于200万元人民币。我觉得,找到贵人相助是很重要的。

2. 对创业者本人的依赖性强

大多数新创企业的创业者往往也是企业资产的所有者。他们凭借对资产的所有权而集中了企业经营所必需的各种决策权力,使新创企业的竞争力状况在很大程度上几乎完全依赖于创业者本人。创业者个人往往集责、权、利于一体,实现所有权与承担风险的统一,领导企业、决策自主与担负责任的统一,所有者经济上的存在与企业的存在之间的统一,对企业的成败起决定性作用。

3. 管理结构简单

由于新创企业往往权力集中于经营者,所以没有必要设置复杂的组织架构,同时新创企业资金上的困难,也迫使其保持简单的组织结构以压缩开支。新创企业管理结构简单主要表现在:组织架构简单,决策权比较集中,所有权与经营权统一,决策权、指挥权与监督权划分不明确等。

4. 富有创新精神

由于企业主利益与企业利益休戚相关,甚至融为一体,加之受经济与心理方面需求满足的驱动,新创企业经营者往往更富有创新精神。强烈的开拓意识和承担风险的勇气等促使企业积极创新,善于发现并极力捕捉每一个盈利机会。不断创新使企业富有灵活性,为发现和捕捉盈利机会而接近顾客,并通过降低成本、精简组织机构等措施增大盈利。

5. 受环境的影响大

一方面,新创企业大都针对外部环境中存在的某种机会而创业,以至于一旦出现机会,便会在短时间内涌现大量的企业;另一方面,由于新创企业拥有或所服务的顾客少、信息拥有量相对不足、企业规模实力弱等特点,因而难以了解整体环境变化,更谈不上驾驭环境变化。因此,小企业被动接受环境的影响,风险很大。

[即问即答] 上述新创企业五项特征之间有什么关系?

(二)新创企业管理特征

由于新创企业的特征,新创企业的管理也随之表现出不同的特点。与成熟、规模较大的企业相比,新创企业在计划、组织、领导、控制方面也体现出小企业管理的特点。

1. 计划工作方面

新创企业一般规模较小,但企业规模小并不意味着计划工作容易或不重要。许多情况下,小企业因面临市场和产品周期的快速变化而格外关注经营计划,依靠其灵活性和短期的快速反应能力适应未来的变化。新创企业的经营者因缺乏制订计划的技能和数据资料,因而制订计划需要用更多的时间,但他们不必像大企业制订计划那样考虑得宽泛而长远。新创企业的经营者因创业和经营的艰难,很容易陷入处理日常的事务活动中,他们虽然是企业的创业者或所有者,但也必须像企业其他员工一样从事具体的工作,具有双重身份。另外小企业因不愿或无力承担"高昂的"管理费用,通常不会聘用专职的管理人员,管理工作分工和专业化程度比较低,这也是促使经营者陷入日常事务之中的主要原因。因此,小企业改进计划工作的首要任务是让经营人员把时间从处理眼前事务转向未来收益上。

2. 组织结构方面

企业的规模和组织的复杂性之间有直接的联系,或者说相关性很强。当一个企业的规模发展得过于庞大时,运行效率必然下降。然而企业规模过小则又难以组建起能够满足经营要求的高层管理团队,因为小企业不会去承担比较高的管理成本。企业的管理体系没有建立起来,也使得人们认为企业没有那么多的管理工作要做。所以,新创企业的组织结构往往比较简单,规模也很小。新创企业组织很少采用部门化,没有明确的分工,管理简单,不需要明确的控制和协调。

3. 领导方式方面

在领导方式上,新创企业由于没有一整套规范化的组织结构体系,所以经营者的领导方式便在很大程度上取决于经营者的个人风格,并在具体的领导方式上表现出各种各样的形式。一般来说,新创企业的领导方式比较倾向于实质性的集权,也可能走向另一个极端,即比较放任。当然,随着企业不断发展和壮大,企业经营者的领导方式也会发生一定程度的变化。在沟通和人际关系方面,新创企业整体就好像是一个非正式组织,其正式组织和非正式组织往往融为一体。

4. 预算控制方面

新创企业要想长期生存,经营者必须平衡增加价值或用更少的成本维持目前的价值关系,成本会计系统和成本控制对新创企业来说十分重要,因为新创企业更多的是产量或销量导向而非利润导向。企业中财务控制的基础是预算,其中费用标准可以列入控制规范之内,预算是控制费用开支的依据。有些新创企业试图不进行预算,即使这样,企业也应该有一个大概的费用标准和执行规范,当费用超出预计的标准时,就应该调查原因。

(三)新创企业管理的意义

新创企业的管理特别重要,管理得及时介入和管理得当,将给企业带来自身资源的合理运用、与外界环境的更高契合,高效实现企业的目标、促进企业成长提供保障。创业管理则是创业成功的保障,具有以下重要意义。

1. 丰富企业管理的理论体系

以往企业管理理论基本不涉及创业管理的内容,换言之,创业管理理论内容在以往的企业管理理论中是一块空白区域。通过对创业活动的管理实践,一方面为创业管理理论本身的研究提供了更多的视角和素材,有利于推动创业管理理论的进一步发展;另一方面,也丰富了企业管理理论的内容,完善了现代企业管理的理论体系。

2. 降低创业的机会成本

通俗地讲,机会成本是指为了得到某种东西而所要放弃另一些东西的最大价值。通过创业管理,创业者能够有效识别和把握创业机会,选择最适宜的行业进行创业,能避免失去最有利的创业机会,从而降低创业的机会成本。

3. 提高成功创业的有效性

通过创业管理,创业者能够有效进行创业的战略规划,实施具体的创业项目运营。这样,一方面,可以提高创业者在创业过程中的理性程度,从而提高创业成功的概率;另一方面,可以帮助创业者有效地配置创业资源,提高创业资源利用的效率和效果,促使创业成功。

二、新创企业战略管理

战略管理(strategy management)是确定企业使命,根据企业外部环境和内部经营要素确定企业目标,保证目标的正确落实并使企业使命最终得以实现的一个动态过程。按照战略管理的思想,指导企业全部活动的是企业战略,全部管理活动的重点是制定战略和实施战略。而制定战略和实施战略的关键都在于对企业外部环境的变化进行分析,对企业的内部条件和素质进行审核,并以此为前提确定企业的战略目标,使三者之间达成动态平衡。战略管理的任务,就在于通过战略制定、战略实施和日常管理,在保持这种动态平衡的条件下,实现企业的战略目标。所以说,战略管理是一个动态的过程。如图 10-1 所示。

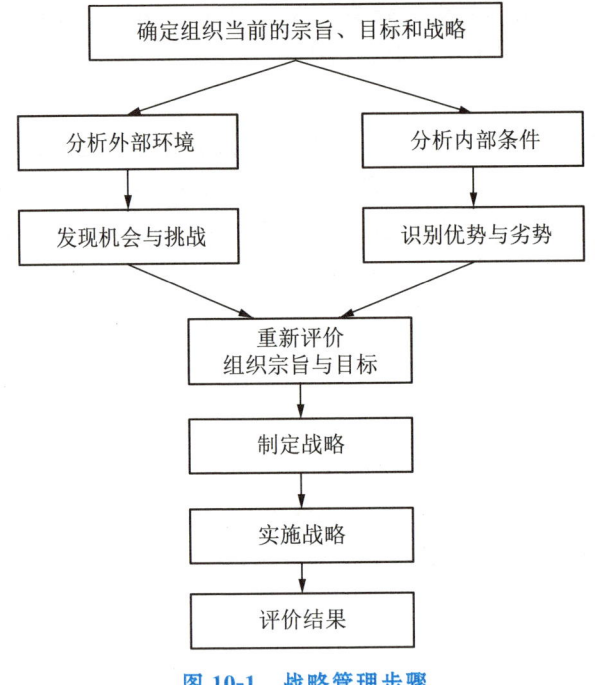

图 10-1 战略管理步骤

(一)战略管理的要素

作为一个战略制定与实施的过程,一般说来,战略管理包含四个关键要素。

1. 战略分析

战略分析的主要目的是评价影响企业目前和今后发展的关键因素,并确定在战略选择步骤中的具体影响因素。战略分析包括三个主要方面:

(1)确定企业的使命和目标。它们是企业战略制定和评估的依据。

(2)外部环境分析。战略分析要了解企业所处的环境(包括宏观、微观环境)正在发生哪些变化,这些变化将给企业带来更多的机会还是更多的威胁。

(3)内部条件分析。战略分析还要了解企业自身所处的相对地位,具有哪些资源以及战略能力;还需要了解与企业有关的利益和相关者的利益期望,在战略制定、评价和实施过程中,这些利益相关者会有哪些反应,这些反应又会对组织行为产生怎样的影响和制约。

2. 战略选择

战略分析阶段明确了"企业目前状况",战略选择阶段所要回答的问题是"企业走向何处"。战略选择工作包括三个步骤:

(1)制定战略选择方案。在制定战略过程中,当然是可供选择的方案越多越好。企业可以从对企业整体目标的保障、对中下层管理人员积极性的发挥以及企业各部门战略方案的协调等多个角度考虑,选择自上而下的方法、自下而上的方法或上下结合的方法来制定战略方案。

(2)评估战略备选方案。评估备选方案通常使用两个标准:一是考虑选择的战略是否发挥了企业的优势,克服劣势,是否利用了机会,将威胁削弱到最低程度;二是考虑选择的战略能否被企业利益相关者所接受。需要指出的是,实际上并不存在最佳的选择标准,管理层和利益相关团体的价值观和期望在很大程度上影响着战略的选择。此外,对战略的评估最终还要落实到战略收益、风险和可行性分析的财务指标上。

(3)选择战略。即最终的战略决策,确定准备实施的战略。如果由于用多个指标对多个战略方案的评价产生不一致时,最终的战略选择可以考虑以下几种方法:一是,企业目标是企业使命的具体体现,因而,选择对实现企业目标最有利的战略方案。二是,聘请外部咨询专家进行战略选择工作,利用专家们广博和丰富的经验,能够提供较客观的看法。三是,对于中下层机构的战略方案,提交上级管理部门能够使最终选择方案更加符合企业整体战略目标。

(4)战略政策和计划。制定有关研究与开发、资本需求和人力资源方面的政策和计划。

3. 战略实施

战略实施就是将战略转化为行动。主要涉及以下一些问题:如何在企业内部各部门和各层次之间分配及使用现有的资源;为了实现企业目标,还需要获得哪些外部资源以及如何使用;为了实现既定的战略目标,需要对组织结构做哪些调整;如何处理可能出现的利益再分配与企业文化的适应问题,如何进行企业文化管理,以保证企业战略的成功实施等等。

4. 战略评价与调整

战略评价就是对企业的经营业绩,战略的科学性和有效性进行评价。战略调整就是根据企业情况的发展变化,即参照实际的经营事实、变化的经营环境、新的思维和新的机会,及时对所制定的战略进行调整,以保证战略对企业经营管理进行指导的有效性。包括调整公司的战略展望、公司的长期发展方向、公司的目标体系、公司的战略以及公司战略的执行等内容。

企业战略管理的实践表明,战略制定固然重要,战略实施同样重要。一个良好的战略仅是战略成功的前提,有效的企业战略实施才是企业战略目标顺利实现的保证。如果企业没有能完善地制定出合适的战略,但是在战略实施中,能够克服原有战略的不足之处,那也有可能最终导致战略的完善与成功。当然,如果对于一个不完善的战略选择,在实施中又不能将其扭转到正确的轨道上,就只有失败的结果。

(二)企业的竞争战略

企业战略是一个战略体系。在这个战略体系中,有竞争战略、发展战略、技术开发战略、市场营销战略、信息化战略、人才战略等。竞争战略就是一个企业在同一使用价值的竞争中采取进攻或防守行为。"竞争战略之父"迈克尔·波特认为:企业的利润将取决于——同行业之间的竞争,行业与替代行业的竞争,供应方与客户的讨价还价以及潜在竞争者共同作用的结果。据此波特提出了三种基本的竞争战略:差异化战略、成本领先战略和聚焦战略。

1. 差异化战略

差异化战略(differentiation strategy),又称别具一格战略,是指为使企业产品、服务、形象等与竞争对手有明显的区别,以获得竞争优势而采取的战略。这种战略的重点是创造被全行业和顾客都视为是独特的产品和服务。差异化战略的方法多种多样,如产品差异化、服务差异化和形象差异化等。

2. 成本领先战略

成本领先战略(overall cost strategy),也称低成本战略,是指企业通过有效途径降低成本,使企业的全部成本低于竞争对手的成本,甚至是在同行业中最低的成本,从而获取竞争优势的一种战略。

3. 聚焦战略

聚集战略(focus strategy),也称集中化战略、目标集中战略、专一化战略、目标聚集性战略等。是指主攻某个特殊的顾客群、某产品线的一个细分区段或某一地区市场。这一战略依靠的前提思想是:企业业务的专一化能够以高的效率、更好的效果为某一狭窄的战略对象服务,从而超过在较广阔范围内竞争的对手们。波特认为这样做的结果,是公司或者通过满足特殊对象的需要而实现了差别化,或者在为这一对象服务时实现了低成本,或者二者兼得。这样的公司可以使其盈利的潜力超过产业的普遍水平。这些优势保护公司抵御各种竞争力量的威胁。但专一化战略常常意味着限制了可以获取的整体市场份额。专一化战略必然地包含着利润率与销售额之间互以对方为代价的关系。

[即问即答] 上述三种战略各有何优缺点?分别需要什么样的实施条件?

对于大多数新创企业而言,其技术和市场通常不太成熟,也没有实现大规模生产,需要在技术研发和市场开拓上投入大量资金以获得市场上的竞争优势,过分追求成本领先战略会使企业绩效下降。此外,新创企业一般具有相对良好的快速反应能力。新创企业相对更加缺乏资源,所以应避免和大公司直接竞争,宜采用差异化战略。此外,新创企业能够提供更多的客户服务,致力于特殊产品(或服务)开发,以获得市场竞争优势。所以,新创企业的竞争战略选择主要是差异化战略,以此推动有效的创业成长。

三、新创企业组织设计

新创企业的组织设计尤为重要。科学地进行组织设计,根据组织设计的内在规律性有步骤地进行,才能取得良好效果。

(一) 组织设计的概念

组织设计是对组织活动和组织结构的设计过程,主要是对组织结构的设计。组织设计体现在三个方面。

(1)组织设计是管理者在一定组织中所建立起来的最有效的相互关系,是一种合理化及有意识的过程。

(2)组织设计的结果是组织架构形式。

(3)确定组织架构内容:工作职务的专业化、部门化,确定直线指挥系统与职能参谋系统的相互关系等方面,工作任务组合,建立职权、指挥系统、控制量,集权与分权等人和人相互影响的机制,建立最有效的协调手段。

(二) 组织设计的流程

一般说来,组织设计的基本流程有以下六步。

1. 管理工作过程总设计

围绕创业目标的完成进行管理过程的总体设计。在管理方案中,要选择过程时间短、岗位设置少、费用低的管理过程,并能够实现管理的四个衔接:工作目标衔接、岗位衔接、实物衔接、信息衔接,从而达到管理工作过程最优化。

2. 管理岗位设计

管理岗位是组织结构的基本单位,由科室岗位到科室,再由科室组成部门以至整个管理系统。岗位设置要适度,既要考虑管理工作过程的需要,又要考虑管理的方便。

3. 规定岗位的输入、输出与转换

通过输入、输出就能从时间上、空间上、数量上把各管理岗位纵横联系起来,形成整体。因此,设计岗位时,要对岗位进行工作分析,规定输入与输出业务的名称、时间、数量、表格、实物、信息等,并寻找出该岗位最优化的管理程序,并用工作规范将其固定下来。

4. 给岗位定员定编

采取一定的程序和科学的方法,对确定的岗位进行各类人员的数量及素质配备。根据企业的业务方向和规模,在一定的时间内和一定的技术条件下,本着精简机构、节约用人、提高工作效率的原则,规定各类人员必须配备的数量。它所要解决的问题是企业各工作岗位配备什么素质的人员,以及配备多少人员。

5. 规定岗位人员的考评制度与薪资制度

岗位人员的考评制度是指通过运用科学的考核标准和方法,对人员的工作绩效进行定期的考核与评估,从而全面了解人员完成岗位工作的情况,发现其不足和存在的问题,同时,进行相应的人事激励和岗位安排。设置岗位人员的薪酬制度是指给予岗位人员的薪资和报酬,可以用现金、物质来衡量的个人回报都可以称为薪资,如员工的工资、保险、实物福利、奖金、提成等;报酬是一种着眼于精神层面的酬劳,包括参与企业决策,获得更大的工作空间或权限,更大的责任,更有趣的工作,个人成长的机会和活动的多样化等。

6. 设置控制的组织机构

为了保障组织目标的实现,需要对组织运营的各方面有及时准确的信息反馈,并要对这些信息进行分析,当信息显示某个因子出现了与计划标准的偏差超出可允许值时,就需要进行预警并纠偏,完成这些任务需要设置控制部门,即组织的控制结构。

(三) 组织结构的主要形式

组织结构的类型大致分为:直线制组织形式、职能制组织形式、直线—职能制组织形式、矩阵组织、分权事业部制组织、立体多维组织。新创企业的组织与管理,和成熟企业的组织结构和管理方式,有时会有很大的差别。对于小企业的创业者,在创业初期,需要设计的组织结构最好比较简单。但是,也有很多新创企业,在创业启动资金、技术、市场规模等方面起步较高,因此,创业管理的平台也相对较高,这样,从一开始就设计成事业部制的组织结构。而一般的小企业,开始可以设计成直线结构,随着企业的成长,

再逐渐向事业部制转化。

对于制造业,创业初期大致分为几个部门:①技术部门:主要负责技术支持、新产品开发等。②营销部门:主要解决市场开拓与产品销售,及营销策划、营销广告、营销公关等问题。③生产部门:负责原材料采购、产品生产、产品包装、库管、生产计划等。④财务及行政部门:主要是财务管理、人事管理、办公室等。

曾有很多创业初期的公司,总经理、总工程师、市场部经理等都是创业者一身兼任。在经理与员工之间不设置组织结构的障碍,创业者或经理不仅面对部门负责人,而且和部门负责人一起面对企业的全体员工及其岗位;创业者或核心管理者常常既是管理者又是技术或市场的业务员。创业者可以直接深入一线,普通员工可以直接与创业者对话,这是创业初期的必要,这样虽然容易控制,但也会产生一些漏洞。创业者在创业初期,需要考虑人力成本,常常是一人多职;但有些职位是不能兼顾的,比如:出纳与采购或销售人员不能由一人担任;出纳与仓管不能由一人担任;出纳与会计不能由一人担任;创业者不宜担任出纳。

伴随着企业的成长,组织结构需要随着企业的发展而变化。创业者需要使组织创新与技术创新、市场创新、管理创新等相一致,相融合,使企业协调发展。

四、新创企业的人力资源管理

美国著名管理学者托马斯·彼得斯认为:"企业或事业唯一真正的资源是人,管理就是充分开发人力资源以做好工作。"人力资源是任何企业中最宝贵的资源,经济学家称为第一资源。

(一)人力资源规划

创业者应该根据创业战略对企业的人力资源的需求进行合理的规划。新创企业的人力资源规划就是根据创业战略,在分析新企业在环境中的人力资源供给与需求状况,制定必要的政策和措施,以确保在合适时间、岗位上获得合适数量和质量的人才,并能够创造良好的人力资源环境,使"人"与"事"圆满配合,事得其人,人尽其才。

人力资源规划是需求人员供需平衡的管理过程,因此在制定人力资源规划时就必须综合考虑影响供需的因素,如企业战略规划、经营规划、年度预算的需要、预测人员需求量,在此基础上进行人员审核、招聘、晋升、调动、培训等一系列规划。

(二)人员选聘

人员选聘是人力资源管理部门采用科学的方法挑选或聘请合适的人员从事特定的工作的过程,其实质是寻求工作与人员之间的最佳配合。选聘合适的人员是开展组织工作和人力资源管理工作的基础。

人员选聘的途径主要有两个:一是内部提升,是从组织内部提拔那些能够胜任的人员充实到组织的各种空缺岗位。二是外部招聘,即从组织外部得到急需的人才。两种方式各有优缺点,尤其是新创企业,很有可能创立之初内部没有合适的人才进行调配,加之外部招聘具有一定广告效应,所以外部招聘往往成为初创企业人员选聘的主要途径。

人员选聘是一个吸引应聘者前来应聘,并对其进行甄选,进而做出录用决策的过程。具体而言,人员选聘流程主要包括准备、招聘、甄选、录用与评估五个阶段。如图10-2 所示。

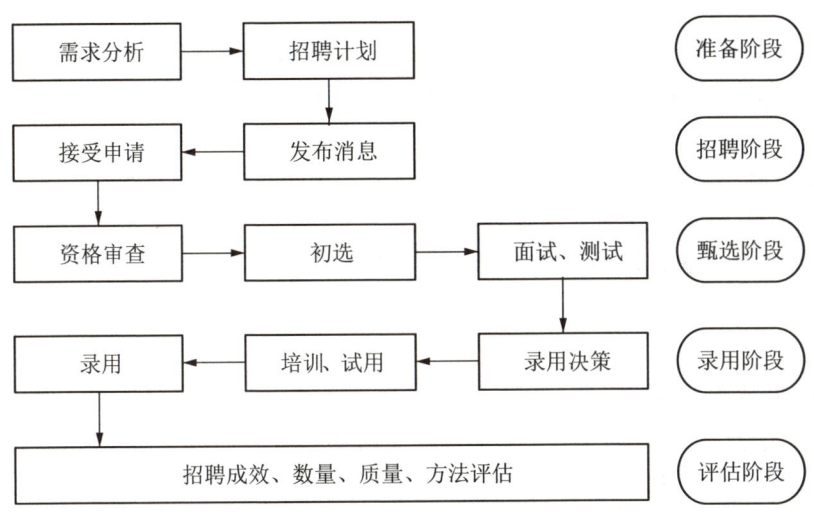

图 10-2　人员选聘流程

(三) 员工培训

不管是新进员工还是老员工,进入组织后都有一个转换角色、适应组织文化与工作的过程,因此培训是组织人力资源管理的基础性工作。员工培训是指组织为开展业务及培育人才的需要,采用各种方式对员工进行有目的、有计划地培养和训练的管理活动,其目标是使员工不断地更新知识,开拓技能,改进动机、态度和行为,使企业适应新的要求,更好地胜任现职工作或担负更高级别的职务,从而促进组织效率的提高和组织目标的实现。

(四) 员工激励

为调动员工积极性,新创企业要采取多种方式和手段,让员工对他们的工作和企业感到满意,减少和消除他们的不满意感。一是尽力给员工提供良好的工作环境。主要体现为有竞争力的工资收入、良好的工作条件和合理的健康保护等。二是要给员工成长的机会。主要是给员工提供具有挑战性、丰富的工作任务,给员工晋升的机会,给员工学习与提高的平台等。

 专栏 10-7　员工激励的十个方法

(1) 破冰活动,给员工提供了解对方的平台,提高团队和谐。
(2) 生日祝福。给员工生日贺卡,在单位为其分蛋糕,增强向心力。
(3) 竞争竞赛,举行销售竞赛、设计大赛等,及时进行激励,让员工始终保持激情。

（4）旅游或户外拓展，舒缓工作压力，让员工极大认知老板，对老板更加尊重。

（5）晋升、提拔，在合适的时候及时提拔员工，员工的积极性都会受到极大的影响。

（6）学习培训，员工自身得到了成长，自然会反哺于店。

（7）月度英雄榜，每月一人，由全体员工无记名投票产生，并在投票后附加选择该员工为月度营销英雄的理由，找到对方的优点，认识到了自己的不足，提高团队向心力。

（8）分红，让员工分享企业的利润，提高员工为企业的奉献精神。

（9）加薪，但是要注意其他员工的反感，甚至大闹情绪的问题。

（10）及时地表扬，一句不经意的表扬可能让员工心里暖暖的。

五、新创企业的财务管理

在市场经济条件下，创业者创业的最终目的都只有一个：把财务放在核心地位，实现更多的盈利。财务贯穿于创业的各个环节，包括创业项目资金筹集、营运、投资、分配等，一旦其中某个环节出现了问题，都将面临创业失败的困境。财务泛指社会各经济环节中，涉及钱、财、物的经济业务。财务管理是在一定的整体目标下，关于资产的购置（投资），资本的融通（筹资）和经营中现金流量（营运资金），以及利润分配的管理。对新创企业来说，财务管理是新创企业对财务活动的管理，是新创企业最基本的管理活动。财务管理是基于新创企业客观存在的财务活动和财务关系而产生，是新创企业组织财务活动、处理财务关系的一项管理工作。财务管理是新创企业经营管理的核心，其工作千头万绪，但归根结底不外乎两大类：筹资和投资，即新创企业生产经营所需的钱从哪里来、所筹的钱又到哪里去。具体来讲，筹资、营运资金、成本等工作对新创企业而言，特别需要注意。

（一）筹资管理

筹资管理是指企业根据其生产经营、对外投资和调整资本结构的需要，通过筹资渠道和资本（金）市场，运用筹资方式，经济有效地筹集为企业所需的资本（金）的财务行为。筹资管理的目的为满足公司资金需求，降低资金成本，增加公司的利益，减少相关风险。

筹资的方式主要有筹措股权资金和筹措债务资金、金融衍生工具筹资。股权筹资形成股权资本，是企业依法长期拥有，能够自主调配运用的资本。债务筹资，是企业通过借款，发行债券，融资租赁以及赊购商品或服务等方式取得的资金形成，在规定期限内需要偿还的债务。衍生工具筹资，包括兼具股权和债务特性的混合融资和其他衍生工具融资。

（二）营运资金管理

营运资金，从会计的角度看，就是流动资产与流动负债的净额，是在企业生产经营过程中占用在流动资产上的资金。一个企业要维持正常的运转就必须拥有适量的营运资金,这对初创企业更加重要,因为初创企业的资金来源主要是自己的营运资金。因此要做好企业流动资产与流动负债的管理,加快现金、存货和应收账款的周转速度,尽量减少资金的过分占用,降低资金占用成本;利用商业信用,解决资金短期周转困难,同时在适当的时候向银行借款,利用财务杠杆,提高权益资本报酬率。在这些管理内容中,现金流的管理对新创企业具有特别重要的意义。

现金流是指某一段时间内企业现金流入和流出的数量。经济发展越快,现金流量在企业生存发展和经营管理中的影响就越大。现金流之于企业,就像血液之于人体,只有血液充足且流动顺畅,人体才会健康。

(三)成本管理

成本管理是指企业生产经营过程中各项成本核算、成本分析、成本决策和成本控制等一系列科学管理行为的总称。成本管理的目的在于充分动员和组织企业全体人员,在保证产品质量的前提下,对企业生产经营过程的各个环节进行科学合理的管理,力求以最少生产耗费取得最大的生产成果。

成本管理一般包括成本预测、成本决策、成本计划、成本核算、成本控制、成本分析、成本考核等职能。

进行成本管理应该实行指标分解,将各项成本指标层层落实,分口分段地进行管理和考核,使成本降低的任务能从组织上得以保证,并与企业和部门的经济责任制结合起来。

(四)财务预算与控制

1. 财务预算

财务预算是一系列专门反映企业未来一定期限内预计财务状况和经营成果以及现金收支等价值指标的总称,包括反映现金收支活动的现金预算、反映企业财务状况的预计资产负债、反映企业财务成果的预计损益和预计现金流量等内容。财务预算可以从价值方面总括地反映经营期决策预算与业务预算的结果。

2. 财务控制

新创企业由于经营规模较小,资本实力较差,受自身体制和外部环境影响大,财务控制方面往往存在一些薄弱环节,因此新创企业要做好财务控制,必须建立全面的财务控制制度。一般来讲,财务控制制度包括以下几个方面:不相容职务分离制度;授权批准控制制度;会计系统控制制度。

六、新创企业的市场营销

(一)寻找目标市场

成功的创业者之所以成功,一个关键因素是他们找到了目标市场,识别了市场上消费者的真实需求,并且能够提供相应的产品或服务来满足消费者的需求,解决他们的困难。为寻找目标市场,识别真实需求,创业者在创业之前必须细致地进行市场调查,解消费者未解决之难,了解消费者的偏好,以确信他们存在对某种新产品或服务的真实需求。市场细分和市场地位是决定新创企业成功运作的真正核心。

1. 识别真实需求

真实的需求是指顾客存在未解决的问题,而现有的产品或服务又不能提供的一种解决方案。比如,能制造负离子的空调就具有真实需求,因为现在城市空气污染严重,人们都希望呼吸清新的空气。

创业者判断是否存在真实需求,应遵循四个步骤:①寻找消费者。成功的创业者都善于寻找未被消费者解决的问题。行业的产品或服务哪些方面会使消费者抱怨?哪些方面会使消费者烦恼?这些都是消费者真实需求的信号。②拿出解决方案。当创业者识别到消费者问题所在、烦恼所在后,就要拿出解决这个问题的方案。否则,从创业者的角度看,消费者的烦恼和问题就毫无意义。③解决满足消费者的经济性。只有以消费者愿意承担并且创业者有盈利的价格向消费者提供所需要的产品或服务时,创业者才能获得真实需求,创业才有意义。④识别出可能替代已存在或在不久就会出现的创业方案的其他方案。由于人们倾向于认为自己的创意比别人的都好,所以,这一点对创业者来说往往不容易做到。

2. 评估消费者偏好

创业者在启动新事业时,通常需要从潜在消费者那里获得相关信息。这时,需运用各种技术,比如,焦点小组、调查研究,与现有消费者和替代品的消费者进行直接交流、与行业专家讨论研究行业发展趋势等。评估选择时,首先,要明确新创企业的目标市场是什么。其次,决定要提供哪一类型的新产品或服务。

(二)把握市场动态

理智的生产者和经营者当然不会生产经营那些没有人需要的商品。要选择生产那些有人购买的商品。然而问题在于,一定范围的市场对于某种商品的需求量是经常变动的。有许多因素会对潜在顾客的需求产生影响。例如,居民收入的增长会使人们逐步放弃对低档、过时商品的消费,随之将购买力转向档次较高、新颖的商品。所以,为了有效地实现商品销售,创业者在创建企业和投入资金之前,要充分了解、熟悉将要进入的市场动态,获得充分信息,如谁是潜在顾客、他们需要什么样的商品、为什么需要、需要多少、何时何地需要、本企业的产品能否满足等,这样才能制定正确的市场战略。这就是市场调查与预测工作。

市场调查就是指运用科学的方法,有目的、系统地搜集、记录、整理有关市场营销信息和资料,分析市场情况,了解市场现状及其发展趋势,为市场预测和营销决策提供客观、正确的资料。市场调查可以使用观察、实验、访谈、问卷等方式来实现。

市场预测是运用科学的方法,对影响市场供求变化的诸多因素进行调查研究,分析和预见其发展趋势,掌握市场供求变化的规律,为经营决策提供可靠的依据。预测为决策服务,为了提高管理的科学水平,减少决策的盲目性,需通过预测来把握经济发展或者未来市场变化的有关动态,减少未来的不确定性,降低决策风险,使决策目标得以顺利实现。

市场预测报告

(三)组合营销策略

创业者向社会提供产品或服务,必须要有市场,能获得大量消费者的认同和喜爱,创业才能成功。这就要求创业者选择合适的产品、价格和销售渠道、分销商等。营销策略是企业以顾客需要为出发点,根据经验获得顾客需求量以及购买力的信息、商业界的期望值,有计划地组织各项经营活动,通过相互协调一致的产品策略、价格策略、渠道策略和促销策略,为顾客提供满意的商品和服务而实现企业目标的过程。企业在开展市场营销活动时,就必须把握住那些基本性措施,合理组合,并充分发挥整体优势和效果。

20世纪60年代,美国学者麦卡锡教授提出了著名的4P营销组合策略,即产品(product)、价格(price)、渠道(place)和促销(promotion)。认为一次成功和完整的市场营销活动,意味着以适当的产品、适当的价格、适当的渠道和适当的促销手段,将适当的产品和服务投放到特定市场的行为。后来许多学者都对4P策略进行了补充、完善,但是4P策略的经典意义和在营销学中的地位仍不可动摇。

1. 产品策略

产品策略是企业为了在激烈的市场竞争中获得优势,在生产、销售产品时所运用的一系列措施和手段,包括产品定位、产品组合策略、产品差异化策略、新产品开发策略、品牌策略以及产品的生命周期运用策略等。

专栏 10-8　产品生命周期

(1) 介绍(投入)期。新产品投入市场,便进入介绍期。此时,顾客对产品还不了解,只有少数追求新奇的顾客可能购买,销售量很低。为了扩展销路,需要大量的费用,对产品进行宣传。在这一阶段,由于技术方面的原因,产品不能大批量生产,因而成本高,销售额增长缓慢,企业不但得不到利润,反而可能亏损。产品也有待进一步完善。

(2) 成长期。在成长期,顾客对产品已经熟悉,大量的新顾客开始购买,市场逐步扩大。产品大批量生产,生产成本相对降低,企业的销售额迅速上升,利润也迅速增长。竞争者看到有利可图,将纷纷进入市场参与竞争,使同类产品供给量增加,价格随之下降,企业利润增长速度逐步减慢,最后达到生命周期利润的最高点。

(3) 成熟期。市场需求趋向饱和,潜在的顾客已经很少,销售额增长缓慢直至转而下降,标志着产品进入了成熟期。在这一阶段,竞争逐渐加剧,产品售价降低,促销费用增加,企业利润下降。

(4) 衰退期。随着科学技术的发展,新产品或新的代用品出现,将使顾客的消费习惯发生改变,转向其他产品,从而使原来产品的销售额和利润额迅速下降。于是,产品又进入了衰退期。

2. 价格策略

价格策略是企业为了实现预期的经营目标,根据企业的内部条件和外部环境,对某种商品或服务,选择最优定价目标所采取的应变谋略和措施。价格策略的确定一定要以科学研究为依据,以实践经验为手段,在维护生产者和消费者双方经济利益的前提下,以消费者可以接受的水平为基准,根据市场变化情况,灵活反应,买卖双方共同决策。

定价方法是企业在特定的定价目标指导下,依据对成本、需求及竞争等状况的研究,运用价格决策理论,对产品价格进行计算的具体方法。定价方法主要有:成本导向、竞争导向和顾客导向三种类型。

(1) 成本导向定价法,是以产品单位成本为基本依据,再加上预期利润来确定价格的。从本质上说,这是一种卖方定价导向。

(2) 竞争导向定价法,是指企业通过研究竞争对手的生产条件、服务状况、价格水平等因素,依据自身的竞争实力,参考成本和供求状况来确定商品价格。

(3) 顾客导向定价法,是根据市场需求状况和消费者对产品的感觉差异来确定价格的方法。

价格是企业竞争的主要内容之一,企业除了根据不同的定价目标,选择不同的定价方法,还要根据复杂的市场情况,采用灵活多变的方式确定产品的价格。如有专利保护的新产品可以采用撇脂定价法和渗透定价法确定价格,还可以采用尾数定价法、整数定价法、声望定价法等心理定价和歧视定价、折扣定价等方法。同时,还要提高对竞争对手调价的反应水平。

3. 渠道策略

渠道策略是整个营销系统的重要组成部分,对降低企业成本和提高企业竞争力具有重要意义。营销渠道是指某种货物或劳务从生产者向消费者移动时,取得这种货物或劳务所有权或帮助转移其所有权的所有企业或个人。简单地说,营销渠道就是商品和服务从生产者向消费者转移过程的具体通道或路径。典型的营销渠道包括批发商、零售商、代理商等环节。

4. 促销策略

促销策略是指企业通过人员推销、广告、公共关系和营业推广等各种促销方式,向消费者传递产品信息,引起他们的注意和兴趣,激发他们的购买欲望和购买行为,以达到扩大销售的目的。从市场营销的角度看,促销的企业通过人员和非人员的方式,沟通企业与消费者之间的信息,引发、刺激消费者的消费欲望和兴趣,使其产生购买行为的活动。

企业将合适的产品,在适当地点、以适当的价格信息传递到目标市场,一般是通过两种方式:一是人员推销,即推销员和顾客面对面地进行推销;另一种是非人员推销,即通过大众传播媒介在同一时间向大量顾客传递信息,主要包括广告、公共关系和营业推广等多种方式。这两种推销方式各有利弊,起着相互补充的作用。此外,目录、通告、赠品、店标、陈列、示范、展销等也都属于促销策略范围。

根据促销手段的出发点与作用的不同,可分为两种促销策略。

(1) 推式策略。即以直接方式,运用人员推销手段,把产品推向销售渠道,其作用过程为:企业的推销员把产品或劳务推荐给批发商,再由批发商推荐给零售商,最后由零售商推荐给最终消费者。该策略适用于以下几种情况:企业经营规模小,或无足够资金用以执行完善的广告计划;市场较集中,分销渠道短,销售队伍大;产品具有很高的单位价值,如特殊品、选购品等;产品的使用、维修、保养方法需要进行示范。

(2) 拉式策略。采取间接方式,通过广告和公共宣传等措施吸引最终消费者,使消费者对企业的产品或劳务产生兴趣,从而引起需求,主动去购买商品。其作用路线为,企业将消费者引向零售商,将零售商引向批发商,将批发商引向生产企业,这种策略适用于:市场广大,产品多属便利品;商品信息必须以最快速度告知广大消费者;对产品的初始需求已呈现出有利的趋势,市场需求日渐上升;产品具有独特性能,与其他产品的区别显而易见;能引起消费者某种特殊情感的产品;有充分资金用于广告。

本章小结

1. 企业的创立是一项复杂并具有风险的活动,因此需在具备一定的创业环境、创业机会,以及创业者坚强意志、一定创业资源的前提条件下,按照法律规定,以个人独资企业、合伙企业、有限责任公司等方式申请创立企业。

2. 企业创立的过程中,需要做好团队组建、资本筹集、工艺确定、设备配备、人员选配、名称与场所确定、制度制定等前期工作,然后按照法律规定进行登记注册。

3. 新创企业在建立之初要设计符合组织自身条件的组织结构,并制定人力资源规划,制定正确的财务计划。企业在创业之初就要选择明确的目标市场,准确识别市场真实需求,评估消费者偏好,把握和预测市场动态,制定针对性的市场营销策略,逐步取得市场认同。

复习思考题

1. 创立企业需要做哪些工作?
2. 与管理成熟企业相比,管理新创企业有哪些不同之处?

案例分析

创新驱动发展战略　助力雄安新区高质量发展

为深入贯彻国家创新驱动发展战略,助力雄安新区高质量发展。2022年11月

25日,在中国创新创业大赛组委会办公室的指导下,雄安新区雄县人民政府联合北京交通大学、北京科技大学两所首批进驻雄安的高校,共同主办了第十一届中国创新创业大赛大中小企业融通雄安绿色数字产业专业赛暨"雄创杯"创新创业大赛(以下简称"雄创杯")启动。

大赛分为智慧乡村规划、乡村生态减排、新材料以及城市节能减排四个赛道。通过公开报名、项目遴选和定向邀约的形式,共吸引了106个团队、总计500余人参赛。参赛团队包括北京交通大学、北京科技大学、同济大学、清华大学、北京林业大学、北京工业大学等高校,专业背景涵盖建筑、城乡规划、环境、能源、运输等,突出交叉融合。

自11月26日"大赛加速营和优秀项目展示"活动举办以来,通过创业辅导课程、投资方见面会、创新产业对接等,搭建集辅导培训、项目孵化、资源对接、转化落地于一体的开放式创新平台,帮助参赛团队充分了解雄安,加快推动项目落地。

在活动决赛阶段,来自华润集团、中国建筑科学研究院、中国城市规划设计研究院、北京微芯区块链与边缘计算研究院等单位的专家,依据先进性、创意性、与雄安的匹配度、市场潜力等原则,对项目进行了耐心细致的评审。最终,四个赛道各评出一等奖1名、二等奖2名、三等奖3名、优秀奖若干。《碳基转译——碳计量碳减排智能规划技术》《数字乡村绿色生态综合管理服务系统》《可见光催化抗菌净化材料产业化》以及《锂离子电池电极材料再生利用》四个项目分别获四个赛道冠军。

本届"雄创杯"大赛,在参赛队伍数量、项目层次、跨界创新方面,都较往届有大幅度提升,雄县人民政府以"创新驱动""高质量发展"为导向,积极推进科技创新工作,取得了明显成效。由雄县人民政府和北京交通大学建筑与艺术学院将共建智慧乡村联合实验室,打造了雄安新区乡村振兴的重要平台,探索出构建高校、政府、企业三方协同创新的新模式,在科技研发、设计实践、学术交流和社会服务方面,为雄安新区高质量发展贡献高校力量。

讨论题:
1. 如何将一个创新课题研究的成果转变成为现实生产力?
2. 新创企业管理的首要工作是什么?为什么说它是首要工作?

 学习拓展

知识链接:你必须知道的十大网络销售渠道

① C2C渠道:淘宝(C2C及淘宝商城)、拍拍(C2C及B2C渠道)、有啊商城。
② B2C商城渠道:如当当网、卓越网等。

③ CPS渠道：包括第三方及自营CPS平台，如yiqifa、linktech、唯一、成果网。
④ 银行商城渠道：招行、工行、交行、建行等网上商城。
⑤ 网上支付渠道：腾讯财付通、支付宝商城渠道、快钱、环讯等三方支付渠道。
⑥ 门户商城渠道：腾讯返利商城、新浪商城、搜狐商城、网易购物返现商城等。
⑦ 积分商城渠道：平安万里通商城、网易邮箱积分商城、携程特约商户等。
⑧ 运营商渠道：中国移动商城、中国联通积分商城、中国电信商城。
⑨ 购物搜索渠道：聪明点、返利网、易购网、特价王、askyaya。
⑩ 网站导航渠道：hao123/265/114la购物频道。

小故事：香港牛奶公司"高钙牛奶"的开发

香港牛奶公司早在1991—1992年，分别先后以"新鲜牛奶"和"脱脂牛奶"的定位推向市场，尽管努力经营，销售业绩还是平平。究其原因是市场竞争激烈，公司为此做了深入的消费者调查，结果显示：相当多的香港人开始懂得钙元素在预防骨质疏松症中起的重要作用；另外还有一些消费者担心喝含脂牛奶会摄入过多脂肪，而低脂牛奶的口味通常又不够鲜美。这些调查结果给了牛奶公司的人以创意的灵感：在牛奶中加入易被人体吸收的钙质，并且要脱脂且口味鲜美。香港牛奶公司在深入调查消费者对现有牛奶产品不满意的基础上，决定开发脱脂味美的"高钙牛奶"全新产品。香港牛奶公司通过广告和医学专家对"高钙牛奶"的宣传，产品一面市就深受消费者的认可和喜爱。"高钙牛奶"取得了巨大成功，其销量比预期目标高出一倍，使香港牛奶公司的市场份额由54%提升至70%。为此，牛奶公司荣获当年的HKMA/TVB杰出营销奖的桂冠。

主要参考文献

[1] 刘延,高万里.大学生创新创业基础[M].武汉:华中科技大学出版社,2020.

[2] 王强,陈姚.创新创业基础——案例教学与情境模拟[M].北京:中国人民大学出版社,2021.

[3] 李家华.创新创业教育[M].北京:高等教育出版社,2021.

[4] 潘承怡,姜金刚,张简一,等.TRIZ理论与创新设计方法[M].北京:清华大学出版社,2015.

[5] 陆亮亮,刘志阳,刘建一,等.元宇宙创业:一种虚实相生的创业新范式[J].外国经济与管理,2023,45(03):3—22.

[6] 方凌智,沈煌南.技术和文明的变迁——元宇宙的概念研究[J].产业经济评论,2022(01):5—19.

[7] 杨红卫,杨军,焦艳军.商业模式设计与创新[M].成都:电子科技大学出版社,2020.

[8] 刘延,高万里.大学生创新创业基础[M].武汉:华中科技大学出版社,2022.

教师教学资源服务指南

关注微信公众号"**高教财经教学研究**",可浏览云书展了解最新经管教材信息、申请样书、下载课件、下载试卷、观看师资培训课程和直播录像等。

 ### 课件及资源下载

电脑端进入公众号点击导航栏中的"教学服务",点击子菜单中的"资源下载",注册登录后可搜索相应资源并下载。

 ### 样书申请及培训课程

点击导航栏中的"教学服务",点击子菜单中的"云书展",了解最新教材信息及申请样书。

点击导航栏中的"教师培训",点击子菜单中的"培训课程"即可观看教师培训课程和"名师谈教学与科研直播讲堂"的录像。

联系我们

联系电话:(021)56718921

郑重声明

高等教育出版社依法对本书享有专有出版权。任何未经许可的复制、销售行为均违反《中华人民共和国著作权法》，其行为人将承担相应的民事责任和行政责任；构成犯罪的，将被依法追究刑事责任。为了维护市场秩序，保护读者的合法权益，避免读者误用盗版书造成不良后果，我社将配合行政执法部门和司法机关对违法犯罪的单位和个人进行严厉打击。社会各界人士如发现上述侵权行为，希望及时举报，我社将奖励举报有功人员。

反盗版举报电话　　(010)58581999　58582371
反盗版举报邮箱　　dd@hep.com.cn
通信地址　　北京市西城区德外大街4号　高等教育出版社知识产权与法律事务部
邮政编码　　100120